이순신의 리더십

이순신의 리더십

노승석 지음

고금에 통하는 혜안으로 세상을 읽다

여해(汝諧)
고전연구소

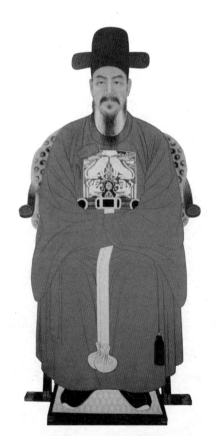

충무공 이순신 영정(현충사 소장)

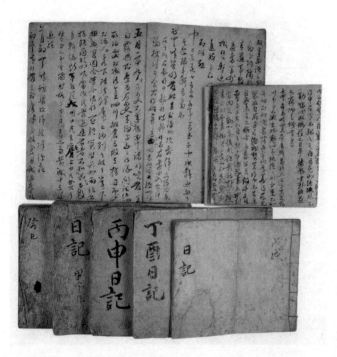

국보 76호 난중일기(현충사 소장)

머리말

　현대문명이 발달함에 따라 물질만능주의가 팽배해지고 인정이 메말라가는 현실에서, 편히 사는 것만이 과연 행복한 삶이라고 말할 수 있는지 우리는 생각해봐야 한다. 참된 진리를 깨닫고 마음을 풍요롭게 하는 것이 중요하다. 고금古今을 막론하고 항상 중시되어 왔던 인간의 인륜문제는, 인류가 존재하는 한 항상 우리가 실천해야 할 진리인 것이다. 생존경쟁시대에서 이러한 인간의 본질적인 문제를 깨닫고 올바른 삶의 방향으로 나아갈 때, 이것이 진정한 행복이 아니겠는가.

　그러나 도덕정신을 도외시한 채 목전의 이익만을 생각한다면, 현재는 물론 미래의 앞날이 밝지 못할 것이다. 인간다운 삶을 위해서는 올바른 의식의 전환이 필요하다. 인간의 도리를 실천할 때, 자신의 인격은 절로 향상될 것이다. 이를 위해서는 자신에 대한 반성과 성찰로 내실內實을 다지고, 자신을 극복함으로써 강한 의지와 신념을 키워 나아가야 한다. 이것이 바로 자아실현의 방법이다. 이러한 수양 방법으로 꾸준히 자신을 계발해 나가면 삶의 지혜를 터득할 수 있을 것이다. 사람이 일상에서 생활하다보면 어느 누구나 예측하지 못한 위기를 경험할 때가 있다. 평소에 인격수양으로 자기관리를 철저히 한 사람은 잘 대처할 수 있겠지만, 그렇지 않은 이는 당황해하다가 결국 일을 그르칠 것이다.

이순신(李舜臣, 1545~1598)은 유학儒學의 경전과 함께 중국병법에도 뛰어난 장수였다. 평소 일상에서는 과묵한 모습으로 언행을 근신하고 자신을 경계하여 항상 절제된 생활을 하였다. 이 점에서 그의 진면목을 제대로 파악하기 위해서는 그를 한 장수로만 봐서는 안 된다. 어려서부터 유학으로 다져온 선비 정신이 내면에 가득 차 있기에, 그의 문인적인 측면부터 이해해야 한다. 결국 문무文武겸전의 인물인 이순신에 대한 심층적인 조명이 필요한 것이다.

그는 유학에서 중시하는 인仁의 사랑정신을 몸소 실천하였는데, 특히 부모에 대한 효행이 남달랐다. 전쟁 중에 쓴 『난중일기亂中日記』의 여러 내용 가운데 눈에 띄는 점은, 전쟁 중에도 항시 심부름꾼을 보내 어머니의 안부를 확인한 것이다. 어머니를 그리는 사랑 속에서 자식으로서의 극진한 효심을 읽을 수 있다. 어느 날 어머니는 이순신에게 "부디 나라의 치욕을 크게 씻어야한다"고 당부하였는데, 이를 항상 기억하여 전쟁에서 지는 것이 불효라는 생각을 했을 것이다.

이순신은 7년간의 임진왜란 동안 수십 차례의 해전에서 매번 승리하였다. 그 승리 요인이 물론 조선의 우수한 무기력에도 있지만, 무엇보다 정보정찰에 주력하여 위기 상황을 아군에게는 유리한 기회로, 적에게는 불리한 형세로 만든 전략에 있었다. 즉, 먼저 이길 수 있는 상황을 만들고서 승리를 구하는 선승구전先勝求戰의 원리를 실현한 것이다. 이순신은 군대의 화합과 결속을 위해 부하들에게 엄한 군법으로 경고하면서 항상 사기진작에 힘썼다. 이 모두 여러 병서를 통해 탁월한 전술을 터득한 결과이다.

이순신은 유가儒家는 물론, 병가兵家의 이론에도 해박하였다. 이 두 이론은 본질적으로 서로 다르나, 병서들의 내용상 공통된 특징이 전쟁보다는 겸양과 도덕을 먼저 추구했다는 점은 유가의 이론과도 비슷하다. 이점에서 이순신을 제대로 이해하기 위해서는 이 두 가지를 모두 알아야 할 필요가 있다. 이에 이 책을 집필하는데 먼저 이순신의 저작과 관련 문헌들을 먼저 분석하고, 이를 뒷받침 할 중국병서의 이론을 인용하여 이순신을 이해하는데 도움이 되도록 하였다.

필자는 2004년『난중일기 완역본』(동아일보사)을 비롯하여 이순신의 새로운 일기 32일치를 발굴하고(2007) 이순신과 관계된 자료를 모은『이순신자료집성』을 간행하였으며(2008),『교감완역 난중일기』(민음사)를 출간하였다.(2010) 그리고 대학에서 이순신의 생애와 난중일기를, 특강으로 다년간 강의해왔다. 이러한 연구와 강의 경력을 바탕으로 이번 집필을 하게 된 것이다.

이제 지난해 내놓은『이순신의 승리전략』을 개정하여『이순신의 리더십』을 내놓게 되었는데, 내용은 주로 인성교육과 자기관리, 위기극복, 성공전략 등에 관한 것이다. 목차는 유학儒學의 핵심덕목인 오덕(五德, 인의예지신仁義禮智信)을 기준하여 정하였다. 인격완성을 위한 모범적인 교육지침의 성격으로서 새로운 기준을 마련하였다. 여기에 부록으로 국보 76호 난중일기 부록 서간첩 전문과, 후대에 발견된 이순신의 편지를 새롭게 번역하여 수록하였다. 특히 제대로 소개되지 않은 진본과 추정작품들을 수록하였다. 이순신의 편지글은 그의 정신세계를 이해하는데 매우 중요한 자료이다.

우리가 어려운 위기를 당할 때마다 생각나는 사람이 바로 이순신이다. 그는 남다른 지혜와 탁월한 전략으로 국난 위기를 극복한 위인偉人이기에, 영원히 잊혀질 수 없다. 오직 이순신이 남긴 옥고玉稿의 교훈적인 내용을 바탕으로, 후대인들이 인격을 수양하여 지혜를 터득하고 저마다 보람된 삶을 영위함으로써, 국가와 사회의 화합和合과 상생相生의 길을 여는데 이바지 할 수 있기를 바란다.

2014년 4월

아미산峨嵋山 서옥書屋에서

노승석盧承奭

|차 례|

거북선 모형(현충사 소장)

일러두기

1. 이 책은 이순신의 저작 『난중일기亂中日記』, 『임진장초壬辰狀草』, 『서간첩書簡帖』, 『충무공전서忠武公全書』 및 이순신 관련 문헌 내용을 토대로 작성하였다.

2. 이순신이 정독한 『손자』, 『오자』, 『소서』와 공자孔子, 황석공黃石公, 제갈량諸葛亮의 저작 및 『무경칠서武經七書』 등의 내용을 참고하였다. 여러 위인들의 학설과 병법이론을 다양하게 제시하여 이순신에 대한 이해의 폭을 넓히고자 하였다.

3. 주제는 5장이고 각 5개씩 소주제를 붙였다. 5장의 주제는 유학儒學의 핵심덕목인 오덕(五德, 인의예지신仁義禮智信)을 기준하여 정하였다. 오덕은 오상五常이라고도 하는데, 공자는 오상이 중국 은殷나라가 하夏나라의 예禮를 인습因襲한 것이라고 하였다. 오덕을 손무孫武는 지신인용엄智信仁勇嚴이라고, 황석공은 도덕인의예道德仁義禮라고, 사마양저는 인의지용신仁義智勇信이라고 하였다. 『한시외전』에는 닭의 오덕을 문무용인신文武勇仁信이라고 하였다.

4. 부록으로 국보 76호 난중일기 서간첩 전문과 후대에 발견된 이순신의 편지글을 번역하여 수록하였다. 원본 사진 이미지를 함께 게재하였다.

이순신의 '一心' 수결

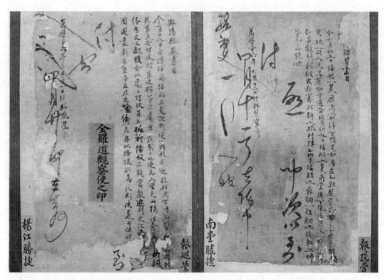

최희량의 첩보서목에 적은 수결(국립진주박물관 소장, 문화재청 자료제공)

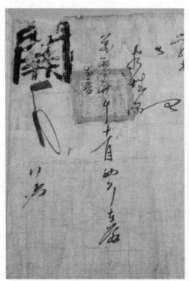

수군절도사 관문서에 적은 수결
(국립중앙박물관 소장)

난중일기에 연습한 수결
(현충사 소장)

인용문헌 해설

조선시대의『경국대전』을 보면, "식년式年 무과 복시覆試의 강講하는 시험에는 사서오경 중 하나, 무경칠서武經七書 중 하나,『통감通鑑』,『병요兵要』,『장감박의將鑑博議』,『소학小學』 중 하나를 선택한다."라고 되어 있다. 그러나『선조실록』을 보면, 무과응시자가 실제는 이러한 책들을 다 구해보기 어려우므로, 과목을 줄여서 시험을 보았다고 한다. 아마도 이 대신 사서오경과『손자孫子』,『오자吳子』,『육도六韜』에서 과목을 선택하여 시험을 치렀던 듯 하다.『무경칠서武經七書』는 무경武經 또는 칠서七書라고도 하는데, 중국 병서 중에 손꼽히는 일곱 가지의 병법서이다.[『손자孫子』,『오자吳子』,『사마법司馬法』,『위료자尉繚子』,『이위공문대李衛公問對』,『삼략三略』,『육도六韜』] 이순신이 이 중에서 주로 탐독한 책은『손자』와『오자』이고 그 외에 황석공의『소서素書』가 있다.

이순신은 어려서부터 유학儒學의 경전인 사서삼경을 배우고 무인武人이 되기 위해『무경』을 배웠다. 이분李芬이 지은『충무공행록』을 보면, "이순신은 식년式年 병과丙科시험에서『무경』을 강하는 시험에 모두 통했다[講武經皆通]"고 하였다. 과거시험에서 이순신이 황석공黃石公의 병서로 강하는데, 한漢나라의 공신 장량張良의 일화를 자세히 답변하여 시험관을 놀라게 한 일도 있었다.

그런데 여기서 말한 황석공의 병서를 대부분의 사람들은 무경에 속한 황석공의『삼략』으로 알고 있는데 이는 잘못된 것이다. 장량의 일화가 『삼략』에는 없고 바로 황석공의 또 다른 병서인 『소서素書』에 있기 때문이다. 결국 이순신은 무경 이외의 책인 『소서』도 공부하여 과거를 보았음을 알 수 있다.

이순신은 『갑오일기』 9월 3일자에 손무孫武가 지은 『손자孫子』 「모공謀攻」편의 "나를 알고 적을 알면 백 번 싸워도 위태하지 않다[知己知彼 百戰不殆]"는 글을 인용하고, 다시 11월 28일 이후에 "'나를 알고 적을 알면 백 번 싸움에 백번 이긴다[知己知彼, 百戰百勝]는 말'은 만고불변의 이론이다"라고 거듭 인용하였다. 또 명량해전을 앞두고 오기吳起의 『오자吳子』 「치병治兵」에서 "반드시 죽고자 하면 살고 살고 자 하면 죽는다[必死則生, 必生[幸生]則死]"는 글을 인용하고, 다시 「여사勵士」에서 "한 사람이 길목을 지키면 천 명도 두렵게 할 수 있다 [一夫當巡, 足懼千夫]"는 글을 인용하여 부하들에게 결사적인 자세 로 전쟁에 임할 것을 당부하였다. 이순신이 평소에 이처럼 『난중일 기』에 병서의 교훈적인 내용을 옮겨 적은 것을 보면, 과거준비 때 배 운 『손자』, 『오자』, 『소서』의 내용들을 평소에도 잘 숙지하고 있었음 을 알 수 있다.

『갑오일기』 11월 28일 이후 〈쓸쓸히 바라봄[蕭望]〉시에 "중원회복 한 제갈량이 그립다[恢復思諸葛]"고 말하였는데, 후대의 문인들은 이순신의 업적을 말할 때 제갈량에 자주 비유하였다. 예로, 김육金堉 은 "이순신이 사력을 다한 것은 제갈량과 같다"고 평가하고, 〈신도비 명〉에서 윤증尹拯은 "제갈승상諸葛丞相은 시호가 충무忠武인데 이순신 도 그와 같은 명성을 받아야 한다"고 하였으며, 정조正祖는 "이순신李

舜臣이 중국에 태어났더라면 제갈공명諸葛孔明과 누가 우세할지 자웅雌雄을 겨루기 어려웠을 것이다."하였다. 이순신과 제갈량은 난세를 구한 위인이라는 공통점이 있기에 이처럼 평가를 받은 것이다.

이『이순신의 리더십』에 인용된 이순신관련 문헌과 병서에 대한 이해를 돕기 위해서, 다음과 같이 간략한 설명을 덧붙인다.

1) 이순신의 저작과 문집

• 『난중일기』: 임진년(1592) 1월 1일부터 무술년(1598) 11월 17일까지 기록한 일기이다. 출전한 날과 감옥에 수감된 날 등 부득이 쓰지 못한 경우만을 제외하고, 실제의 정황을 틈나는대로 기록하였다. 진영에서 벌어진 여러 가지 사건들과 전쟁 상황, 개인의 저작과 당시 느낀 감정 등을 사실적으로 기록하였다. 장수가 직접 참전한 사실 기록으로서 전쟁문학의 백미로 손꼽힌다. 임진장초·서간첩과 함께 국보 76호로 지정되어 있다.

• 『임진장초』: 임진왜란 당시 조선 수군의 출전과 교전 상황, 일본군의 정세 등을 조정에 보고한 내용을 제3자가 옮겨 적은 장계 초안이다. 전쟁 중의 수군의 활약상과 주요 해전의 경과, 각 장수들의 전공 및 사망자와 부상자의 명단 등이 상세하게 기록되어 있다. 총 78편.

- 서간첩 : 조카에게 보낸 편지 1통과 인척관계인 현덕승玄德升과 현
  건玄健에게 보낸 편지 5통이 있다. 특히 전쟁 중에 보낸 편지에는
  조상 때부터 교유한 정을 잊지 않고 편지와 물품을 보내온 것에
  감사를 표하고, 태평시절을 바라는 염원을 담았다.

- 『충무공전서』 : 1795년 조선 정조正祖때 윤행임尹行恁과 유득공(柳
  得恭)이 이순신 관계 기록을 집대성한 문집이다. 난중일기와 임진
  장초의 초간 활자본과 저작著作 등을 비롯하여 그의 행적을 적은
  행록行錄, 행장行狀, 시장諡狀, 기記, 비문碑文, 제문祭文 및 여러 문헌
  에서 수집한 관련기록 등이 수록되어 있다.

2) 제갈량(諸葛亮)의 저서

- 『제갈량집諸葛亮集』 : 중국 촉한蜀漢 삼국三國시대 정치가 제갈량의
  문집. 주로 상소문과 편지를 통해 정치사상을 드러내었으며, 통일
  과 치국, 외교, 인재등용 등에 대한 내용을 담고 있다. 군사에 관한
  저술로는 『편의십육책便宜十六策』과 『장원將苑』, 『병법비결』이 있다.
  『편의십육책』은 나라와 군사를 다스리는 방법을 논하였다. 모두 16
  장. 그런데 삼국지의 저자 진수陳壽가 제갈량의 병서를 수록할 때
  이 책을 발견하지 못한 이유로, 후대에는 남북조시대에 지어진 위
  작으로 보았다. 그러나 진수가 제갈량집을 수집할 때 "삭제한 것을

다시 조사하여 분류대로 따랐다."고 한 것을 보면, 『편의십육책』은 진수가 모은 제갈량병법 24편 이외의 작품일 가능성이 있다고 한 다. 『장원』은 다방면의 용병술을 다룬 내용으로, 장수가 수양하는 데 필요한 경전이다. 본래 명明나라 이몽양李夢陽이 이를 심서心書라 이름하였고, 청나라 장주張澍가 장원으로 고쳤다. 그러나 이 역시 후대인이 여러 병서를 채록한 위작이라 하는데, 장주張澍는 제갈량 의 저작이 맞다고 하였다. 중국학자 방가상方家常은 "위징魏徵이 『수 서隋書』에 실린 『손자병법』4권이 양(梁)나라 때의 『제갈량병법』5권 과 일치한다고 했기에 시비를 이해할 수 있다"며 의혹을 부정하였 다. 서로 다른 이견으로 인해 후대에 진위를 가리기는 어렵지만, 장 원에 담긴 병법이론이 제갈량의 사상과 상당수 일치한다는 점에서 참고할 만하다.

3) 『무경칠서(武經七書)』

• 『손자孫子』: 춘추시대 제齊나라의 손무(孫武, BC 6세기)가 지음. 전쟁 의 승리 전략과 함께 국가경영의 방법을 논함. 장수의 자질로 오덕 (五德, 智信仁勇嚴)을 말한 것과 비호전적非好戰的인 내용은 유가와 노자의 사상이 반영된 것이다. 원래는 『오손자병법』82편이 있었으 나, 현재 전하는 13편은 위魏나라 조조曹操의 주석본이다.

- 『오자吳子』: 춘추전국시대 위魏나라의 오기(吳起, BC 440~381)가 지음. 손자와 함께 뛰어난 병법서로 알려짐. 전쟁에서 공격보다는 수비 전략을 위주로 하고 효율적인 응용전술로 전쟁의 대처방법을 세밀하게 분석하였고, 백성의 교화와 친화를 강조하였다. 원래는 48편 이었으나 현재는 6편임.

- 『사마법司馬法』: 춘추시대 제齊나라의 사마양저(司馬穰苴, 본명은 전양저田穰苴)가 지음. 중국 고대 하夏, 은殷, 주周 삼대의 전법과 함께 용병, 대처방법 등의 다양한 전술을 설명하고, 천시天時와 지리地利, 인화人和의 중요성을 강조하였다. 인본仁本에서 용중用衆까지 5편임.

- 『위료자尉繚子』: 전국시대 말기사람인 위료尉繚가 지음. 저자와 저술연대에 대해 이견이 있는데, 양혜왕梁惠王 때의 은사隱士라고도 하고, 진시황 때의 대량大梁사람이라도 한다. 불의와 포악을 반대하는 정의주의를 주장하고 유가와 법가, 도가 사상을 융합하여 선진적인 군사이론을 전개하였다. 원래는 31편이나 현재는 24편임.

- 『이위공문대(李衛公問對)』: 중국 당唐나라의 명장 이정(李靖, 571~649)이 지음. 당태종과 토론하며 문답한 내용으로 되어 있다. 『당서唐書』에는 이 책 내용이 없어 후대의 위작이라고도 함. 당나라 이전의 전쟁 사례와 본인의 경험과 응용전술을 말하고, 자기주도적인 전술을 위주로 하며 심리전에 주의할 것을 말하였다.

- 『삼략三略』: 진秦나라 말기 황석공黃石公이 지음. 진시황 때 이교圯橋에서 장량張良이 황석공에게 전수받았다는 설이 있으나 정확하지

않고, 서한西漢 말기에 지어진 것으로 보인다. 정치와 군사의 전략을 중점으로 다루었다. 손자孫子 이후 선진先秦의 병법이론을 계승하고, 군사지휘와 장수선발의 원칙을 설명했다.

• 『육도六韜』 : 주周나라 태공망太公望 강상(姜尙, BC 1211)이 지음. 전국말기에 강태공을 가탁하여 지은 것으로 본다. 주나라 문왕, 무왕과 대화하며 치국治國과 전쟁의 이론 및 다양한 전술과 전략을 말하였다. 병서 중에 가장 오래된 것으로 손무의 『손자병법』도 이를 기초하여 만든 것이다.

4) 황석공의 『소서(素書)』

한漢나라 장량張良이 이교圯橋에서 황석공에게 받은 책이다. 장량은 이 책을 늘 송독誦讀하여 묘리를 깨닫고 한고조를 도와 천하를 통일하였다고 한다. 이 책은 총 6장이고 『금경鈐經』이라고도 한다. 장량이 죽은 지 500년 뒤 장량의 무덤 베개 속에서 발견되어 세상에 알려졌다. 도덕인의예道德仁義禮를 갖추고 기회를 만나 공을 이루기를 말하였다. 개인의 수양을 통해 처세處世와 치국경세治國經世를 이루어 화를 피하고 대업大業을 이루는 방법을 제시하였다. 이순신이 무과시험 때 여기에서 나오는 한漢나라의 공신 장량張良의 일화를 언급하여 시험관을 놀라게 하였다.

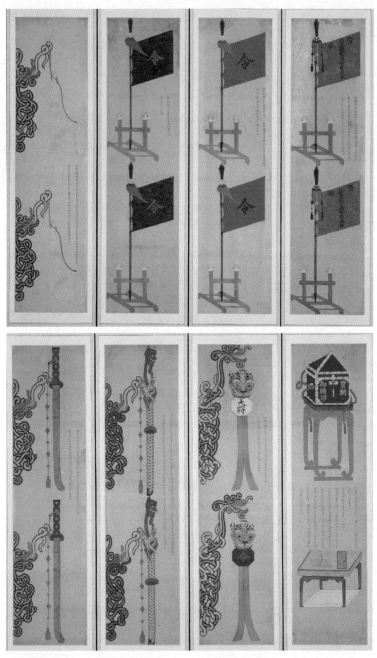

명나라 신종이 이순신에게 하사한 팔사품도(국립중앙박물관 소장)

이순신의 새로운 이야기

1) 이순신의 유년기기록 한문본 최초 공개

이순신의 유년시절에 대한 모습은 전해오는 기록이 거의 없어 자세히 알 수가 없다. 다만 정조正祖 21년(1797) 이순신의 사적을 그 후손들이 한글로 기록한 〈선죠츙무공행장(先祖忠武公行狀)〉(해군사관학교 박물관소장)에는 어릴 때의 두 가지 일화가 전하는데(이순신연구논총 10호 소개), 필자는 최근 이 일화의 한문본을 구하여 처음 여기에 소개하고자 한다.

> 公爲兒時覓瓜於瓜田, 瓜人不與. 公還家騎走馬, 往馳於瓜田, 瓜人懇乞得止. 此後見公過之, 必先迎納之.
>
> 공이 어렸을 때 참외밭에서 참외를 구하려는데 참외 주인이 주지 않았다. 공은 집에 돌아와서 말을 타고 가서 참외밭을 달리니, 참외 주인이 간절히 사정하여 그치게 되었다. 그 이후로 공이 지나가는 것을 보면 반드시 먼저 맞이하여 참외를 바쳤다.

한글본에는 8세로 되어있지만, 여기에는 아이 때로 되어 있다. 한

문으로 된 이순신의 어린 시절에 관한 유일한 기록이라고 할 수 있다. 누구나 어린 시절에 경험했을 법한 참외사건 이야기인데, 여기서 보통의 아이들과 다름없는 이순신의 개구쟁이 모습을 엿볼 수 있다.

公爲兒時, 隣家有瞽兒, 每來請公曰, 某人家多種東瓜結子甚盛云, 乘夜偸之可也. 公諾之. 一日夜, 公携瞽手, 周回三匝, 佯爲向瓜者家, 然而還到瞽人之家曰, 是其家也. 瞽人亟乘之而盡摘之, 公棄而獨歸. 瞽人之母覺其盜瓜也, 擧火出見則其子完坐屋上矣.

공(公, 이순신)이 어릴 때 이웃집에 소경아이가 있었다. 그가 매번 공에게 와서 부탁하기를, "아무개 집에 동아(東瓜, 박 일종)를 많이 심어 열매가 매우 많이 열었다고 하니, 밤에 서리하러 가면 좋겠다"고 하였다. 공이 승낙하였다. 그 후 어느 날 밤 공이 소경아이의 손을 잡고 세 바퀴를 돌고서 거짓으로 동아가 있는 집으로 가는 척 하다가 소경아이의 집으로 가서 말하기를, "여기가 바로 그 집이다"하였다. 그러자 소경 아이가 급히 지붕에 올라가서 동아를 모두 따버렸다. 공은 그 아이를 버리고 혼자 돌아왔다. 소경아이의 어미가 동아를 서리 당한 것을 알아채고 횃불을 켜들고 나가보니, 자기 아들이 지붕 위에 온전히 앉아 있었다.

이순신이 소경아이와 함께 동아서리를 하러 같이 가게 되었는데, 동아가 많이 연 집으로 가지 않고 그 아이의 집으로 가서 서리하게 한 일화이다. 아이는 제 집의 동아를 서리했기 때문에 아무런 문제

소년시절 사진(현충사 소장)

가 되지 않았다. 이순신이 개구쟁이시절에 장난을 치면서도 남에게
피해가 되지 않도록 한 행위는 역시 규범을 중시한 모습이다.

－본서「전쟁의 기만은 정당한 전략이다」‘기만책이 불가피함’ p270－

2) 이순신이 삼국지를 탐독한 증거내용을 찾다

이순신은『난중일기』에 나관중羅貫中이 지은『삼국지통속연의三國
志通俗演義』22회편 〈조조가 군대를 나누어서 원소를 대항하다[曹公
分兵拒袁紹]〉에서 다음과 같이 두 구절을 인용하여 적었다. 이 사실은 필자가 처음 소개하는 것이다.

① "밖에는 나라를 바로잡을 주춧돌 같은 인물이 없고 안에는 계책
을 세울 기둥 같은 인재가 없다[外無匡扶之柱石, 內無決策之棟
樑]"   - 갑오년 11월 28일 이후, 을미년 7월 1일 -

② "배를 더욱 늘리고 무기를 만들어 적들을 불안하게 하여 우리는
그 편안함을 취하리라.[增益舟船, 繕治器械. 令彼不得安, 我取其
逸]"   - 갑오년 11월 28일 이후-

유비劉備가 조조曹操를 대항하기 위해 조조가 두려워하는 원소袁紹
에게 지원을 요청하려고 하는데, 원소와 삼대의 교분이 있는 정현鄭玄
에게 찾아가 추천서를 받았다. 위 구절 ①은 정현이 써준 추천서의
일부 내용으로, 중원을 회복하기 위해서는 무엇보다 인재가 필요하
니, 유비를 도우라는 뜻에서 쓴 말이다.

그 후 유비가 손건에게 이 글이 담긴 추천서를 갖고 원소에게 가
서 보여주게 하고 지원을 승낙받았다. 이에 원소가 바로 지원출동을
하려고 하자, 그의 부하인 모사謀士 전풍田豐이 성급한 전쟁보다는 장
기전략을 세워 국가의 내실을 다져야 함을 강조하며 지원출동을 반
대했다. 위 구절 ②는 그때 전풍이 원소에게 말한 내용의 일부이다.
전쟁을 하기 전에 먼저 군량과 군수품을 확보하여 내실을 다지는데

주력해야 한다고 말하였다. 이순신은 이 두 글의 의미가 임진왜란을 치르는데 중요한 일임을 인식하고 별도로 『난중일기』에 적어 둔 것이다.

성대중(成大中, 1732~1809)이 지은 『청성잡기靑城雜記』 「성언醒言」을 보면, 이순신이 친구를 통해 『삼국지연의』를 구해보았다는 내용이 있다.

충무공에게는 세상을 피해 은거한 도우(道友, 도 닦는 벗)가 있었다. 사람들은 그를 몰랐지만 충무공만은 그를 알고 있어서 큰 일

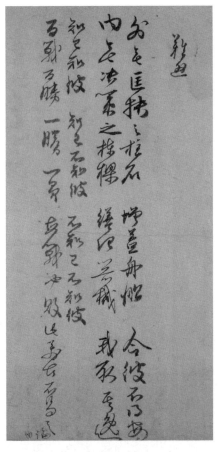

갑오일기 11월 28일 이후 (현충사 소장)

이 있을 때면 매번 그와 상의하였다. 왜구가 침입하자 공은 사자를 통해 편지를 전하여 나랏일을 함께 도모하자고 부탁했다. 그는 늙은 부모가 있어 갈 수 없으니 다만 나관중羅貫中의 『삼국지연의三國志演義』를 공에게 보내면서 "이 책을 숙독하면 일을 충분히 이룰 수 있을 것이다."하였다. 공이 여기에서 효험을 얻은 것이 많았다.

- 본서 「자아성찰을 통해 진리를 찾아라」 '위인을 흠모함' p135-

위에 인용된 삼국지 내용에 대한 배경은 다음과 같다.

중국 후한後漢 시대 196년 조조曹操는 천자인 헌제獻帝를 옹립하고 수도를 낙양洛陽에서 허도許都로 옮겼다. 당시 서주徐州을 관장하던 유비劉備는 원술袁術과 여포呂布의 연합군에 의해 서주를 빼앗기고 조조를 찾아갔다. 그 후 조조와 유비가 함께 여포를 죽이고 허도에 돌아와 조조가 유비의 공로를 헌제에게 고하여 유비가 좌장군左將軍에 임명되었다.

이때 헌제는 조조가 왕을 무시하며 권력을 전횡할 것을 두려워하여 외척인 동승董承에게 조조를 제거하라는 조서詔書를 내리고 동승이 유비에게 요청하니 유비가 동의하였다. 어느 날 유비는 조조와 작은 정자에서 함께 술을 마셨는데, 조조의 "그대와 내가 영웅이다"라는 말을 듣고는 그가 공모 중인 자신을 떠보려는 것이라 생각하여 두려워했다.

이때 원술이 원소袁紹에게 가는데 서주를 반드시 지나야 했다. 유비는 이때를 기회로 탈출할 계획을 세워, 조조에게 원술을 잡아오겠다고 고하고 관우와 유비를 데리고 길을 떠났다. 서주에서 원술의 부대를 물리치자 원술이 피를 토하고 죽었다. 서주를 되찾은 유비는 허도로 돌아가지 않고 그대로 머물렀다. 이에 조조는 진등陳登을 시켜 유비를 참살하라고 명하지만, 진등은 유비에게 찾아가 이 사실을 말하여 조조의 계획이 실패했다.

유비는 손건孫乾에게 정현이 써준 추천서를 가지고 원소에게 가서 구원을 요청하게 하였다. 원소는 이에 응하여 지원출동을 하려하는데, 부하 전풍田豐은 지략이 뛰어난 조조를 바로 상대하는 것은 위험하다고 출동을 반대하였다. 그러나 원소는 허유許攸와 순심荀諶의 출동의견을 받아들여 허도를 공격하기 위해 대군을 일으켰다. 심배審配, 봉기逢紀에게 군사를 지휘하게 하고 전풍, 순심, 허유를 참모장으로 삼았다. 여기서 다시 전풍은 저수沮授와 함께 지구전을 주장하며 출전을 반대했으나, 원소는 심배·곽도郭圖가 주장한 단기전을 따랐다. 원소는 전풍에게 크게 노하여 이를 감옥에 가두었다.

원소군이 조조와의 싸움에서 크게 패하고 돌아오자, 장수들은 모두 울면서 "예전에 전풍의 말을 들었으면 이렇게까지 패하지 않았을 것이다"고 하였다. 원소도 크게 뉘우치며 "내가 전풍의 말을 듣지 않아서 병사들이 패하여 망하려는데 이제 돌아간들 무슨 면목으로 그를 볼 수 있을까."하였다. 그러나 원소는 결국 봉기가 전풍을 모함한 말을 듣고 끝내 전풍을 죽였다.

『삼국지통속연의三國志通俗演義』 가정임오본嘉靖壬吾本 22장 「조조가 군대를 나누어서 원소를 대항하다[曹公分兵拒袁紹]」 해석 및 원문

조공(조조)이 병력(기마보병)을 나누어서 원소袁紹에 항거하다.

진등陳登이 말했다. "조조가 두려워하는 것은 원소입니다. 원소가 이제 기冀, 청靑, 유幽, 병幷 네 고을을 범이 웅크린 듯이 차지하고, 갑

옷 입은 군사 백만 명을 거느리고 있으며, 문관과 무장이 이루 셀 수 없을 정도로 많습니다. 급히 글을 써서 사자를 익주翼州의 원소에게 보내어 글을 내려 구원을 요청하면, 조조를 대적할 수 있을 것입니다." 현덕이 말하기를 "비록 그 사람을 안다해도 은혜를 베푼 적이 없고, 이제 다른 나라와 합병하여 형제를 맺는데 어찌 도우려 하겠소?"하였다.

진등이 말했다. "이 사이에 한 원로元老 관리가 있는데, 항제恒帝의 조정에서 상서를 지냈고, 강성康城 고밀高密 사람입니다. 성姓은 정鄭, 이름은 현玄인데, 이 사람이 원소와 삼대동안 집안끼리 통하였으니, 이 사람의 편지 한 통만 얻는다면 반드시 도울 것입니다." 현덕이 마침내 진등과 함께 직접 정현의 집에 가서 인사하고 서신을 구하니 정현이 흔쾌히 써주었다. 현덕이 바로 손건孫乾을 원소에게 보내어 글을 주고 원소를 만나게 했다. 원소가 서주徐州의 일을 자세히 묻자, 손건이 일일이 설명하고 글을 올렸다. 원소가 열어보니, 그 편지는 다음과 같다.

"삼가 들으니 한나라가 쇠퇴하자 간신들이 완강하고 포악하여, 밖으로는 바로잡을 주춧돌이 없고 안으로는 대책을 세울 동량이 없습니다. 적신 조조가 헌제獻帝를 허도許都에 가둬두니, 사직이 위태롭고 백성들이 도탄에 빠지게 되었습니다. 오직 밝은 공께서 상부相府에 대대로 있으면서 천하 사람들이 큰 가뭄에 구름과 무지개를 바라고 오랜 장마에 해가 들기를 생각하는 것처럼 우러르니, 만약 유현덕과 함께 협심동력協心同力하여 이윤伊尹과 주공周公의 자취를 세운다면, 이름이 역사에 전해져 만대토록 다하지 않을 것입니다. 보잘 것 없는 저의 뜻을 살펴주십시오."

원소가 다 읽고는 "유비가 나의 아우(원술)를 멸망케 했는데, 마땅히 원수를 갚아야 한다"고 말했다. 이에 손건은 "그것은 조조가 시킨 것으로 따르지 않을 수 없었던 일이었다."고 해명하였다. 그러자 원소는 "현덕이 세상의 걸사임은 더 들을 것도 없으니 내 응당 구원하리라"하였다.

마침내 문무 관료들을 모아 상의하여 병사를 동원해서 바로 허창許昌을 점령하여 왕을 보호하고 나랏일에 힘써서 조조 반적을 토벌하기로 하였다. 그때 한 사람이 대열에서 나와 간언을 했다. 그 사람은 걸출하고 식견이 고명한데 거록巨鹿사람이다. 성은 전田, 이름은 풍豊. 자字는 원호元浩로 군영에서 제일가는 모사謀士였다.

전풍이 말하기를, "전쟁이 여러 해 일어나서 백성들이 피폐하고 창고에 쌓아둔 게 없으며, 부역이 한창 많아지니 이는 국가의 깊은 근심거리입니다. 마땅히 먼저 천자께 사람을 보내어 공손찬을 이긴 승첩소식을 올리고 농사에 힘쓰고 백성을 편안케 해야 합니다. 만약 전해지지 않으면 조씨가 우리와 왕로 사이를 막고 있다고 고해야 합니다. 그런 연후에 병사들을 끌어다가 여양黎陽에 주둔시키고 하내河內 지방을 몰래 경영하여 배를 늘리고 무기를 만들며, 정예한 병사를 나누어 보내어 변방에 뽑아서 주둔시켜서 저들로 하려금 편안하지 못하게 해야 합니다.(적들을 불안하게 하면 우리는 그 편안함을 취하는 것입니다.) 그러면 3년 안에 큰 일을 기대하며 평정할 수 있을 것입니다."

曹公分兵拒袁紹

却說陳登曰"曹操所懼者袁紹. 紹見今虎踞冀青幽并四郡, 帶甲軍士有百萬, 文官武將不可勝數. 可作急寫書呈, 差人往翼州袁紹處下書求救, 可敵曹操." 玄德曰"雖識此人, 未嘗有恩, 今又并了他兄弟, 如何肯相助?" 登曰"此間有一養老官人, 恒帝朝爲尙書, 乃康城高密人也, 姓鄭, 名玄. 此人乃與袁紹三世通家, 若得此人一書, 必相助耳." 玄德遂同陳登親到鄭玄家, 拜求書信. 鄭玄欣然寫之. 玄德即差孫乾往袁紹處下書, 見袁紹. 紹備細問徐州之事, 孫乾遂一一說了一遍, 呈上書. 紹拆開, 其書曰"伏聞漢道凋零, 奸臣强暴, 外無匡扶之柱石, 内無扶策之棟梁. 賊臣曹操幽帝許都, 社稷傾危, 生靈塗炭. 唯明公世居相府, 天下仰之, 若大旱而望雲預, 似久潦以思日天. 倘與劉玄德協力同心, 共立伊尹周公之迹, 名垂青史, 萬代不磨. 區區之志, 願聽察焉!" 紹覽畢曰"劉備滅吾弟, 當復其仇!" 孫乾曰"此乃曹公之所使, 不得不從耳." 紹曰"勿聞玄德世之傑士, 吾當救之." 遂聚文武官僚商議興兵, 經取許昌, 保駕勤王, 誅滅曹操反賊. 一人出班諫之, 其人英傑, 見識高明, 巨鹿人也. 姓田, 名豊, 字元浩, 乃帳下第一个謀士. 豊曰"兵起連年, 百姓疲弊, 倉廩無積, 賦役方殷, 此國家之深憂也. 宜先遣人獻捷天子, 務農逸民, 若不得通, 乃表稱曹氏隔我王路. 然后盡提兵屯黎陽, 潛營河内, 增益舟船, 繕置器械, 分遣精兵, 屯扎邊鄙, 令彼不得安逸. 我取其逸 三年之中, 大事可望而定也."

『삼국지三國志』 권6 「위서魏書」권6에도 위의 ②에 해당하는 원문이
있다.

世語曰, 紹步卒五萬, 騎八千. 孫盛評曰 案魏武謂崔琰曰 "昨案貴州戶
籍, 可得三十萬衆". 由此推之, 但冀州勝兵已如此, 況兼幽'并及青州乎?
紹之大擧, 必悉師而起, 十萬近之矣. 獻帝傳曰 紹將南師, 沮授'田豐諫
曰 "師出歷年, 百姓疲弊, 倉庾無積, 賦役方殷, 此國之深憂也. 宜先遣
使獻捷天子, 務農逸民, 若不得通, 乃表曹氏隔我王路, 然後進屯黎陽,
漸營河南, 益作舟船, 繕治器械, 分遣精騎, 鈔其邊鄙, 令彼不得安, 我
取其逸. 三年之中, 事可坐定也."

- 『三國志』卷六 「魏書」六 -

수조도(충렬사 소장)

3) 이순신이 부채를 만들어 선물한 이야기

이순신은 전쟁 중에 부채를 만들어 높은 벼슬아치들에게 선물로 보냈다. 평소에 안부를 묻거나 인사를 할 때 사용하여 친분을 쌓으려고 한 것이다.『난중일기』에 보면, "백첩선(白貼扇, 큰부채) 358 자루를 만들었고, 순변사에게 별선別扇 15자루와 기름 먹인 부채[油扇] 10자루, 옻칠한 부채[漆扇] 5자루를 보냈다."고 되어 있다(갑오년 11월 28일 이후). 진영 옆에 따로 장소를 마련하여, 공인工人들을 불러다가 부채를 만들게 한 것이다. 윤휴는 이에 대해 다음과 같이 기록하였다.

> 외대부(外大父, 조부뻘 외척)인 추포秋浦 황신黃愼이 호남절도사로 있으면서 통제사를 섬 안에서 만났는데, 봉가(棚家, 천막집) 수십 칸을 짓고 기술자들을 모아서 기구들을 만들고 있었다. 황신이 "이것을 만들어 무엇에 쓰려고 합니까?"하자, 이순신이 웃으며 말하기를, "인사人事를 하려는 것일 뿐입니다."하였다. 이에 황공은 남쪽 정벌 때에 조정의 귀인貴人들에게 선물로 줄 뜻이 있음을 알고서 서로 한바탕 웃었다.
>
> -윤휴,「충무공유사」-

이순신이 먼 앞날을 내다보고 중앙관료들과 친분을 쌓음으로서 전쟁업무를 수행하는데 도움이 되고자 한 것이다. 윤휴는 이에 대해 "이순신의 남쪽 정벌에 관한 말은 도움을 구하려는 것이 아니라, 냉담한 말로 남의 귀를 싸늘하게 하지 않게 하려는 것이다. 나는 이것이 자기를 위한 것이 아니라 자기를 해치려는 자가 나라에까지 미치게 할 것을 염려해서 한 것이다."라고 하였다. 조선후기 실학자 이익李瀷은 이와 관련하여 〈두예杜預와 이순신李舜臣〉에서 다음과 같이 말하였다.

　　두예杜預는 진중鎭中에 있으면서 자주 서울 안에 있는 대신들에게 선물을 보냈다. 그 까닭을 물으니 두예는 "다만 자기를 방해할 것을 염려해서지 이익을 구하려는 것은 아니다."하였다. 또한 우리나라의 충무공 이순신은 임진왜란 때 수군水軍을 통제하면서, 역시 틈만 나면 공인工人들을 모아 놓고 부채[扇箑] 등을 만들어 두루 경卿과 재상에게 선물하였다. 마침내 중흥中興의 공을 이루니, 이는 천고토록 지사志士들에게 눈물을 흘리게 한다.

- 『성호사설』, 「경사문」 -

　　두예는 중국 서진西晉시대 두릉杜陵사람으로, 병법에 뛰어난 학자였다. 서기 278년 진남대장군鎭南大將軍에 임명된 뒤 형주荊州의 군사들을 총 지휘하여 오吳나라를 평정한 공로를 세웠다. 그가 작전을 수행할 당시, 대신들에게 방해를 받을 것이 염려되어 항상 예물을 보낸 것이다. 이순신도 그의 경우처럼 조정의 대신과 재상에게 부채를 선물하였다. 두예와 이순신 모두 앞날의 국사를 도모하기 위해 선물을 이용한 것이다. 이순신의 부채 이야기는 『해동기어海東奇語』에도 언급

되어 있다.

　통제사 이순신이 왜적을 제압하려고 배에 있을 때 선장(扇匠, 부채 공인)을 불러 부채를 만들게 하였는데, 어떤 이가 이를 제지하였다. 그러자 이순신은 '국사를 도모하려고 하면 마땅히 여러 재상들과 서로 친하게 지내야하니, 이 물건을 왜 만들겠소'라고 하였다. 중국 진晉나라 때 병법에 능한 학자 두예杜預는 낙양의 권세 있는 이에게 선물을 보내어 문안했는데, 그것은 바로 이 뜻이다[李統制舜臣, 御倭在船, 召扇匠製扇, 或者止之. 公曰 欲圖國事, 宜交歡諸宰, 何爲此物也. 昔杜征南, 饋問洛中權貴, 卽此意也.]

이순신은 중국의 두예의 경우처럼 정성스럽게 만든 작은 선물이나마 나라를 위한 일에 유용하게 사용하고자 하였다. 조정과의 갈등을 없앰으로써 전쟁업무를 원만하게 수행하고자 한 것이다. 이러한 노력이 물론 대신들과의 친분관계를 맺으려는 점에서 개인을 위한 일이라는 오해를 받을 만하다. 그러나 그 목적이 개인의 이익이 아닌 국사를 도모하는 일이었으니, 오히려 감동할 일이다. 이순신에게 있어서 부채란 오직 상대에게 예를 표하면서 전쟁대비에 요청을 알리는 홍보용 수단이었다.

－「일상에서 예절을 지켜라」 '부채 선물' p229－

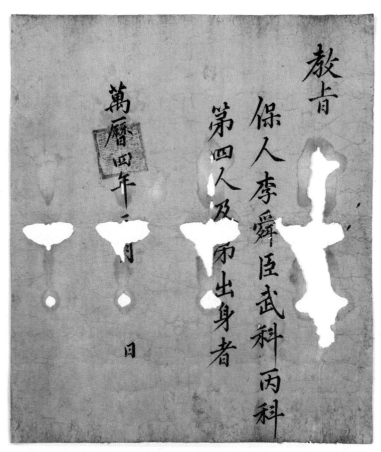

教旨

保人李舜臣武科丙科
第四人及第出身者

萬曆四年二月　日

1576년 2월 무과 병과에 합격한 급제 교지 (현충사 소장)

이순신의 생애

문인적 소양과 청렴한 관리

이순신(李舜臣, 1545~1598)은 자字가 여해汝諧이고, 시호는 충무공忠武公이다. 1545년 3월 8일 자시子時에 한양 건천동(乾川洞, 현재 서울 중구 인현동 1가 32-2번지로 추정)에서 이정李貞의 셋째 아들로 태어났다. 복술가의 말에 이 아이의 운명은 나이 50에 북방에 대장이 되리라 하였고, 모친 변씨卞氏의 꿈에 조부 이백록李百祿이 고하기를 "이 아이가 반드시 귀하게 될 것이니 이름을 순신舜臣으로 하라."고 하므로 모친 변씨가 이정李貞에게 고하여 마침내 그렇게 이름을 지었다. 이순신의 형제는 4남으로 희신羲臣, 요신堯臣, 순신舜臣, 우신禹臣이다. 모두 중국 고대 황제의 이름을 따다가 이름을 지었는데, 이 이름만 보아도 유가儒家의 가풍이 있었음을 알 수 있다.

이순신은 어려서부터 성격이 대범하여 사소한 일에 얽매이지 않았다. 희신羲臣과 요신堯臣 형들을 따라 다니며 시와 글을 배우고, 활쏘기와 말타기에 뛰어났다. 남에게 침해나 속임을 받지 않았고, 마을에 억울한 일을 당한 사람이 있으면 가해자를 찾아가 반드시 굴복시키고 마는 성격이었다. 성장하면서 공손하고 근신하였고 글을 읽어 큰 뜻을 깨달았으며, 서법書法에 정통하였다. 사람됨이 말과 웃음이 적고 용모가 바르고 신중하니, 항상 근신하는 선비와 같았다.

이처럼 문인의 소양이 있어서 문관文官으로 출세할 재기가 있었지만, 항상 붓을 던지고 무인이 될 뜻을 가졌다. 1565년 21세에 보성군수寶城郡守 방진方震의 딸과 혼인하였는데, 이듬해 무인이 될 결심을 하고 처가살이를 하면서 과거에 합격할 때까지 무예를 연마하였다. 무인 출신인 장인의 영향을 받아 자신도 무인의 길을 선택한 것으로 보인다.

1572년 28세에 훈련원訓鍊院 별과別科시험에 응시했는데, 달리던 말이 거꾸러져서 왼쪽다리가 골절되는 부상을 입었다. 관객들은 죽은

무과시험에서 낙마한 모습(현충사 소장)

줄 알았으나 한쪽 발로 일어나서 버드나무 가지를 꺾어 껍질을 벗겨 싸매는 것을 보고 모두 장하게 여겼다. 그 후 1576년 2월 식년式年 무과시험에 응시하여 10년 만에 병과丙科로 합격하였다. 인내심으로 포기하지 않고 인고忍苦의 세월을 보내며 연마한 결과이다. 이때 이순신은 문인적인 소질로 비범함을 드러내어 시험관을 놀라게 하였다. 평소에 쌓은 학문적 소양이 남달랐던 것이다.

그의 정신은 유학에 바탕하여 평소의 소신 또한 선비다웠다. 위엄이 있으면서도 남을 사랑하고 몸가짐을 겸손히 하였다. 남에게 은혜를 베풀고 신의를 지켰으며 식견과 도량이 깊어 기쁘고 노한 감정을 잘 드러내지 않았다. 그는 일찍이 "장부가 세상에 나서 쓰이면 목숨을 바쳐 충성을 다하고, 쓰이지 못하면 초야에서 농사짓고 사는 것으로 족하다. 권력자에게 아첨하여 헛된 부귀를 훔치는 일은 내가 부끄럽게 여기는 것이다."라고 하였다. 자신에게 주어진 대로 살겠다는 안분지족하는 처사處士의 모습이다. 이 글에서 벼슬에 임하는 자세도 엿볼 수 있다.

이순신은 북방의 초급장교시절 때(32세)부터 학식이 뛰어나고 무인의 기상이 남다르다고 이름이 알려졌다. 무섭기로 유명했던 함경감사 이후백李後白도 이순신의 좋은 평판을 듣고 호의적으로 대하였다. 항상 강직한 성품으로 생활하여 남의 부당한 청탁이나 비리를 용인하지 않았다. 병조정랑 서익徐益이 자기와 친분이 있는 이를 승진시켜달라고 청탁을 했지만, 이순신은 단호하게 거절하였다. 말단 관원으로서 상관의 요구를 거절하기란 쉽지 않은 일이었지만, 이순신은 항상 규정과 원칙을 공정하게 지키고자 하였다. 충청병사의 군관이 되었을 때(35세) 기거하던 숙소에는 옷과 이불 이외에는 아무것도 없는 지극히 청렴한 생활을 하였다. 심지어 휴가를 받아 부모를 뵈러 갈 때면 반드시 남은 양식을 식량담당자에게 돌려주었다.

선조 13년(1580) 전라좌수영의 발포 만호(종4품)에 임명되어 처음 수군생활을 시작하였다. 당시의 감사 손식孫軾은 이순신에 대한 헐뜯는 말을 듣고 벌을 주려고 병서兵書를 외우고 진영을 그리게 하였다. 이순신이 정교한 필법으로 붓을 잡고 정연하게 그려내자, 오히려 감사가 감복하였다. 한편 좌수사 성박成鎛이 관아의 오동나무를 베어다가 거문고를 만들려고 하자, 이순신은 관가의 물건이라며 허락하지 않은 일도 있었다. 이처럼 평소에 강직한 자세로 생활하다보니 시기와 모함이 자주 있었다. 좌수사 이용은 이순신을 미워하여 일부로 죄를 주려고 이순신의 담당관청을 불시에 점검하였다. 병사들의 이름과 실제 인원이 맞지 않는 것을 이유로, 조정에 죄를 청하려고 하였다. 그러나 이순신은 그동안 관리해온 증거기록을 제시하여 무고 계획이 무산되었다. 그는 또 전라 감사와 함께 관원의 근무성적을 평가하는데 이순신을 가장 낮은 성적으로 매기려고 하였다. 이 때 중봉 조헌의 항의로 그치게 되었다.

37세 때 결국 서익의 모함으로 발포만호직에서 파직되었다. 훈련원 봉사 재직 시에 인사청탁을 거절한데 앙갚음을 당한 것이다. 이때 율곡 이이李珥는 이조판서로 있었는데, 유성룡을 통해 이순신을 만나보기를 청했다. 그러나 이순신은 "나와 율곡은 같은 집안이라 만나

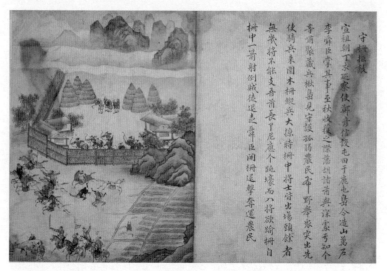

녹둔도 둔전관시절의 그림인 북관유적도첩 중 수책거적도이다.(고려대 박물관 소장)

볼 만도 하지만 이조판서에 있을 때 만나 보는 것은 옳지 못하다."하였다. 인사권을 가진 율곡을 사적으로 만나는 것을 공정치 못한 행위로 여겨 만나지 않은 것이다.

정승 유전柳㙉은 이순신에게 좋은 화살통이 있는 것을 듣고서 자신에게 바치라고 했지만, 이순신은 "화살을 드리는 것은 어렵지 않으나 화살통 하나로 대감과 소인이 함께 오명을 받는다면 심히 온당치 못한 일입니다."하고 거절하였다. 사소한 물건이지만 서로 주고받았다는 사실만으로 오명이 생길 소지를 만들지 않았다. 이러한 사실들을 통해 항상 근신하는 모습을 알 수 있었다.

선조 19년 두만강 입구 녹둔도鹿屯島 둔전관屯田官에 재직 시(42세) 이순신은 병사 이일李鎰에게 지원병을 요청하였다. 그러나 이일이 거

천자총통   호준포(현충사 소장, 좌동)

절하여 오랑캐의 침입으로 많은 병사들을 빼앗겼다. 이 사건이 문제
가 되자 이일李鎰은 이순신에게 책임을 돌리고 목을 베려고 하였다.
이에 이순신은 지원요청에 불응한 병사의 책임을 들고 그 증거로 보
고 문서를 제시하였다. 이 일이 알려지자, 선조는 "전쟁에서 패배한
사람과는 차이가 있다. 장형杖刑을 집행하게 한 다음 백의종군白衣從軍
으로 공을 세우게 하라"고 명하였다. 평소에 업무일지를 꼼꼼히 기록
해둔 덕에 위기를 모면할 수 있었다.

　선조 22년 정읍현감에 임명되었을 때(45세) 관리의 복무규정을 어
기면서 20여명의 대가족을 이끌고 부임지로 갔다. 특히 일찍 아비를
잃은 어린 조카들을 극진히 보살폈는데, 그에게는 규정보다 인간의
도리가 우선이었던 것이다. 이때 정여립鄭汝立의 역모 사건으로 도사

조대중曹大中이 연루되어 체포되었는데, 금오랑이 조사하는 과정에서 조대중과 문답한 편지를 발견하고 이순신에게 이를 무마해주겠다고 하였다. 그러나 이순신은 "이미 수색한 가운데 들어 있는 것을 사사로이 빼버리는 것은 온당치 않다."고 거절하였다. 이순신 자신은 떳떳했기 때문에 조금도 숨기려고 하지 않은 것이다.

임진왜란과 한산도생활

이 당시 조선의 정국은 대륙의 침략을 꾀하는 일본으로 인해 매우 불안한 상태였다. 이에 조선 조정은 일본의 정세와 토요토미 히데요시豊臣秀吉의 저의를 파악하기 위해 황윤길(서인)과 김성일(동인)을 일본에 통신사로 파견하였다. 그런데 이 두 사람은 일본을 다녀온 후 서로 다른 주장을 하였다. 황윤길은 조선에 반드시 전쟁이 일어날 것이라고 하는 반면, 김성일은 정 반대로 말하였다. 더욱이 이들이 가져온 일본의 국서에 담긴 "군대를 거느리고 명나라에 뛰어 들어갈 것이다[率兵超入大明]"라는 말에 조선의 조정은 혼란에 빠졌다. 결국 조정은 문제의 심각성을 깨닫고, 명나라에 급히 김응남金應南을 파견하여 보고하게 하였다.

1591년, 조정은 변방을 철저히 대비하기 위해 비변사에 장수감이 될 만한 인재를 추천하라고 명하였다. 그때 유성룡柳成龍이 정읍현감井邑縣監으로 있던 이순신李舜臣을 천거하여 전라좌수사全羅左水使에 임

거북선 제조 모습(현충사 소장)

명하게 되었다. 이때 이순신은 왜군이 반드시 쳐들어 올 것을 알고 날마다 방비할 무기를 정비하고 거북선을 만들었다.

임진년 1월 1일부터 『난중일기』를 쓰기 시작하고 전쟁을 대비하기 위해, 전라좌수영과 각 포구에서 무예훈련을 본격적으로 시작하였다. 내륙 연안에 성을 쌓고 해안 부두에 쇠사슬[鐵鎖]을 걸어 적의 해상침투에 대비했다.

드디어 임진년(1592) 왜란이 발생하였다. 토요토미 히데요시의 명령을 받은 고니시 유키나가[小西行長]부대는 4월 14일 부산포를 침입하여 관군의 저항을 받지 않고 내륙 진입에 성공하였다. 경상우도 진영은 수비부실로 참패를 당하자, 이를 담당한 원균元均은 이순신에게 지원을 요청하였다. 이에 이순신은 전라부대를 이끌고 출동하려는데 국가의 중대한 일에 다른 도道라고 방관할 수 없다며 부하들에게 결사항전을 명하였다. 오직 "오늘의 할 일은 오직 나가서 싸우다가 죽는 것뿐이다. 감히 나갈 수 없다고 말하는 자는 참수斬首할 것이다." 라고 말했다.

5월 4일 새벽 이순신은 부하 장수들과 출동하여 7일 일제히 옥포玉浦 앞바다에 출동하였다. 이때 이순신은 여러 장수들에게 "함부로 움직이지 말고 산처럼 침착하고 무겁게 행하라[勿令妄動, 靜重如山]" 고 당부하였다. 이 때 서울은 소서행장에 의해 20일 만에 함락되었고, 가토 기요마사加藤淸正의 부대가 북진하여 평양을 함락하고 함경도까지 진군한 결과, 2개월도 채 못 되어 전 국토가 유린되었다. 이러한 상황에서 왜적을 물리칠 방법은, 오직 왜적의 해상보급로를 차단하는 것이었다. 이에 이순신은 해상의 제해권(制海權, 해상통제권)을 장악하는데 주력하였다. 의병과 승병들이 조선군을 지원하고 명의 지원군도 파견되자, 왜군들은 점차 불리한 상황에 빠지게 되었다.

7월 8일 이순신은 이억기, 원균과 함께 고성固城 견내량見乃梁에 도착하였다. 적선 30여 척이 오고 그 뒤로 여러 배들이 포진해 있었다. 견내량의 지형은 매우 좁고 암초가 많아서 형세가 불리함을 깨닫고, 한산도閑山島 바다 가운데로 왜적을 유인해내어 학익진鶴翼陣법을 사용하여 완전히 소탕하였다. 이것이 한산도대첩이며, 이 전투를 통해 조선군은 마침내 해상의 제해권을 장악하여, 전라도에 진출하려던 왜군을 차단하는데 성공할 수 있었다.

전라도는 우리나라에서 곡물생산량이 가장 많은 곡창지대이고 전략상 식량보급의 요충지이므로, 작전상 매우 중요한 곳이었다. 그래서 이순신은 1593년 7월 15일 수군의 진영을 전라도 여수에서 왜적침입의 길목인 한산도로 옮겼다. 이튿날 인척관계인 현덕승玄德升에게 보낸 편지에, "호남은 국가의 울타리이니 만약 호남이 없다면 국가가 없는 것입니다[湖南國家之保障, 若無湖南是無國家]. 그러므로, 어제 한산도에 나아가 진을 치고 바닷길을 막을 계책을 세웠습니다."라고 하였다. 이때부터 한산도에 통제영統制營이 설치되어 정식관청으로 운영되었다.

이순신이 한산도 진영에서 있을 때는 항상 근신하는 생활을 하였다. 밤마다 잘 때는 옷과 허리띠를 풀지 않고서 자다가 일어나 작전을 모의하고 밤을 샜다. 밥을 적게 먹었고, 손님과 밤중에 술에 취해도 첫 닭이 울면 반드시 일어나 앉아서 작전업무를 보았다고 한다. 이러한 노력의 결과 한산도 주변 지역에 대한 왜적의 해상 진입은 쉽지 않았다. 이순신이 통제영에 있으면서 주민을 모아 자급책을 마련하기 위해 농사와 고기잡이, 소금굽기, 질그릇굽기 등을 장려하여 재원 확보에 주력하였다. 이순신의 한산도 진영 생활은 1597년 2월(감옥에 가기 전)까지 총 3년 7개월의 기간 동안이었다.

위기 극복과 최후의 승리

병신년(1597) 겨울 일본 장수 소서행장은 이순신을 모함하기 위해 자신의 부하인 요시라要時羅를 시켜 흉계를 꾸몄다. 일본 장수 가토 기요마사加藤淸正이 일본에 갔다가 다시 조선에 올 것인데, 이를 맞추어 이순신을 출동시키라는 것이었다. 이에 조선의 조정은 이순신에게 출동명령을 내렸으나, 이순신은 그것이 거짓임을 알고 출동하지 않았다. 이에 사헌부에서는 적을 놓쳤다는 이유로 이순신을 탄핵하였고, 선비 박성朴惺은 풍문을 듣고 상소하여 '이순신을 참수해야 한다'고 하였다. 유성룡은 감히 고집하여 다툴 수 없어 병을 핑계로 조정에 나가지 않았고, 이원익李元翼이 상소하여 "수군이 믿는 사람은 순신이니, 순신을 움직이면 안 되고, 원균을 써서는 안 됩니다."라고 하였으나, 선조는 듣지 않았다.

결국 정유년(1597) 2월에 이순신이 한양으로 압송되고, 3월 4일 감옥에 들어가게 되었다. 이때 정탁鄭琢이 옥에 갇힌 이순신을 구원하기 위해 상소문을 올려 "순신의 죄는 죽어 마땅하나, 그로 하여금 공을 세우게 한다면 은혜를 갚으려 할 것입니다"라고 하여 선조의 마음을 돌렸다. 4월 1일 특사되어 출옥하고 경남 합천 초계草溪에 있는 권율의 막하고 들어가 백의종군白衣從軍하여 공을 세우라는 명을 받았다. 그 후 열흘 만에 모친의 상喪을 당하는데, 장례도 못치르고 남쪽으로 길을 떠나며 어머님 영전靈前에 울부짖어 곡하며 하직을 고하였다. 이때 원균의 부대는 칠천량에서 왜적의 기습을 받아 대패하여 조선 수군은 제해권을 상실하게 되었다. 7월 이순신은 삼도수군통제사에 재임명되었다.

이해 8월 조정에서는 원균부대의 해상작전 실패로 수군이 불리한 상황임을 들어 육지전을 명령하였다. 하지만 이순신은 결코 포기하지 않고 수군의 우수성을 들어 "지금 신에게는 전선이 아직도 12척이 있으니, 죽을힘을 내어 항거하여 싸우면 그래도 해낼 수 있습니다.[今臣戰船尙有十二, 出死力拒戰, 則猶可爲也]"라고 하며, 수군폐지를 반대하는 상소문을 올렸다.

9월 15일 이순신은 명량해전을 하루 앞두고 그날 밤 부하들에게 "필사즉생必死則生, 필생즉사必生則死"라 하며 결사적인 전투를 다짐하였다. 이튿날 13척으로 적선 133척과 격전을 벌여 31척을 격침시키는 전공을 세웠다. 겁을 먹고 후퇴하는 부하들에게 군법으로 경고하고, 또는 사기를 진작시키며 전쟁에 임하도록 이끌었다. 그 결과 중과부적衆寡不敵의 상황에서 부하들과의 협력으로 능동적인 대처를 하여 인간의 한계를 뛰어넘는 불패의 신화를 이루었다. 이것이 최대위기를 극복한 명량대첩이다. 모함으로 감옥에 갔다나와 백의종군하는 중에 모친상을 당하고 패전한 수군을 일으켜 북상하려는 왜군을 차단하여 수군을 재건하기까지 그는 결코 좌절하지 않았다. 이러한 악순환의 상황에서도 국난극복을 위해 보여준 백절불굴의 정신은 이순신을 더욱 위대한 인물로 각광받게 하였다.

무술년(1598) 8월 도요토미 히데요시豊臣秀吉의 죽음으로 왜군들이 총퇴각을 하게 되자, 이순신은 명나라 군사들과 왜적을 소탕하기 위

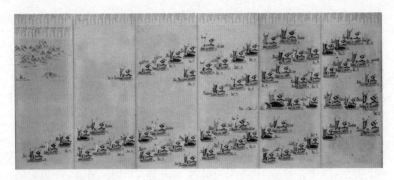
수조도水操圖 좌

해 연합작전을 실시하였다. 그러나 고니시 유키나가가 강화講和를 하자며, 명나라 장수 유정劉綎과 진린陳璘에게 뇌물을 주고 일본 철수부대의 퇴로를 열어 줄 것을 요구하였다. 진린은 이순신에게 퇴로를 열어주자고 했으나, 이순신은 강력히 항의하여 진린을 설득한 후 다시 왜적을 치기로 했다.

　11월 18일 왜군이 유키나가를 구출하기 위해 사천·고성·남해 등지의 왜선 500여척을 노량 앞바다에 집결시켰다. 이날 밤 자정 즈음에 이순신은 하늘에 빌기를, "이 적을 무찌른다면 죽어도 여한이 없겠습니다[此讐若除 死卽無憾]."라 하였다. 이튿날(19일) 이순신은 해뜰 무렵 휘하 군사들을 출동시켜 적선 200여척을 격파시키고, 남해로 도주하는 왜군을 끝까지 놓치지 않으려고 필사적으로 추격하였다. 이때 이순신은 적의 유탄을 맞아 전사하였는데, 눈을 감는 순간 "전쟁이 한창 다급하니 부디 나의 죽음을 말하지 말라(戰方急, 愼勿言我死)"고 하였다. 마지막 최후의 승리를 이루기까지 자신의 책임과 도리를 다한 것이다. 임진왜란 중에 항상 선봉장으로 나아가 나라를 위

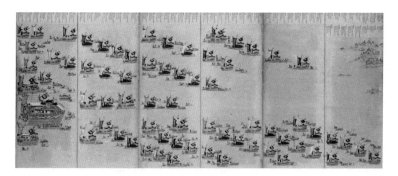

수조도水操圖 우, 한산대첩 당시 학익진의 모습(충렬사 소장)

해 목숨을 바쳐 대의大義를 실천한 그의 위대한 업적은, 유구한 역사 속에서 길이 자리매김할 것이다.

인仁 ㄱ
1. ㄴ 인간
사랑

1. 인(仁)으로 자신을 계발하라

인간이 올바른 삶을 영위하기 위해서는, 먼저 인간이 지켜야할 도리가 무엇인지부터 생각해야 한다. 사람마다 생각하는 기준이 서로 다르겠지만, 그 기준이 도덕성을 바탕으로 한다는 데에는 이견이 없을 것이다. 그것은 동서고금東西古今을 막론하고 항상 인류에 있어서 불변의 진리처럼 여겨져 왔기 때문이다. 이점에서 도덕이란 인간이 당연히 실천해야 할 도리인 것이다. 유가儒家에서는 이 도덕에 대한 포괄적인 이념으로 인仁을 말하였다. 허신許愼의 『설문해자說文解字』를 보면, "인仁은 인人과 이二가 조합된 글자로 친親의 뜻이다."라고 하였다. 도덕이란 두 사람이 서로 갖는 친한 마음에서 시작되는 것이다. 사마양저司馬穰苴는 "옛날에는 인仁을 근본으로 했다. 오직 인仁해야 친한 마음이 생긴다[惟仁有親]."고 하였다(『사마법』). 또 황석공은 "인이란 사람들이 친밀해지게 하는 것이다[仁者, 人之所親]."하였다(『삼략』). 사람이 어진 마음을 가질 때, 서로 더욱 친해지는 것이다. 그런데 이러한 도덕의 실천은 자신의 수양에서부터 시작된다. 공자孔子는 "자신의 감정을 극복하여 예로 돌아오는 그 자체가 인仁이 된다[克己復禮爲仁]."고 하였다(『논어』「안연」). 수양을 통해 사욕私慾을 억누르면 인仁, 즉 도덕심을 온전히 지킬 수 있고, 더 나아가 인간 사랑의 발판을 마련할 수 있는 것이다.

이순신은 항상 자신에 대한 극복의지로써 인격을 수양해왔고, 이를 통하여 자신을 계발[啓發]하여 도덕을 실천하였다. 여기서 계발이란, 자신에게 잠재된 능력과 자질을 이끌어 자립심을 키우는 것이다. 공자[孔子]는 "마음으로 분발하지 않으면 열어주지 않고, 말하려고 애쓰지 않으면 가르치지 않는다[不憤不啓 不悱不發]."고 하였다(『논어』「술이」). 자발적인 노력을 기울일 때 계발의 효과가 있는 것이다. 따라서 몸가짐을 수양하여 도덕을 실천할 때 인[仁]의 목표가 달성되는 것이다. 인[仁]의 계발능력이 일상에서는 도덕실천의 근본이 되고, 전쟁에서는 군대지휘의 원동력이 되는 것이다. 『장원』에 "인[仁]이란, 병사들을 잘 길러주는 것이다[仁, 善養士卒也]."라 하였다(「근후」). 장수가 도덕심을 갖고 군대를 지휘하면, 병사들이 잘 따라주어 군대가 더욱 화합할 것이다. 이순신은 어려서부터 유학의 학문으로 인격수양을 하였고, 자신에게 맞는 분야를 스스로 찾아서 자기의 능력을 계발하였다. 결국 문인의 재능을 갖고 무인의 길로 나아간 것이다.

1) 붓을 던짐

이순신은 어려서부터 총명하고 민첩하여 남다른 행동으로 주변 사람들을 놀라게 하였다. 8~9세 때에도 체구가 크고 용감하였는데, 한양 건천동(乾川洞, 서울 중구 인현동) 거리에서 친구들과 전쟁놀이를 할

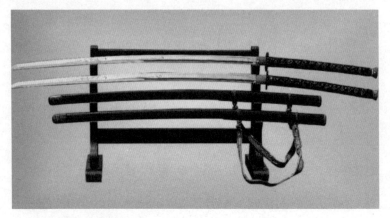

보물 326호 장검(현충사 소장)

때 항상 대장노릇을 하였다. 어린 나이지만 위엄이 있는 모습으로 지휘하는데, 나름대로 규율이 있어서 아이들이 잘 따라주었다. 진을 쳐놓은 곳에 어른들이 지나가면, 이순신이 활로 쏘려고 하여 함부로 침범하지 못하고 피해서 갔다.

어려서부터 맏형 희신義臣과 둘째형 요신堯臣을 따라 한문서당에서 유학儒學을 배웠다. 문인적인 재주가 있어서 앞날이 촉망되었지만, 항상 붓을 던져 무인武人이 되려는 생각을 하였다(『충무공행록』). 드디어 22세 때 무인이 되기를 결심하고 무예를 익히며 무경武經과 역사서를 배우기에 주력하였다. 어린 나이임에도 자기의 적성에 맞는 분야를 스스로 찾아서 결정할 줄 알았던 것이다.

이순신의 나이 22세 때 구경(九經, 유교경전)의 오묘한 뜻과 수신修身, 제가齊家, 치국治國, 평천하平天下의 실천궁행할 절차를 모두 알았고, 더욱이 필법筆法이 정교하고 빼어나서 명필의 재간이 있었다. 그러나 무예를 배우면서 정통하려고 붓대를 집어 던지고 천리마를 달리면 누구도 견줄 자가 없었다.

- 김기환, 『이순신세가』 -

이순신은 건장한 장사인데다 말 타기와 활쏘기를 잘하여, 같은 동년배 중에는 그를 따를 자가 없었다. 성품이 고상하고 굳세어 동료 무사武士들이 종일 농담하며 서로 희롱하면서도 유독 이순신에게만은 함부로 너, 나 하지 못하고 항상 존경하는 마음을 가졌다(『충무공행록』). 이처럼 문인의 재주가 있으면서 무예에도 뛰어난 실력을 갖고 있었으니, 그의 모습은 매우 위엄이 있었다.

그가 문인적인 소양을 독실히 쌓을 수 있었던 것은 바로 대대로 유학儒學을 가업家業으로 이어온 집안의 영향이 매우 크다. 유성룡은 "이씨 집안은 대대로 유학을 배워오다가 이순신에 이르러 처음 무과武科에 올랐다."고 하였다(『징비록』). 유학을 숭상한 가문에서 이순신 같은 무인을 처음 배출한 것이다. 본래 유학이란, 유가(儒家, 공자를 추종하는 학파)의 교육이론을 체계화한 학문이다. 유학의 유(儒, 선비 유)자에는 본래 유(柔, 부드러울 유)와 유(濡, 젖을 유)자의 뜻이 있다. 어진 이가 부드럽게 마음을 적셔주듯이 은연중에 남을 교화하는 것이 진정한 선비의 가르침이다. 이 의미를 글로 표현하여 이론화한 것이 유가의 근본이념인 수기치인(修己治人, 내 몸을 닦고 남을 다스린다)이다. 이는 병가兵家의 이론에도 영향을 주었다. 사마양저는 "자신을 닦고서 남을 대한다[修己以待人].”하였고(『사마법』), 황석공黃石公은 “자기를 놓아두고 남을 가르치는 자는 거슬리게 되고, 자신을 바르게 하고 남을 교화하는 자는 따르게 된다[釋己而教人者逆, 正己而化人者順].”고 하였다(『소서』「안례」). 또 제갈량은 “자신을 바르게 하고 남을 가리치는 것을 순정順政이라 했다[正己教人, 是謂順政].”하였다(『편의십육책』「교령」).

옛 봉건 사회에서는 문과시험을 치르기 위해 반드시 유학을 배워야 했다. 설사 벼슬을 하지 않더라도 수양을 중시하는 선비에게는 유학적 지식이 항상 필요하였다. 그런데 이순신은 유학을 독실히 배웠지만, 출세하는데 연연하지 않고 무관의 길로 나아갔다. 선조宣祖는 이순신에 대해 “재주가 문무를 겸전했다[才全文武].”고 평가했다(「선무공신교서」). 예로부터 문무겸전文武兼全한 인물은 훌륭한 장부로 칭송을 받아왔다. 제갈량諸葛亮은 “장수가 군사를 잘 다스리려면 반드시 학문과 무예가 있어야 한다.”하였다(『편의십육책』「치군」). 유학의 경전인 『시경詩經』의 「노송魯頌」「반수泮水」시를 보면 그러한 예를 볼 수 있다.

진실로 문무겸전하여	允文允武
공많은 조상들이 밝게 강림하니	昭假烈祖
온전히 효도를 다하여	靡有不孝
스스로 복을 구하시네	自求伊祜

이는 중국 고대 노魯나라 희공僖公에 대해 노래한 시이다. 문무겸전한 희공이 오랑캐를 토벌하는 전쟁에서 공을 세우고 돌아와 국학[泮宮]에서 제사를 지내며 적의 귀를 바치는 정성을 칭송하였다. 전공을 고하며 제사지내는 효행은 복 받을 일이다. 이순신도 역시 장수로서 문무를 겸한데다 효행까지 갖춘 인물로 평가를 받는다. 이는 그가 자기의 역량을 발휘하는데 유학의 정신을 체득하여 꾸준히 실천했기에 가능했다. 장수로서 인간의 도리를 지키면서 더욱 전쟁임무에 충실할 수 있었던 것이다.

2) 선비 정신

이순신은 일상생활에서 항상 몸가짐을 신중히 하여, 마치 근신謹愼하는 선비와도 같았다. 대범한 자세로 세상의 부귀와 권력에 초연하면서, 자신의 본분을 지켰다. 초급 관리시절에는 훈련원訓鍊院의 봉사(奉事, 종8품)라는 직책이 낮은 말직이었지만, 이순신은 그 일에 불평하지 않고 오직 자신의 몸가짐을 바르게 하는데 힘썼다.

인사업무를 담당하여 부당한 청탁을 받은 적도 있었으나, 이순신은 법도에 따라 단호하게 거절하였다. 심지어 감옥에 갇혀 처벌을 받게 된 상황에서 어떤 관리가 말하기를, "뇌물을 쓰면 죽음을 면할 수 있다."고 하자, 이순신은 그를 꾸짖으며 "죽으면 죽는 것이지 어찌 구차하게 면하려 하겠느냐!"고 하였다. 이처럼 굳은 신념과 원칙으로 살았기에, 그는 반평생을 불우하게 지냈다. 그래도 그는 항상 당당함을 잃지 않았다. 일을 도모함에 있어서 한 번도 실수한 적이 없었고, 지혜로써 기회를 잘 이용하였다. 이는 모두 평소에 인격수양을 철저히 해온 결과이다.

군사를 다스림에는 대범하면서도 법도가 있었고, 한 사람도 망령되이 죽이지 않았기에 온 군사들이 한 마음으로 복종하여 감히 명령을 어기지 않았다. 비록 경쟁하려는 자라도, 이순신을 바라보기만 하면 절로 굴복하였다. 또한 전쟁에 나아가서는 침착하게 대처하여 항상 여유가 있었고, 싸움이 가능하면 나아가고 어려워지면 물러났다. 반드시 적의 기세를 꺾기 위해 세 번 나발을 불고 북을 쳐서 위세를 보인 연후에 군대를 후퇴시켰다. 죽던 날에도 규율과 절도가 평소와 같았으니, 마침내 승리를 거둘 수 있었다.

- 이식, 「시장」 -

문인적인 소양을 쌓은 영향으로 장수로서의 생활이 더욱 절도가 있고 엄격하였다. 이에 작전수행 중에 구사한 전술戰術과 지략은 어느누구도 따를 수 없었다. 부하들이 잘 복종하여 군사력이 증진되었고, 적의 상황에 능동적으로 잘 대처하여 드디어 승리를 거둘 수 있었다. 김육金堉은 "이순신은 담력이 남보다 크고 지조가 견고하며 몸가짐은 규범있는 학자와 같았다."고 하였다(「신도비명」).

이순신은 꾸준한 인격수양을 통해 자신의 자질을 계발하고 그것을 발전시켜 도덕을 실천하였다. 일정한 생활방식으로 자기 관리를 철저히 한 것인데, 그의 사고방식에는 누구나 공감할 수 있는 공정한 잣대가 있었다. 그러므로 공사公私 간의 인사문제를 공정히 처리할 수 있었고, 전쟁에서는 부하들을 잘 지휘하여 매번 승리할 수 있었다. 그가 일생 동안 늘 지켰던 수양 방법은, 전형적인 선비의 수양 방법과 다름이 없었다.

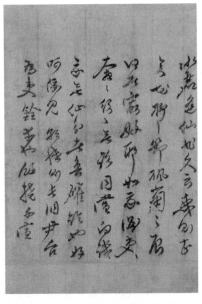

현덕승에게 보낸 편지(현충사 소장). "꽃과 버들의 계절과 단풍과 국화의 시절 중 어느 때가 가장 좋은지요[花柳之節 楓菊之辰 何者最好耶]."

이러한 근신과 절제로 자신을 단속한 규범적인 자세가, 결국 전쟁에서 적을 승리하게 한 힘이 된 것이다. 손무孫武는 "용병을 잘하는 자는 도를 닦고 법을 보전하므로 승패를 가늠할 군정을 만들 수 있다[善用兵者, 修道而保法, 故能爲勝敗之政]."고 하였다(『손자』「군형」). 또한 제갈량은 "승리하는 자는 바른 길을 따라 가서 길을 닦게 되고, 패자는 건너질러 가다가 길을 잃는다. 이것이 순역의 계책이다[勝者隨道而修途, 敗者斜行而失路, 此順逆之計也]."라 하였다(「편의십육책」「치군」). 지휘자가 항상 도덕심을 갖고 부하들을 다스린다면, 상하간이 화합하여 승리를 기대할 수 있다. 유학의 도덕 정신은 누구나 자신의 도리를 다하게 하는 감화력이 있으므로, 군사들의 사기를 높여주어 승리하는데 큰 도움이 되는 것이다.

|함께 생각하기|

도덕에 대한 올바른 인식은 인간다운 삶의 시작이다. 인간사회에서 가장 중요한 것이 무엇인가에 대한 본질적인 문제는 인간이 풀어야 할 과제이다. 그래서 옛 성현들은 인격수양을 통한 인간의 도리를 추구하는 것을 중요시했던 것이다. 바로 진정한 도덕실천은 자기극복에서 시작된다. 자신을 절제하고 언행을 삼가는 자세는, 개인수양에서 중요한 일이다. 원만한 사회생활을 위해 남을 다스리기 전에 자신부터 극복하는 자세를 가져야 한다. 여기서 남을 존중하는 마음이 싹트기 때문이다. 이상적인 사회를 만들기 위해서는 도덕의 근본인 인간사랑의 정신부터 배우고 실천해야 한다. 이것이 곧 도덕실천의 기본자세이다.

자신을 수련하는 과정에서 자신의 능력은 저절로 향상된다. 사소한 일에 얽매이지 않고 대범하게 행동하는 습관은 자신의 기량器量을 넓게 키워준다. 옛 성현들의 교훈을 귀감으로 삼아 도덕실천을 생활화하라. 이를 위해 먼저 부모에 대한 효도부터 실천해나가야 한다. 인간 도리의 중요성을 인식한 토대를 바탕으로 하여 소양을 쌓아나간다면, 모든 일에 있어서 시비를 올바로 판단할 수 있는 안목을 갖게 될 것이다. 결국은 인간의 도리를 실천함으로써 지식과 함께 지혜를 터득해 나가는 것이다.

일상에서 불우한 처지를 원망하지 않고 부도덕한 행위에 맞설 수 있는 용기는, 바로 수양된 사람만이 가질 수 있는 것이다. 절제와 극복으로 자신을 강하게 단련하면, 어떠한 위기에도 잘 대처할 수 있다. 항상 공정한 자세로 사리를 판단하면, 사회에 잘 적응할 수 있는 힘을 갖게 된다. 인격자의 도덕 행위는 마음을 움직이게 하는 감화력이 있으므로, 일상의 여러 가지 문제들은 물론 남과의 경쟁관계에서도 상하간의 화합을 이룸으로써, 위기를 극복하게 하는 원동력이 될 것이다.

2. 동정심을 베풀어라

예로부터 우리나라는 남에게 덕을 베푸는 일을 미덕으로 여겨왔다. 이것은 인격수양자가 도덕을 실천하는데 있어 가장 중요한 일이며, 인간의 정서를 순화하고 풍속을 바로 잡는데 항상 귀감이 된다. 참된 도덕이란, 남을 배려하는 마음에서 시작된다. 공자孔子는 인仁에 대해 "사람을 사랑하는 것이다[愛人]."라고 하였다(『논어』「안연」). 인간 사랑이란 바로 도덕을 실천하는 것이다. 또 그는 "군자는 근본을 힘 쓰니 근본이 세워지면 도가 생긴다. 효(孝, 효도)와 제(悌, 공경)라는 것은 그 인仁을 행하는 근본이다."라 하였다(『논어』「학이」). 인을 실천하기 위해서는 먼저 자신에게 가까운 부모에 대한 효도와 형에 대한 공경부터 실천해야 한다. 진정한 도덕실천은 가족사랑에서부터 시작되기 때문이다. 가족사랑에 충실한 사람은 다른 모든 이에게도 사랑을 베풀 수 있다. 인仁의 본질을 깨닫고 사랑의 범위를 넓혀 나감으로써, 인간 사랑이 실현되는 것이다.

황석공黃石公은 "측은히 여기는 마음은 인仁의 나타남이다[惻隱之心, 仁之發也]."하였다(「하략」). 남의 사정을 동정하는 마음은 인의 출발인 것이다. 맹자孟子의 사단四端 이론과 통하는 말이다. 황석공黃石公은 "인仁이란 사람들이 친밀감을 느끼는 것이니, 은혜를 베풀고 측은히 여기는 마음을 지님으로써 그것을 만들어 가는 것이다[仁者人之所親, 有慈惠惻隱之心, 以遂其生成].”고 하였다(『소서』「원시」). 사랑을 베푸는 인에 대해서는 누구나 친밀감을 느끼는데, 남에게 동정심을 베풂으로써 그 인을 발전시킬 수 있는 것이다. 오기吳起는 인仁을 사덕四德의 하나로 말하고 “인仁으로 어루만져야 한다[撫之以仁].”고 하였다(『오자』「도국」). 남을 감싸주고 편케 해주는 것이 인간 사랑인 것이다. 『장원』에 “덕으로 이끌고 이치로 다스리어 기한飢寒을 알고 노고를 살피면 이를 인장仁將이라고 한다.”고 하였다(「장재」). 요컨대 가족 사랑부터 시작하여 동정심을 널리 베푼다면, 인을 이룰 수 있다. 이순신은 부모에 대한 극진한 효도와 가족에 대한 사랑을 충실히 실천하고 동정심을 널리 베풀어나감으로써 인을 실천하였다.

1) 덕을 베풂

이순신은 무과출신의 장수로서 평소의 모습이 참으로 엄정해 보이지만, 내면의 속마음은 문인적이고 감성적이면서 매우 인정이 많았다. 간혹 주변에 형편이 어려운 사람이 있으면 그 자리에서 당장 도와주기도 하였다. 1583년 함경도 건원보乾原堡 권관(權管, 종9품) 재직 시 변방을 수비하는 병사가 부모의 장례소식을 듣고도 가난한 형편에 달려가지 못하는 사정을 듣고, 그를 동정하여 그 자리에서 자신이 타고 있던 말을 내주었다(「충민사기」(이항복)). 부모의 상사喪事에 가지 못하는 병사의 딱한 처지를 보고 조금도 주저하지 않고 당장 그 자리에서 도와 준 것이다. 손무孫武는 "병사들 대하기를 자식을 사랑하는 것처럼 해야 한다. 그래야 그들과 함께 죽을 수 있다."고 하였다 (『손자』「지형」).

이순신은 부친 이정李貞의 사망 후, 두 형을 먼저 잃고 한 집안의 가장으로서 대가족을 거느렸다. 가족들의 수가 어머니와 부인, 자식을 합하여 11명이었고, 형수와 동생 우신禹臣, 제수, 조카들까지 포함하여 20여 명이나 되었는데, 어린 조카들은 어머니에 의해 길러졌다. 1589년 12월 정읍현감井邑縣監에 임명되어 부임지로 가는데 조카들이 어머니를 따라 함께 가게 되었다. 이를 본 사람들이 남솔(濫率, 관리가 제한 수 이상의 가족을 데리고 가는 것)이라고 비난하자, 이순신은 눈물을 흘리며, "차라리 남솔의 죄를 지을지언정 의지할 데 없는 어린 조카들을 차마 버리지 못하겠다."고 말하였다. 이 말에는 가족을 위해서라면 어떠한 처벌도 감수하겠다는 각오의 의미가 있는 것이다. 관리로서 복무규정을 준수해야 하나 불쌍한 가족들을 돌보지 않는 것은 도리어 인간의 도리를 저버리는 행위이므로, 그에게는 규정보다 윤리적인 책임이 더 소중했다. 규정보다 인간의 도리가 우선임을 일깨워주는 행동이었으니, 여기에서 이순신의 돈독한 가족사랑의 정신을 엿볼 수 있다.

전쟁 중에는 곳곳에 발생하는 피난민의 구제문제가 매우 시급하였다. 이순신은 작전 중에도 많은 백성들을 보살피려 했지만, 일일이 도와줄 수 없는 안타까움을 이루 말할 수 없었다. 1592년 5월 10일 이순신은 〈옥포에서 왜병격파를 고한 장계〉에서 그러한 내용을 적어 조정에 보고하였다.

적진포(赤珍浦, 경남 통영소재) 근처에 사는 귀화인 이신동李信同이 수군의 배를 바라보며 산꼭대기에서 아기를 업고 울면서 다가왔기에 작은 배에 실어 와서 적들의 소행을 물었습니다. (…) 그는 노모와 처자를 잃고 애원하며 호소하는데, 신臣은 그 실정을 가련히 여기고 포로가 될 것을 염려하여 데려간다고 달랬으나 그는 노모와 처자를 찾아야한다고 따라오지 않았습니다. (…) 신이 연해를 두루 돌아보니 지나는 산골짜기마다 피난민들이 있었고, 수군의 배를 바라보고 아이와 노인들이 짐을 진 채 서로 끌어안고 울며 부르짖는 것이 소생할 길을 얻은 듯 하였습니다. 혹은 적의 종적을 알려주는 자가 있었는데, 보기에도 불쌍하여 바로 싣고 가고 싶었으나 인원이 많고 전선戰船에 사람을 가득 실으면 배 운전이 어려워지므로, "돌아갈 때 데려 갈 테니 각자 깊이 숨어 발각되지 말라."고 당부했습니다. 적을 쫓아 멀리 갔다가 서쪽 피난 기별을 듣고 어찌할 바를 모르며 노를 재촉하여 바로 돌아왔는데 가엾은 심정은 여전히 가시지 않았

임진장초(현충사 소장)

습니다.

-『임진장초(壬辰狀草)』,〈옥포파왜병장(玉浦破倭兵狀)〉-

이순신은 귀화인 이신동李信同에게 전쟁 중 피난민들의 상황을 전해
듣고 그들을 일일이 배에 태워 피난시켜주고 싶었지만, 전선戰船에 다
수의 피난민들을 수용하기에는 적선 인원의 한계가 있었다. 상당수
피난민들은 전쟁으로 인해 부모와 처자식을 잃고 자신의 목숨마저
보전하기 어려운 참담한 상황이었다. 이순신은 작전 수행 중에도 피
난민의 모습을 생각하면 슬픔과 연민의 정이 솟구쳐 올랐다. 이러한
와중에도 백성들을 잊지 않고 돌보려고 한 그의 자세는 진정한 인간
사랑의 정신에서 나온 것이다.

전쟁 중 어린 소년들이 적에게 포로로 잡혀간 것을 부하장수가 되
찾아온 사건이 있었다. 6월 7일 당포해전唐浦海戰을 치룬 뒤 올린 〈당
포에서 왜병 격파를 고한 장계〉에서 확인할 수 있다.

율포(栗浦, 경남 거제소재) 앞바다에서 접전할 때 녹도만호 정운鄭運
이 왜군에게 포로가 되었던 천성수군天城水軍 정달망鄭達望을 사로잡
아왔는데, 나이가 14살이었습니다. 신문한 즉, '난리가 일어난 뒤 부모
를 따라 산으로 들어갔는데 배가 고프고 피곤하여 6월 초 천성에서
가까운 들판 보리밭에서 이삭을 주워 연명하려고 내려왔다가 왜적에
게 포로가 되었다. 왜인들은 영등포 근처에 배를 대고 그들이 약탈한
물건을 햇볕에 말리고 있을 때 우리 수군이 불시에 돌격하자, 왜인들

은 어찌할 줄 모르고 닻줄을 끊고 먼 바다로 달아났는데, 그 때 힘이 다해서 붙잡혔다.'하였습니다. 이와 함께 한 이들은 모두 어린 나이에 왜적에게 포로가 되었다가 친척과 고향을 떠나왔으니 보기에도 불쌍하고 측은했습니다. 소년들을 잡아온 관원에게 잘 보살펴 편안히 있게 하고, 난리가 평정된 뒤에 고향으로 돌려보내도록 각별히 타일렀습니다.

-『임진장초』,〈당포파왜병장唐浦破倭兵狀〉-

전쟁 중에 어린 소년들이 굶주림을 면하기 위해 보리이삭을 줍다가 도주하는 적들에게 붙잡혀가게 되었다. 영문도 모른 채 포로가 되었다가 돌아온 소년들의 사정을 듣고 이순신은 남다른 연민의 정을 느꼈다. 전쟁의 참담한 상황에서 다행히 소년들은 조선 수군의 보호로 안전할 수가 있었다.

2) 백성 사랑

당시 전쟁으로 인해 백성의 피해는 날이 갈수록 심각해져갔다. 백성은 나라의 기둥으로서, 백성이 무너지면 나라도 위태로워지는 것이다. 이에 이순신은 전쟁 중에 작전업무를 수행하면서도, 항시 세심한 관찰로 민정民政을 살피는 일을 소홀하지 않았다. 손무는 "용병술을 아는 장수는 백성의 운명을 책임지고 국가의 안위에 주도자가 된다

[知兵之將, 民之司命, 國家安危之主也]."고 하였다(『손자』「작전」). 전술에 능한 장수는 백성을 잘 보살피고, 국운도 관장할 수 있다. 이순신은 군사와 백성의 고충을 생각하며 다음과 같이 일기에 적었다.

대저 변방의 중진重鎭을 한번 잃으면 그 해독은 심장부에까지 미치게 되니, 이것은 실로 이미 경험한 일입니다. 신臣의 어리석고 망령된 계책으로는, 먼저 전례를 따라 변방의 방어를 견고하게 한 다음, 차츰 문제점을 조사하고 밝히어 군사와 백성의 고통을 구하는 것이 바로 지금의 가장 급선무라 생각합니다.

- 임진일기, 8월 28일 이후 -

옥포해전 이후 치열한 전투가 이어지는 상황에서 국가의 수호를 위해서는 변방의 방어를 철저히 한 다음, 군사와 백성의 생활을 안정되게 해주는 것이 급선무라고 이순신은 생각하였다. 군사들이 불안하면 전쟁에 지장을 받게 되고, 백성이 불안하면 국가의 기반이 위태로워지는 것이다.

전쟁 중 계사년에 종 갓동㖈同과 철매哲每가 병으로 죽은 것을 불쌍히 여겼는데(계사 6월 12일), 신분이 천하다고 해서 차별하지 않았다. 왜적에게 포로로 붙잡혀 갔다가 되돌아온 군사 제만춘諸萬春이 처형당하게 될 것을 면하게 해준 일도 있었다. 동년 8월 20일 이후 조정에 보고한 〈포로 된 군사가 보고한 왜군의 정황을 들려드리는 장계〉에 다음과 같은 내용이 있다.

제만춘은 무과에 급제한 사람으로서 용맹이 뛰어나고 사격술도 묘하니 용렬한 무리와는 달랐습니다. 적을 죽이는 데는 힘을 다해 죽음으로써 나라에 보답해야 할 것인데 순순히 적에게 포로가 되어 도리어 왜놈의 심부름꾼이 되고 그대로 일본까지 가서 동료 반개半介와 문서를 맡는 임무를 함께 했으니, 신하된 자로서 의리와 절개는 전혀 없었습니다. 그러나 글에 능하고 사리를 잘 아는 자로서 토요토미 히데요시豊臣秀吉이 있는 곳에서 반년이나 머물며 적들의 간교한 실정과 작전계획을 모두 정탐하여 간첩역할을 하였고, 본국 귀환을 희망한 격군 12명을 거느리고 죽을힘을 다해 도망쳐왔으니 그 정황이 가련할 따름입니다.

-『임진장초』, 〈등문피로인소고왜정장登聞被擄人所告倭情狀〉-

제만춘이 본래 원균의 군관으로 용맹과 사격술이 뛰어났지만, 일본에 포로로 붙잡혀갔다가 살아 돌아와서는 이순신의 군관이 되어 전쟁을 도왔다. 처음에 일본에 건너가서 그들의 업무를 도운 사실은 처벌 받을 일이지만, 간첩노릇을 하며 적의 정보를 알려준 점을 정상 참작하여 사면하게 해주었다. 당시 부득이한 상황에서 동료 군사들과 일본에 갔다가 목숨을 걸고 탈출해 온 일을 동정해준 것이다.

동년 윤11월 17일 전쟁 중에 유랑하는 피난민을 먹여 살리기 위해서 〈둔전(屯田, 군비지원 토지) 설치를 청하는 장계[請設屯田狀]〉를 올렸다.

신이 생각건대, 각 도道에 떠도는 피난민이 정착할 곳이 없고 또 먹고 살 생업도 없어 보기에도 측은하니, 이 섬으로 불러들여 살게 하고 그들에게 힘 모아 경작하게 하여 절반씩 나눠 가지게 하면, 공사公私간에 양쪽으로 편리할 것입니다. 흥양현興陽縣의 유방군(留防軍, 상비군)은 도양장(道陽場, 전남고흥 소재)에 들어가 농사짓게 하고, 그 외 남은 땅은 백성들에게 나누어 병작케 해야 합니다. 말은 절이도(折爾島, 고흥 소재)로 옮기면, 사육하는데 지장이 없고 군량보급에도 도움이 될 것입니다.

-『임진장초』, 〈청설둔전장請設屯田狀〉-

피난민 정착을 위해서 여러 목장의 비어있는 땅을 개간하기를 조정에 청하였다. 특히 흥양현의 군사들은 전시戰時에는 나아가 전쟁을 하고 평시에는 들어와 농사를 짓게 하여, 인력과 둔전을 효율적으로 이용하였다. 군사력 강화와 함께 양민정책에도 힘을 기울인 것이다.

임진왜란 중 갑오년(1594) 초에는 백성들이 굶주림으로 인해 서로 사람을 잡아먹는 사건도 있었다. 이때는 조선수군이 피폐해져 큰 전과를 올리지 못했고 전국적으로 굶주림이 심했다. 이러한 상황에서 이순신은 무엇보다 백성의 피해를 줄이는데 더욱 힘을 기울였다. 한편 지방의 관리로서 백성을 침해한 일에 대해서는 엄하게 다스렸다. 병신년(1596) 2월 흥양현감 배흥립의 '백성을 침해한 사건'을 보고받고 경상, 전라의 해당 관리들을 처벌하였다(1596년 2월 26일). 전남 광양현 지역을 지나면서 황폐화 된 것을 보고 참혹함을 느끼며, 군역을 면제하여 백성들의 마음을 위로하였다(윤8월 14일). 이순신은 이처럼 장수로서 작전업무를 수행하는 와중에도, 전쟁에 시달리는 민초民草들의 고통을 덜어주기 위해 항시 노력하였다. 그들에게 해를 끼치는 행위를 하는 것을 이순신의 양심이 용납하지 않았던 것이다.

| 함께 생각하기 |

인격수양자는 자신의 수양을 위해 항상 도덕실천을 중요시한다. 도덕이란, 인仁으로서 남을 배려하는 마음, 남을 동정하는 마음에서 비롯한다. 진정한 인간 사랑을 위해서는 가까운 주변에서부터 사랑을 실천해 나가야 한다. 즉 부모에게 효도를 실천하는 것은 인륜의 시작이다. 인륜의 도리는 엄정한 규정보다도 더 중요한 것이다. 국가와 사회를 통치하거나 한 조직을 지휘하는 자는, 어려운 때일수록 항상 하층민들을 우선 돌봐주어야 한다는 생각을 해야 한다. 나약하고 힘없는 사람을 배려하고 구제하는 것이 진정한 인간 사랑이다.

또한 위기상황을 당하면 먼저 국가의 안녕을 위한 대비책을 마련해야 한다. 물론 개인의 어려운 사정은 동정하고, 설사 낮은 지위에 있는 사람이라도 무시해서는 안된다. 막다른 상황에서 부득이한 이탈행위는, 관용으로써 포용하고 자기편을 만들어 바른 사람으로 선도하는 재간이 필요하다. 국력에 보탬이 될 수 있는 남아 있는 토지와 인력을 효율적으로 활용하는 방안도 모색해야 한다. 전체 조직에 해가되는 침해행위는 엄중하게 경고하고 처벌해야 한다. 인仁을 행할 줄 아는 덕인이라고 해서 무조건 사랑만을 베푸는 것은 아니다. 남을 진정으로 사랑할 줄 아는 사람일수록 오히려 잘못에 대해서 더욱 엄격한 것이다. 공자는 "오직 인자仁者라야 사람을 사랑할 줄도 알고 미워할 줄도 안다."고 말하지 않았던가. 날이 갈수록 각박해져가는 현대사회의 부익부富益富, 빈익빈貧益貧 현상에서 자유롭지 못한 서민과 소외계층에 대한 문제는 항시 우선적으로 해결되어야 한다. 이는 현대사회를 사는 우리가 해결해야 할 과제이다. 저마다 남을 배려하고 동정하는 인간 사랑을 실천하는 것이 참된 인仁의 시작이다.

3. 자신처럼 남을 헤아려라

　인간관계에서 자신만 생각하고 남을 생각하지 않는다면, 결코 좋은 관계를 유지하기 어려울 것이다. 대부분의 사람들은 자신이 한 일에는 관대하고 남이 한 일에는 관대하지 못하다. 만약 자신처럼 남에게도 관대하게 대한다면, 서로의 관계는 호전될 것이다. 이럴 때 역지사지易地思之란 말을 생각하게 된다. 공자孔子는 제자 자공子貢의 "한마디 말로 한평생 행할 수 있는 것이 있느냐?"는 질문에, "바로 용서하는 것이다. 자기가 원하지 않는 것을 남에게 베풀지 말라[己所不欲勿施於人]."고 대답하였다(『논어』「위령공」). 용서란, 자신의 마음을 미루어 남의 마음을 헤아리는 것으로, 인간관계에서 반드시 필요한 것이다. 또 공자는 "사랑하고 용서하면 막힌 사람도 용납할 수 있다[愛而恕, 可以容困]."고 하였다(『공자가어』「치사」) 용서란 것은 많은 이들을 두루 포용할 수 있을 때 효용 가치가 있는 것이다.

　황석공은 "용서를 가까이 하고 행실을 돈독히 함이 대인의 방법이다[近恕篤行, 所以接人]."라 하였다(『소서』「구인지지」). 또 "자신에게는 후하고 남에게 박한 자는 버림받는다[自厚而薄人者棄]."라 하였다.(「준의」) 남의 사소한 잘못은 과감하게 용서하는 관용의 미덕도 필요하다. 이것은 전쟁에서도 중요하다. 황석공은 군사비기[軍讖]를 인용하여, "어진 장수가 군사를 거느림은 자기를 용서하듯이 남을 다스리고 은혜를 베풀면 병력이 날로 새로워진다[良將之統軍也, 恕己而治人, 推惠施恩, 士力日新]."라고 하였다(「상략」). 용서라는 것이 군사들의 사기진작에 도움이 된다는 것이다. 이순신은 전쟁 중에 부하들의 사정이 어떠한가를 살펴가며 작전을 수행하였고, 전쟁을 먼저 수행해야 하는 위급한 상황에서는 군법을 어긴 병사를 과감하게 용서하였다.

1) 배려심

이순신은 어릴 때 마을에 좋지 못한 일이 발생할 때 사건을 해결해주는 해결사 노릇을 하였다. 피해를 본 이가 있으면 반드시 가해자를 찾아가 잘못을 가리고 굴복시켰다. 약자를 돌보고 불의에 항거하려는 강한 의협심義俠心이 있었던 것인데, 이러한 마음의 자세는 성장하면서 상대를 배려하는 마음으로 작용하게 되었다. 1576년(32세)에 식년式年 무과武科시험에 응시하였는데, 모두 3단계 과정[初中終場]을 치르게 되었다. 이때 이순신은 1차 시험[초장初場]에 합격하고 장원壯元한 동료에게 축하한다는 편지를 보냈다.

시험을 보고 간 뒤 부모님 모시는 근황이 어떠한지요. 매우 궁금합니다. 저는 여정의 피로가 아직 남아 있어 남들 보기에 민망할 따름입니다. 이번 초장初場에서 집사(執事, 상대)께서 장원을 하시고 저도 합격한 것은 감축할 일이며, 앞으로 치를 일(2차 시험)을 생각하면 참으로 우연이 아닙니다. 매우 행복함을 더욱 절감합니다. 이렇게 적고서 이만 줄입니다. 23일 순신 올림[行旆餘, 侍候更若何. 仰慰傃區區. 記下路備尙餘, 悶人悶人. 今番初場執事爲壯元, 記下亦爲參榜, 非但暫時感祝, 來頭事, 誠非偶然, 尤切萬幸萬幸. 爲此姑不備上. 念三日舜臣拜.]

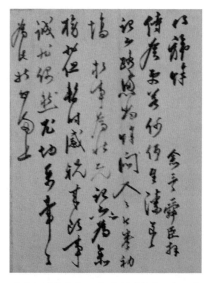

장원 급제자에게 보낸 편지(해사박물관 소장, 도록발췌)

- 이순신 모월 23일 -

장원급제자와 함께 자신도 합격한 일이 감축할 일이고, 뒤에 치를 시험도 함께 하게 된 것은 더욱 깊은 인연이라는 것이다. 자신보다 더 우수하게 합격한 동료에게 시기하지 않고 축하의 예를 보냈다. 이것이 상대에 대한 배려이다. 누구든 1등을 하면 축하를 받고 싶어 할 것인데, 이순신도 아마 이러한 마음을 미루어 축하했을 것이다.

전쟁의 급한 상황에서는 변화있는 전술을 사용하는 것이 승리하는데 유리하다. 옛날에는 전쟁에 대한 전공은 적의 머리를 벤 수급首級의 숫자로 평가하였다. 그렇기 때문에 장수와 병졸에게는 적의 목을 베는 일이 중요했다. 그러나 짧은 시간에 다수의 적을 상대해야 하는 상황에서는 적의 목을 베는데 치중하기보다는 전투에 집중하는 것이 피해를 방지하고 시간도 절약되어 보다 효율적이다. 이점에서 이순신은 전쟁 중에 굳이 적의 목을 베지 않아도 결사적인 전투를 한 장졸에게는 그에 준하는 기준으로 전공을 매겼다. 임진년 한산대첩을 이룬 뒤 7월 15일 그러한 내용을 〈견내량에서 왜병격파를 보고한 장계〉에 적어 조정에 보고하였다.

적에게 포로가 되었다가 돌아온 민간인들은 편히 있도록 하였습니다. (…) 여러 장수들이 분발하여 몸을 돌보지 않고 처음부터 끝까지 힘써 싸워 누차 승리하였지만, 조정이 멀리 있어 조정의 명령을 기다렸다가 군사들의 공훈 등급을 결정하면 군사들의 심정을 감동하게 할 수 없기에, 우선 공로를 참작하여 1,2,3등으로 별지에 기록하고, 당초의 약속대로 머리를 베지 않았더라도 사력을 다해 싸운 병사는 신臣이 직접 본 것으로써 등급을 나누어 결정하고 함께 기록하였습니다.

-『임진장초』, 〈견내량파왜병장見乃梁破倭兵狀〉-

왜적에게 포로가 되었다가 돌아온 백성들을 안전하게 보호하도록 조치하고, 장졸들의 전공은 일일이 조정에 결재 받기가 어렵기 때문에, 이순신이 우선 자체적인 평가를 실시하였다. 조정이 멀리 있어 전공 평가가 늦어지면 장졸들의 불만이 있을 것이므로, 즉시 평가한 후

1594년 7월 14일 선조가 내린 사부유서(현충사 소장)

보고하였다. 더욱이 한산대첩을 이룬 장졸들의 노고가 매우 컸기에 평가를 늦출 수 없었다. 이렇게 하는 것이 사기진작에도 도움이 되고, 장수로서 부하들에게 배려하는 것이다.

때로는 이순신도 작전 중 진퇴양난進退兩難에 빠지기도 하였다. 경남 웅천(熊川, 진해)지역에 주둔한 왜적들을 바로 격퇴하지 못한 상황에서 고전苦戰을 거듭하였다. 계사년 8월 10일 〈왜적정서를 보고한 장계〉에 그 사실을 적어 올렸다.

적의 형세를 살펴보니 웅천에 주둔한 왜적들이 여전히 웅거하고 있을 뿐 아니라, 팔도의 흉악한 적들이 모여 아직도 건너가지 않은 채 백 여리를 서로 바라보며 보루와 성채를 쌓고 벌과 개미떼처럼 진을 치고 있으니, 참으로 통분합니다. 육전陸戰을 담당하는 여러 장수들에게 '먼저 소굴 속에 있는 적을 쳐서 바다 가운데로 유인하여 수륙水陸 협공으로 섬멸한 연후에 부산으로 진격하자'는 사유로 공문[移文]을 돌려서 거사擧事할 날을 고대합니다.

-『임진장초』, 〈진왜정장陳倭情狀〉-

이 때 당시 내륙에 주둔하고 있는 왜적을 수군이 단독으로 공격하기는 불가능한 상황이었다. 이에 육군에게 내륙을 공격하여 바다로 몰아주도록 지원을 요청하였다. 그 다음은 수군이 맡아서 해결하는 것이다. 지난 해 한산대첩을 이룬 장소에서 안팎의 수륙水陸 협공작전을 전개함으로써 웅포에 주둔한 적을 격퇴시켰다.(2차 견내량전투) 수군의 한계상황에서 부하들을 다그치지 않고, 육군들과 함께 작전 공문을 주고받으면서 서로 상의를 충분히 하였다. 전쟁이 불리한 상황에서는 지휘자의 역할이 무엇보다 중요하다. 급하고 어려운 상황일수록 침착함을 잃지 않고 미리 통보하여 작전을 도모하게 함으로써, 부하들이 형세에 잘 따르도록 배려해준 것이다. 제갈량은 "부하가 장수를 알지 못할 것을 근심하지 말고 오직 장수가 부하를 알지 못할 것을 근심하라[不患下不知上, 惟患上不知下]."라 하였다(『편의십육책』「찰의」).

2) 부하 사랑

임진왜란 중에는 이순신 부대가 연속된 승리로 승세를 몰아갔다. 그러나 전쟁을 거듭함에 따라 예기치 못한 일들이 발생했다. 식량부족으로 인한 굶주림과 전염병 및 부상자 문제로 난관에 부딪치게 된 것이다. 이순신은 그러한 병사들이 발생하면 작전 중에도 자상하게 잘 돌봐주었다. 이들을 무리하게 동원하는 것은 전쟁에 도움이 안 될 뿐 아니라, 사기 저하의 우려도 있는 것이다. 계사년 윤11월 17일에 올린 〈본영으로 돌아가길 아뢰는 장계〉에서 그와 같은 내용을 볼 수 있다.

경상도는 피폐한 나머지 선부船夫와 격군格軍이 부족하지만, 틈틈이 병사들을 쉬게 하였으며, 전라도에서도 이와 같이 하였고, 무기를 정비하면서 군사들을 휴식과 함께 점검하도록 하였습니다. 각 고을의 수군으로서 도망한 자들이 열에 8, 9명이고 당번 때 오는 경우는 열에 1, 2명 정도입니다. 이에 '명나라 군사들은 만리 밖에서까지 와서 원망하지 않고 죽음으로써 싸우는데, 본국의 병사들은 분풀이를 하지 않고 제 몸 편안할 꾀만 내고 있다'고 하면서 병사들에게 포목布木을 한 자씩 끊어 나누어 주며 타일렀습니다. 특히 병사들 중에서 오래 머물러 병든 자들은 교대해서 본도로 돌아가게 했습니다.

-『임진장초』, 〈환영장還營狀〉-

당시 병력은 매우 부족한 상황이었고 게다가 그간 옥포해전부터 다섯 차례 큰 해전을 치르느라 상당히 지쳐있었다. 그래서 무기정비와 함께 지친 군사들은 휴식하도록 하였다. 심지어 각 고을마다 도망하는 군사들도 속출하였는데, 죽음으로써 싸우는 것이 군인의 본분이라며 타이르고, 해상에서 오래 머물러 병든 병사들은 본부로 돌아가 휴식하도록 조치시켰다. 이순신이 이처럼 병들고 지친 군사들을 잘 보살핀 것은 형세에 순응하려는 노력이었다. 이러한 점도 군사력 강화와 패배방지에 중요한 일이다. 『장원』에서는 군대가 좀먹어 실패하는 것에 대해 "장수가 부하를 불쌍히 여기지 않고 착취하며 개인이익을 챙겨 추위와 굶주림을 돌보지 않는 경우이다."라 하였다(「군두」).

임진왜란 중 조선 수군과 왜군의 병력상황을 보면, 대치할 때와 교전할 때가 서로 다른 차이를 보이기도 하였다. 부대 대오隊伍가 각기 대치할 때는 조선수군의 수효가 대부분 우세했지만, 실제 교전할 때는 적의 변화된 전술로 불리한 상황에 놓인 경우가 종종 있었다. 계사 윤 11월 21일 올린 〈수군소속 고을에 육군을 두지 말도록 청하는 장계〉에 이에 관한 내용이 있다.

적의 형세를 살펴보면, 육지 웅천 등지의 적이 거제巨濟를 왕래하면서 모였다 흩어졌다 하니, 적들의 흉악한 꾀와 비밀 계획은 진실로 예측하기 어렵습니다. 이에 수군 소속의 정예한 군사 1명이 백 명을 대적해야 하는 상황이므로, 확실히 선발하지 못하는 사유를 우선 논리로 회답하니 조정에서 순찰사 이정암李廷馣과 도원수에게 아울러 각별히 당부해 주시기 바랍니다. 수군을 징용하기가 이렇게 어려우면 신이 맡은 수군을 통제할 길이 없어서 해상방비는 온갖 방법으로도 조처할 수 없게 될 것입니다.

-『임진장초』, 〈청주사소속읍물정육군장請舟師所屬邑勿定陸軍狀〉-

이때 왜적의 변화전술로 인해 이순신부대는 중과부적衆寡不敵한 상황에 놓이게 되었다. 이러한 열악한 상황이 누적된 결과 수군을 징용하는 것도 어렵게 되어버렸다. 그러한 까닭에, 병사를 징용하지 못하는 사유를 들어 수군을 통제하는데 지장을 받지 않도록 조처해주기를 조정에 요청하였다. 수군이 비록 모자란 상황이었지만, 그렇다고 군사를 무리하게 선발하지는 않았다.

이순신은 전쟁을 끝내고 밤에 휴식할 때면, 혼자서 늘 하는 일이 있었다. 피로에 지친 군사들은 편히 쉬게 하고, 자신은 혼자서 화살 깃[箭羽]을 계속 만들었다. 전시에는 부하들에게 빈 활만 나누어 주다가 적이 나타났을 때 비로소 화살을 나누어 주었다. 절약하기 위해 함부로 사용하지 못하게 한 것이다. 그리고 매번 작전 중에는 다른 장졸들과 똑같이 참전하여 활을 쏘았다. 그러자 장졸들이 도리어 적탄에 몸을 상할까 염려하여 이순신에게 그만두시라고 충고하기를, "어찌하여 나라를 위해 자신을 아끼지 않으십니까."라고 하였다. 그러면 이순신은 하늘을 가리키면서 말하기를, "내 명이 저기에 달려있는데, 어찌 너희들에게만 적을 대적하게 할 수 있겠느냐[我命在彼, 豈可令爾輩獨當賊乎]."라 하였다(「충무공유사」(윤휴)).

이식李植은 이에 대해 "이순신이 죽음으로써 일에 힘쓰려고 본래부터 작정한 것이다."고 하였다. 이순신은 장수로서 부하를 사랑으로써 돌봐주고, 힘든 전쟁에서는 부하들과 고충을 함께 하였다. 옛날의 훌륭한 장수는 병사들을 기르기를 자식처럼 했다[古之善將者, 養人如

養己子](『장원』「애사」). 그리고 손무는, "장수와 부하가 함께 하려고 하면 승리한다[上下同欲者勝]."고 하였다(『손자』「모공」).

|함께 생각하기|

원만한 대인관계를 위해서는 항상 자신에게 관대한 것처럼 남에게도 관대하게 할 줄 알아야 한다. 바로 자신의 마음을 미루어 남의 마음을 헤아리는 자세가 필요한 것이다. 남의 사소한 잘못은 용서하고 관용의 미덕을 베풀어야 한다. 그리고 정당한 경우 항상 약자의 편을 들어주는 의협심도 있어야 한다. 나보다 나은 사람을 시기하지 말고 더욱 격려해 주어야 한다. 그러면 서로의 도움으로 자신은 더욱 발전할 것이다. 전체 조직을 위한 성과를 이루는 데는 반드시 헌신적으로 임해야 한다. 손해보는 듯해도 성과를 이룬 후에는 자신이 기여한 공로는 항상 남아 있는 것이다. 각 구성원이 기여한 공로는 반드시 빠짐없이 인정해줘야 한다. 방법과 수단을 다르게 적용한 것이라면 변화된 기준으로 조절하여 평가하라.

현재의 진행 상황이 어렵다면 각 구성원들은 가능한 부분을 분담하여 상호 협력함으로써 목적을 달성해야 한다. 그러기까지에는 각 구성원들과 의견을 모아 합리적인 방법을 도출해내야 한다. 간혹 조직 내에 곤경에 처한 어려운 사람이 있으면, 구제하여 재기할 수 있도록 해줘야 한다. 이를 무시하고 목적만을 위해 업무를 강행한다면 반드시 실패할 것이다. 결국은 모든 구성원의 힘이 모여야 전체가 살아나는 것이다. 주변의 경쟁상대로 인해 어려운 상황에서 위기를 맞게 된다면, 이때 무리한 인력 동원은 금물이다. 오히려 더 상황이 악화될 수 있다. 오직 상황이 호전되기를 기다리며 대비책을 강구해야 한다. 지휘자와 구성원 간에는 항시 가족과 같은 정으로 화합해야 한다. 긴밀한 관계를 유지하는 것이 경쟁에서 승리하는 길이기 때문이다. 지휘자는 남은 시간에 내일을 위해 쉼없이 고민하고 준비해야 하며, 아랫사람들이 쉬어야 할 시간에 충분히 휴식하도록 하고 편하게 해주어야 한다. 그것이 부하에 대한 사랑이다. 그리고 중요하고 힘든 일은 윗사람과 아랫사람 모두가 분담하여 고충을 함께 나눠야 한다.

4. 원수만 원망하라

세상을 살다보면, 본인의 의사와 상관없이 뜻밖의 억울한 일을 당할 때가 있다. 그것이 미리 예상한 것이라면 당황하지 않겠지만, 전혀 예기치 못한 상황에서 자신과 무관한 것이라면 당연히 억울한 생각이 들것이다. 그때에 만약 그 일이 자신과 무관함을 밝힌다면 문제가 쉽게 해결될 것이다. 그러나 그 일이 자신과 전혀 무관한데도 억울한 누명을 쓰고 자신이 모든 책임을 지게 된다면, 그 억울한 감정은 원망으로 이어지게 될 것이다. 원망의 감정이란, 일상생활과 대인관계에서 자신과 남에게 결코 도움이되지 않는 것이다. 정의에 대한 도전으로 불의를 자행한 경우에만 원망해야 할 것이며, 인仁의 실천을 위한다면 죄악을 미워할지언정 사람을 미워해서는 안될 것이다.

공자孔子는 "이른바 군자는 말할 때는 반드시 성실하고 믿음직하게 하되, 마음 속에는 원망함이 없어야 한다[所謂君子者, 言必忠信而心不怨]."고 하였다(『공자가어』「오의해」). 그러한 행동이 바로 인仁이니, 인격수양자는 가급적 원망하는 감정을 갖지 않아야 한다. 또 공자는 다섯 가지 아름다운 일[五美]의 하나로, "수고하되 원망하지 않는 것[勞而不怨]"이라고 하였고, 다시 "수고할만한 일을 가려서 수고하니 또 누굴 원망하겠느냐?"라고 하였다.(『논어』「요왈」) 원망하지 않는 것이 미덕인데, 사전에 원망 받을 일을 하지 않으므로 원망할 게 없다는 것이다. 또 "군자는 마음으로 이목을 이끌고 정의를 세워서 용기로 삼는다. 때문에 물리침을 받아도 원망하지 않는다."고 하였다(『공자가어』「호생」).

자신이 올바른 가치관을 갖고 있다면 내침을 당해도 원망하지 않는 것이다. 혹 원망하는 감정이 있을 때 그것을 숨기고 사람을 상대하는 것은 지양해야 한다. 공자는 "원망하는 마음을 숨기고 사귀는 것은 나도 부끄럽게 여긴다[匿怨而友其人, 丘亦恥之]."고 하였다(『논어』「공야장」). 동상이몽同床異夢식의 교유는 무의미한 것이다. 황석공은 "옛 원한만을 생각하고서 새로운 공로를 버리는 자는 흉하다[念舊怨而棄新功者凶]."고 하였다(『소서』「준의」). 과거의 원한에 집착하면 미래의 새로운 전망이 없는 것이다. 지난날의 사소한 감정을 과감히 떨어버리고, 서로 협력하여 내일의 일을 도모해야 한다. 제갈량은 "원수만 원망하라[非讎不怨]."고 하였다(『편의십육책』「치군」). 전쟁에서는 승리를 위해 장수와 부하가 반드시 협력해야 한다. 그런데 그들 서로가 원망하는 감정이 있다면, 불복종의 마음이 생겨 결국 군대의형세가 무력해질 것이다. 국가와 사회에 심각한 침가 가해질 경우에는 반드시 원망과 복수심으로 위기를 극복해야 한다. 이순신은 조선을 침입한 왜적에게만 원망했을 뿐, 어떤 한 인간에 대해서는 원망한 경우가 없었다.

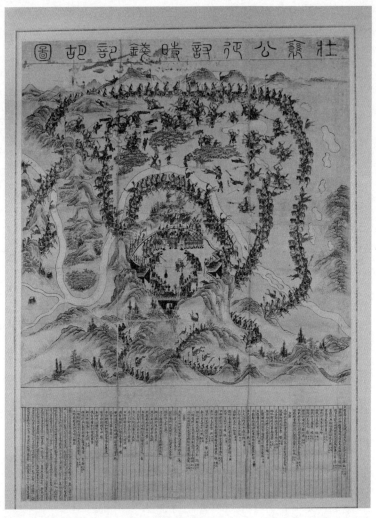

장양공정토시전부호도壯襄公征討時錢部胡圖, 우화열장으로 23째 줄에 서있음. (육군박물관 소장)

1) 사람을 원망하지 않음

선조 19년(1586) 함경도 북방에는 여진족의 잦은 침입이 있었다. 1

월에 이순신은 이를 막기 위해 파견되어 조산만호(造山萬戶, 종4품)가 되었는데, 이듬해 녹둔도鹿屯島 둔전관屯田官을 겸직하였다(43세). 이곳은 원래 주민거주가 금지된 불모지로, 농사철에만 병사들이 방비하는 가운데 출입이 허용되었다. 순찰사 정언신鄭彦信이 둔전 설치를 건의하였고, 이순신은 방비가 허술함을 보고 병사兵使 이일李鎰에게 지원병을 요청하였으나 들어주지 않았다.

그 후 오랑캐가 쳐들어와서 병사 10여 명을 살해하고 160명을 잡아 갔다. 이순신은 이경록과 함께 그들을 추격하여 잡혀간 사람 50여 명을 되찾아왔다. 결국 이 사건이 조정에 보고되어 문제가 되자, 이일李鎰은 자신의 책임을 면하기 위해 이순신에게 책임을 전가하였다. 그 당시 대화내용이 이분李芬의 기록에 나와 있다.

병사가 자기의 죄를 면하려고 이순신을 잡아다가 처벌하려고 하였다. 이순신이 불려 들어가게 되었을 때 병사의 군관軍官 선거이宣居怡가 본래 친한 사이라 이순신의 손을 잡고 눈물을 흘리며 "술을 마시고 들어가는 것이 좋겠소"하거늘, 이순신이 정색하며 "죽고 사는 것이 명에 달렸는데 술은 마셔 무엇하오" 하였다. 이에 선거이가 "술은 마시지 않더라도 물이라도 마시라"고 하자, 이순신은 "목이 마르지 않은데 군이 물을 마실 필요가 뭐 있겠소"하고 그대로 들어갔다. 이일李鎰이 패군한 문서[敗軍狀]를 바치게 하였으나 이순신은 거절하며 "내가 군사가 적다고 누차 군사를 보태달라고 청했으나 병사가 허락하지 않았는데, 그 서목(書目, 요약보고서)이 여기에 있으니 조정에서 이 사정을 알면 내 죄가 없음이 밝혀질 것이오. 또 내가 힘써 싸워서 적을 물리치고 추격하여 우리 사람들을 되찾아 왔는데 패군敗軍했다고 따지는 것이 옳은 일이오?"하며, 목소리와 낯빛이 조금도 변하지 않았다. 이일은 한참동안 대답을 못하고 이순신을 가둬두기만 하였다.

- 이분(李芬), 『충무공행록忠武公行錄』-

이 일을 보고 받은 선조는 "이순신은 전쟁에서 패배한 사람과는 차이가 있다. 병사로 하여금 장형杖刑을 집행하게 한 다음, 백의종군白衣從軍으로 공을 세우게 하라"고 명하였다. 이 녹둔도사건은 이순신이 사전에 지원 요청을 했으나 이를 들어주지 않은 이일에게 전적인 책임이 있었다. 그러하니, 이순신에게 책임을 전가하고 죽이려고까지 한 것은 너무도 억울한 일이다. 이순신은 잘못이 없었기에 끝까지 자신의 결백을 주장하였다. 위 대화내용을 보면 이순신은 오히려 상대에 대한 원망보다는 당당함으로 맞선 것을 알 수 있다. 이러한 상황에서는 '원한을 덕으로 갚기 보다는 강직함으로 갚아야 한다[以直報怨].'고 한 공자孔子의 말이 절실히 와 닿는다. 이처럼 이순신은 강직한 성격 때문에 남들로부터 모함과 시기를 자주 받았으나, 그때마다 슬기롭게 대처하여 위기를 모면했을 뿐 자신을 곤경에 처하게 만든 상대에 대해서 조금도 원망하지 않았다. 황석공은 "원망의 원인은 작은 잘못을 용서하지 않은 데에 있다[怨在不赦小過]"고 하였다.『소서』『안의安義』 이순신은 본래 사소한 일에 얽매이지 않는 대범한 성격이었기에, 이일의 처사를 사소한 잘못으로 여기고 원망하지 않았을 것이다.

그러나 전쟁을 치르면서 국권을 침탈한 왜적에 대해서는 깊은 원
망의 심정을 드러내었다. 매번 왜적과 해전을 치르면서 자칫 패배하
지는 않을까 항시 노심초사勞心焦思하며 밤새 고민했던 것이다.

> 왜적들이 당황하여 갈팡질팡할 때 전선을 모아 곧바로 진격하니,
> 적들은 세력이 나뉘고 약해져서 거의 다 섬멸되었다. 발포鉢浦의 2선
> 과 가리포加里浦의 2선이 명령도 안했는데 돌진하다가, 얕고 좁은 곳
> 에 걸려 적에게 습격당한 것은 매우 통분하여 가슴이 찢어질 것만 같
> 았다.
>
> -『계사일기』, 2월 22일 -

왜적과 교전 중에 거의 다 이겨가는 상황에서 수군의 전선이 공격을
받을 때면 몹시 비통해하였다. 득실得失과 성패成敗를 가늠하기 어려
운 상황에서 더욱 조심하지 않을 수 없었다. 때로는 승리의 기세를
몰아 진격할 때가 있는가 하면 때로는 승리를 위해서 후퇴해야 할
때도 있었다. 하루 빨리 난리를 평정하여 국가의 치욕을 씻는 것이
급급한 일이었지만, 전략상 형세에 맞추어 출동을 늦출 때면 오히려
더 긴장이 되고 마음이 초조하였다. 전쟁에서 경솔하게 나아가는 것
은 위험한 일이다. 그래서 항상 급히 출동하는 것을 경계하며 형세를
관망하고, 그저 전쟁의 독기毒氣만을 원망할 뿐이었다.

조선을 지원하기 위해 원정을 온 명나라 군사들은 반갑기가 한량이 없었다. 그러나 그러한 기쁨도 잠시, 명나라는 왜적과 강화(講和, 화해)할 목적으로 심유경沈有敬을 조선에 파견하여 화해할 것을 결정했다. 이때에 이순신은 또한 비통한 심정을 드러내었다.

추악한 적에게 함락된 지 두 해가 되어 가는데 국가를 회복할 시기는 바로 오늘에 달려 있다. 한창 명나라 군사의 거마車馬 소리를 기다리느라 하루를 1년같이 여겼건만, 적을 쳐서 무찌르지 않고 화친을 위주하여 우선 흉악한 무리를 퇴각만 시키고 우리나라가 그간 당한 치욕을 씻지 못하니, 하늘에까지 미친 분통함과 부끄러움이 더욱 심하다.

- 『계사일기』 9월 이후 -

임진왜란이 발생한 후 이순신은 국난 극복을 위해 매일같이 고심하느라 하루도 편히 쉴 날이 없었다. 그러한 고단한 현실 속에서 미래에 대한 희망을 갖고 명나라의 역할에 큰 기대를 했지만, 오히려 일본의 계략에 빠져 유보적인 입장을 취한 것에 대해 그는 매우 실망하였다. 전쟁의 치욕을 씻지 못하는 아픔은 극에 달해 원통할 뿐이었다.

이순신에게 매번 패배를 당한 왜적들은 마침내 요시라要時羅를 보내어 간계를 부리고, 원균元均은 이순신을 질투하여 조정에 무고誣告하였다. 왜장 가등청정을 공격하라는 명령이 왜적의 간계임을 알고

정유일기 4월 1일(현충사 소장)

이순신이 출동을 하지 않자, 결국 왕명을 거역했다는 죄로 이순신은 감옥에 갇히게 된다.(정유년 2월 26일). 28일간 옥살이를 하고 4월 1일 감옥을 나오게 되었다. 이 기간에는 일기를 쓰지 못하고 출옥한 날부터 다시 쓰기 시작하였다.

4월 1일 맑음. 옥문獄門을 나왔다. 남대문南大門 밖 윤간尹侃의 종[奴] 집에 이르니, 조카 봉菶, 분芬과 아들 울蔚이 윤사행尹士行, 원경遠卿과 함께 한 방에 앉아 오래도록 이야기했다. 윤지사尹知事[윤자신]가 와서 위로하고 비변랑備邊郞 이순지李純智가 와서 만났다. 더해지는 슬픈 마음을 이길 길이 없었다. 지사가 돌아갔다가 저녁밥을 먹은 뒤에 술을 갖고 다시 왔다. 윤기헌尹耆獻도 왔다. 정으로 권하며 위로하기에 사양할 수 없어 억지로 마시고서 몹시 취했다. 부하 이순신李純信이 술병 채 가지고 와서 함께 취하고 위로해 주었다. 영의정[유성룡]이 종을 보내고 판부사 정탁鄭琢, 판서 심희수沈禧壽, 우의정 김명원金命元, 참판 이정형李廷馨, 대사헌 노직盧稷, 동지 최원崔遠, 동지 곽영郭嶸이 사람을 보내어 문안했다. 술에 취하여 땀이 몸을 적셨다.

-『정유일기』 4월 1일 -

이순신은 오로지 전쟁을 위해 열심히 싸웠을 뿐이었는데, 억울한 누명을 쓰고 옥살이를 하고 나왔다. 감옥을 간 이유는 물론 왕명을 거역했다는 사실이 죄가 된 것이지만, 조정에서는 그것이 왜적의 간계임을 몰랐던 것이다. 이순신으로서는 그 간계에 빠지지 않기 위해 출동을 하지 않았을 뿐이다. 이순신은 이러한 이유로 억울하게 옥살이를 하고 나왔지만, 위에서 보다시피 출옥한 날의 일기에는 누구의 잘못을 따지거나 누구를 원망한다는 말을 전혀 하지 않았다. 그날 하루만큼은 지인들과 만나 그저 술에 흠뻑 취했을 뿐이다. 이튿날의 일기를 보면 "필공(筆工, 붓만드는 공인)을 불러 붓을 매게 했다."고 하였다. 일상으로 돌아와 다시 일기를 씀으로써 내일을 준비하고 자신의 본분에 충실하고자 했을 뿐이었다.

2) 백성의 원성

임진왜란 중에는 각 진영의 병력 부족으로 인해 병사를 징용하는 문제가 중요했다. 이때 특히 정규군은 아니지만, 사색제방군(四色除防軍, 보충군인)의 역할이 매우 컸다. 이들은 유사시 겨울에 동원되어 해상과 육상에 배치되고, 각 지역의 방위를 맡았다. 그러나 이 인원 역시 부족하게 되자, 제방군의 친척이나 이웃에게도 병역을 부과하다가 제도가 비합리적이라는 이유로 모두 폐지되었다. 그 결과 각 지방 단위의 진영에는 더욱 병력이 고갈되어, 전쟁을 원만히 수행할 수 없는 상황에 놓이게 되었다. 해상 방위병이 북쪽 내륙으로 멀리 파견가게 되자 각 고을마다 소동騷動이 일어나고, 군대에 노약자들이 동원되는 등 또 다른 문제가 발생하였다. 이에 이순신은 임진년 12월 10일 〈일족에게 징용하지 말라는 명령을 취소하기 청하는 장계〉를 조정에 올려 그 문제점을 보고하였다.

모병관이 내려와 내륙과 연안을 구분하지 않은 채 군사의 수만을 결정하여 심하게 독촉하여 각 고을에서는 변방군사를 빼다가 충원하고, 각 고을에 남은 장정을 징용하였으며, 복수의장復讐義將 고종후高從厚가 내노비와 사노비를 남김없이 빼갔습니다. 모병관이 내려와서 번갈아 수색하여 쉬는 날이 없으므로 백성들의 근심과 원망의 소리가 귀에서 떠나지 않으니, 국가가 회복되야 할 시기에 크게 실망하여 한 모퉁이의 외로운 신하는 북쪽을 바라보고 통탄하며 마음은 죽고 형체만 남아있습니다. (…) 전선은 비변사의 공문이 도착하기 전에 신臣이 이미 본영과 여러 진포(鎭浦, 진영과 포구)에 명령하여 많은 수를 더 만들도록 했습니다. 그러나 한척의 전선에 사부射夫와 격군을 포함하여 130여명의 군사를 충당해야 하는데, 그 방법이 없어서 더욱 걱정되오니, 위의 '병사의 친족에게만 징용하는 일'을 전과 같이 시행하되 차츰 가려내어 백성의 원망을 풀어주는 것이 지금의 급선무입니다. 조정에서 더욱 헤아려 주십시오.

-『임진장초』, 〈청반한일족물침지명장請反汗一族勿侵之命狀〉-

군대에 부족한 병력을 충원하기 위해 담당 모병관이 무작위로 민가의 장정과 노비 등을 차출해 갔다. 이전에 사색 제방군에 대한 모병 제도가 존재했을 때는, 이들이 비정규군으로 충원되더라도 일정한 모집규정이 있어서 큰 혼란은 없었다. 그러나 그 제도를 폐지하고 나니, 징용대상자가 대부분 흩어지거나 도주하게 되었고, 이에 모병관이 수시로 수색하여 징용하는 등의 문제가 발생한 것이다. 결국 이로 인한 모든 피해는 백성에게로 돌아가게 되었다. 그래서 이순신은 이러한 사항을 보고하고 조속히 원래대로 모집규정을 마련해 주기를 조정에 요청하였다. 제갈량은 "원성을 듣지 못하면 잘못된 것을 바로 잡지 못한다[怨聲不聞, 則枉者不得伸]."고 하였다(『편의십육책』「시청視聽」). 민생안정을 위해서는 먼저 그들의 불만사항이 무엇인지 부터 신속히 파악하여 조치해야 한다.

전쟁 중에 지방관리는 지방행정을 보면서 군대의 지원업무도 겸하였다. 그러나 전쟁 중이라 상급기관이 일일이 감독하기가 어려웠기 때문에, 지방 관리의 행정에 문제가 많았다. 이에 이순신은 갑오년 (1594) 1월 10일 백성을 학대하는 관리를 적발하여 〈흥양목관 교체를 청하는 장계〉를 조정에 올렸다.

> 호조戶曹의 공문중 순찰사 이정암李廷馣의 공문에 의하면, '위의 돌산도突山島 등 감목관監牧官에게 이미 둔전관屯田官을 겸임시켰다.'하고, 순천 감목관 조정趙玎은 이미 전출하고 정식 후임이 아직 내려오지 않았으며, 흥양(興陽, 전남 고흥) 감목관 차덕령車德齡은 부임한지 이미 오래인데 멋대로 처리하여 '말 사육자들을 몹시 학대하며 안정되게 살 수 없게 하므로 온 경내의 백성들이 원망하며 걱정했다.'고 합니다. 신臣은 가까운 곳에 있어서 그 소문을 들었는데, 농사에 관한 모든 일을 이 사람에게 맡긴다면 망치게 될 것이고, 백성들의 원성은 더욱더 심해질 것이니, 차덕령을 빨리 교체시키고 다른 담당자를 임명하여, 빠른 시일 내에 내려 보내어 농사감독에 힘써서 시기를 놓치지 않게 해주십시오.
>
> -『임진장초』, 〈청개차흥양목관장請改差興陽牧官狀〉-

전남 고흥군 도양장(道陽場, 말 기르는 곳)에서 목축을 관리하는 차덕령의 학정虐政을 조정에 보고하였다. 백성을 제대로 돌보지 않는 관리이니, 농사일을 망칠 것이 뻔하였다. 이에 백성들의 원성이 높아질까 매우 걱정이 되었다. 그 당시 각 지방의 곡물생산은 민생과 함께 군량보급의 자원이 되었기 때문에 전쟁 중 농사를 감독하는 일은 매우 중요하였다. 그러므로 농사준비에 착오가 없게 해주기를 요청한 것이다. 백성의 원성을 살 일을 미리 막기 위해, 바로 시정조치를 함으로써 민생관리에 만전을 기했다. 오기吳起는 "백성이 주거를 편히 여기고 관리자와 친해지면 수비가 견고해진다[民安其田宅, 親其有司, 則守己固矣.]."하였다(『오자』「도국」). 백성의 중론을 따라 행정이 바르게 되면 민생안정과 함께 국가의 기강도 바로잡히는 것이다. 『서경』에 "하늘이 보는 것은 우리 백성을 통해서 본다[天視自我民視].".고 하였다(「태서중」). 백성의 바른 시각은 하늘의 이치에 통하는 것이다. 이처럼 전쟁 중에도 백성의 고충을 덜어주기 위해 노력한 점에서 이순신의 백성에 대한 사랑을 엿볼 수 있다.

| 함께 생각하기 |

공적公的인 중대한 사건의 경우를 제외하고는, 일상생활에서 누군가를 원망한다는 것은 인격수양에 도움이 되지 않는다. 죄악罪惡의 행위를 미워할지언정 사람 자체를 미워해서는 안된다. 인격수양자는 항상 원망하는 마음이 생기지 않도록 자신을 경계한다. 그것이 미덕美德이기도 하지만, 아예 원망 살 일이 없도록 조심하는 것도 중요하다. 남의 사소한 잘못은 좋은 관계를 위해 이해하고 서로 화해하라.

그러나 자신에게 정당한 이유 없이 피해를 준 이에게는 설득력 있게 해명하고 당당하게 맞서야 한다. 또한 가해자를 원망만 하기보다는 피해를 면할 대책을 찾는데 주력하는 것이 보다 더 현명한 대처 방법이다.

만약 원망의 감정이 먼저 앞선다면, 더 큰 화를 부를 수도 있을 것이다. 하지만 국가와 민족을 침탈하고 치명적인 피해를 준 자의 경우는 문제가 다르다. 그는 중대한 범죄를 저지른 원수이므로, 당연히 원망의 마음으로 절치부심切齒腐心하며 응징하고 정상회복을 위해 노력해야 한다. 이러한 경우가 아닌 일상적인 관계에서는 항시 대범한 자세로 생활하는 것이 미래의 앞날을 위해 도움이 될 것이다. 이순신은 출옥한 다음날 억울한 상황임에도 불구하고 평소처럼 붓을 만들게 했다. 억울한 현실에 집착하지 않고 내일을 준비한 것이다. 항상 뚜렷한 목적의식이 있었기에 현실초극의 모습을 유지할 수 있었다.

사회의 문제를 지적하는 민중民衆의 원성에는 항상 귀를 기울여야한다. 그것이 나라를 위한 일이라면 과감하게 수용하여 잘못된 점을 바로 잡아야 한다. 그렇게 하지 않으면 모든 피해는 고스란히 민중에게로 돌아갈 것이다. 국가와 사회를 올바로 경영하기 위해서는 무엇보다도 민중을 먼저 보살펴야 한다. 이 점에서 민생을 제대로 돌보지 못하는 관리는 그 자리를 떠나야 한다. 국가와 사회 발전의 요체는 바로 민생안정에 달린 것이다. 그렇다면 진정으로 민생을 위한 일이무엇이겠는가. 농사는 물론 생업生業에 충실히 종사할 수 있도록 사회적인 여건을 마련해주는 일이다.

5. 나라사랑은 효(孝)에서 나온다

효孝란 백행百行의 근본이라고 한다. 인간이 지켜야 할 윤리적인 덕목德目에는 삼강(三綱 : 君臣, 父子, 夫婦의 도리) 오륜(五倫 : 父子, 君臣, 夫婦, 長幼, 朋友의 도리)과 오상(五常(오덕), 仁義禮智信) 등이 있다. 또 장수가 지녀야 할 오덕(五德, 智信仁勇嚴)도 있다. 이러한 덕목들 중에서 가장 으뜸이 되는 것이 인仁이고, 이는 곧 부모 사랑[孝]에서 실현되는 것이다. 인간이 사랑을 실천하려면 이 부모사랑에서부터 시작해야 한다. 공자孔子는 "효孝는 덕德의 시작이고, 충忠은 덕을 바르게 하는 것이다."라 하였다(『공자가어』「제자행」). 제갈량은 『예기』를 인용하여 "사랑을 실현하는데 부모부터 시작하여 백성에게 효를 가르친다[立愛自親始, 教民孝也]."고 하였다(『제갈량집』). 부모에게 효도할 줄 아는 사람은 남에게도 따뜻한 마음으로 대할 줄 알기 때문에, 그러한 자세로 사회생활에 임하면 얼마든지 사회에 공헌할 수 있는 것이다. 그렇기 때문에, 예로부터 "충신은 효자의 가문에서 구한다."는 말을 하게 된 것이다.

공자孔子는 "군자君子가 어버이를 섬기는 데 효도하므로 그것을 임금에게 충성으로 옮길 수 있다[君子之事親孝, 故忠可移於君]."고 하였다(『효경』「광양명」). 부모에게 효도하는 이는, 나라에 충성을 잘하여 국

극진한 효자의 모습(현충사 소장)

가에 유능한 인재가 될 수 있는 것이다. 강태공은 "임금을 친애하기
를 부모와 같이 하라[親其君如父母]."고 하였다(『육도』「영허」) 충신이
임금을 섬기고 효자가 부모를 섬기는 데는 순종한다는 점에서 그 근
본은 하나이다(『예기』「제통」). 충신과 효자는 순종하는 마음을 항상 갖
고 있다. 『장원』에 "온 천하를 집안처럼 살핀다면 그는 바로 천하의
장수인 것이다[四海之內, 視如室家, 此天下之將]."라고 하였다.(「장기」)
집안에서 가족 사랑을 실천하는 마음으로 군대를 다스린다면 훌륭
한 명장이 될 것이다. 이순신은 부모사랑을 충실히 실천한 효자였기
에, 나라를 위한 일에도 항상 한결같은 충정忠情으로 임할 수 있었다.
그 결과 임진왜란에서 매번 승리하는 큰 전공을 세우게 되었다.

1) 극진한 효자

이순신은 1584년 1월 훈련원訓鍊院 참군(參軍, 종7품) 재직 시(40세) 부친 이정李貞의 부음訃音을 듣고 분상奔喪하였다. 분상이란, 타향에 있는 자식이 부모의 사망소식을 듣고 급히 달려가서 상喪을 치르는 것이다. 실제 사망 날은 지난해 11월 15일이었는데 뒤늦게 소식을 들었다. 이때는 추운 겨울이라서 당시 도순찰사都巡察使 정언신鄭彦信이 이순신의 몸이 상할까 염려하여 상복喪服을 입고 가기를 청했다.

그러나 이순신은 잠시도 지체할 수 없다며 결국 집에 도착해서야 상복을 입었다. 부친의 상사喪事에 추위도 아랑곳하지 않고 급히 달려간 것이다. 『예기』「분상奔喪」편을 보면, 부득이 부모상에 상복을 입고 분상할 때는 왕명을 받고 외국에 사신으로 가는 신하의 경우에만 해당하였다. 여정 중에 고향까지 가는데 길이 멀고 시간이 오래 걸리기 때문에 예외의 규정을 둔 것이다. 그때 부모상을 당한 자식으로서는 "새벽별을 보며 가고, 저녁별을 보고 묵는다[見星而行, 見星而舍]."고 하였다. 상사로 마음이 조급하여 새벽길에도 저문 길에도 쉬지 않고 걸음을 더욱 재촉한다는 의미이다. 자식으로서 부모의 은혜를 생각할 줄 아는 이라면 누구든지 밤낮을 가리지 않고 밤새 달려갈 것이다. 이순신은 이러한 예외의 규정이 있어서 상복을 입고 가도 되는 상황이었지만, 그렇게 하지 않고 곧장 고향으로 달려갔다. 훗날 이순신은 부친에 대해 "살아서는 곁에서 약을 올리지 못하고, 돌아가시게 되어서는 영결도 못했다."고 슬픈 감정을 드러내었다(《이원익에게 올린 편지》).

이순신은 78세 된 홀어머니를 두고 임진왜란을 맞게 되었다. 전쟁은 임진년 4월에 발생했지만, 이순신은 1월 1일부터 일기를 써나갔다. 첫날의 일기에 "어머니[天只]를 두고 멀리 남쪽으로 떠나와 두 번이나 설을 쇠니, 간절한 회한을 참을 수 없다."고 하였다.『임진일기』설 명절에도 어머니를 뵙지 못하는 아쉬운 심정을 토로한 부분으로부터 일기가 시작된다. 이때 어머니에 대한 표현을 '천지天只'라고 했는데, 자신에게 있어서 어머니는 하늘과 같은 존재였던 것이다. 본래 천지란 말은 『시경詩經』「용풍鄘風」〈백주柏舟〉편에 "어머니는 하늘이신데 그토록 사람의 마음을 몰라주는가[母也天只, 不諒人只]."라고 한데서 나온 말이다. 멀리 전라좌수사로 좌수영에 와있으면서 설날 어머니에 대한 그리움이 간절했기에, 이 '천지'라는 말이 더욱 와 닿았을 것이다.

그가 쓴 『난중일기』 내용 중에는 유난히 자주 눈에 띄는 대목이 있는데, 그것은 바로 어머니에 대한 내용이다. 임진년 2월 전쟁을 대비하기 위해 남해 여수에서 복무 중 일 때, 나장(羅將, 병조 아전) 2명을 아산牙山에 보내어 대신 어머니께 문안드리게 하였다. 3월 4일에는 어머님이 편안하시다는 소식을 듣고 매우 다행이라 하였고, 틈틈이 선물도 보냈다. 급박한 전쟁 중에도 항시 사자(使者, 심부름꾼)를 보내어 어머니의 건강과 소식 등을 전해 들었다. 심부름은 주로 부하들이나 아들, 조카들이 하였다.

『계사일기』를 보면, 5월 4일은 어머니의 생신이었는데, 이순신은

"전쟁 때문에 장수를 비는 술잔[獻壽]을 올리지 못한 것이 평생의 한이 되겠다"고 하였다. 또한 전쟁이 장기화되어 언제 끝날지 모르는 상황에서 79세의 어머니의 건강이 늘 걱정되었다. 이에 이순신은 이 달 말쯤 어머니를 본영과 가까운 전남 여수 웅천(熊川, 고음천)의 송현 松峴 마을[현 웅천동 1420-1번지]로 모셔왔다. 여기에 사는 휘하장수 정대수丁大水는 극진한 효자였기에, 안심하고 그의 집에 기거하게 한 것이다. 어머니는 이곳에서 정유년 4월 사망하기 전까지 기거하였다.

1593년 2월 10일부터 3월 6일까지 7차례의 웅포해전을 치르고 모두 승리를 거두었다. 하지만 그 후에도 4월 한 달 간은 비변사로부터 무수히 밀려오는 왜적들의 소식을 듣고 전쟁대비로 매우 분주하였다. 왜적은 명나라에 강화(講和, 화해)를 요청해놓고 뒤에서 맹공격을 해왔다. 조선의 각처에는 식량고갈로 인해 심각한 상황이었다. 이순신은 선조의 명령을 받고 왜적에 대한 대대적인 공격작전에 돌입하였는데, 이러한 와중에도 틈틈이 어머니에 대한 안부를 확인하였다. 심지어 하루는 아침에 흰 머리카락을 모두 뽑아 버렸다. 그 이유는 늙으신 어머님이 살아계신데 자식이 늙은 모습을 보이는 것만도 죄가 된다는 생각이 들었기 때문이다.

갑오년 정월 11일에는 어머니를 배알하려고 여수로 갔다. 어머니는 취침 중에 아들이 크게 부르는 소리를 듣고 놀라 깨어났다. 어머니가 숨을 가쁘게 쉬는 모습을 보니, 살아 계실 날도 얼마 남지 않은 듯하여 이순신은 그저 감춰진 눈물을 흘릴 뿐이었다. 왜적을 토벌할 일로 오래 머물 수 없어 이튿날 아침식사 후 어머니께 하직을 고하니, 어

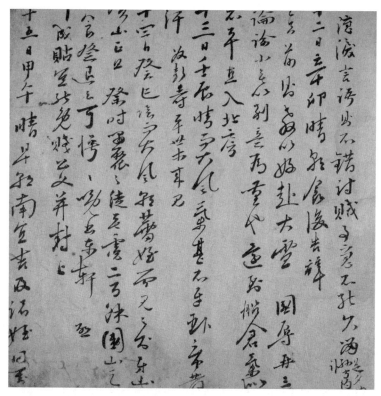

갑오일기 1월 12일(현충사 소장)

머니는 "잘 가거라. 부디 나라의 치욕을 크게 씻어야 한다[大雪國辱]."라고 재삼 당부하고, 아들이 떠나가는 모습을 보고 조금도 아쉬워하지 않았다. 훌륭한 장수를 자식으로 둔 어머니다운 모습이다. 어머니의 당부말씀이 이순신에게는 항상 정신적 지주가 되어주었기 때문에, 전쟁에서 지는 것이 불효라 생각했을 것이다. 『예기』에 "부모를 섬김에는 할 말을 감추고 대들지 않아야 한다[事親有隱而無犯]."고 하였다(「단궁」). 이순신은 평소에 어머니를 섬기는데 한 번도 뜻을 거역한 적이 없었고, 항상 순종하며 살았던 효자였던 것이다.

2) 충과 효를 잃음

이순신은 전쟁이 없는 휴전기간에도 적의 동향을 살피는 정찰활동을 계속하였다. 어느 날에는 그간 치렀던 전쟁과 예측하기 어려운 앞날을 생각하며 눈물을 보이기도 하였다. 을미년(1596) 정월 초하룻날에는 촛불 앞에 앉은 채 81세의 병드신 노모가 언제 돌아가실지 모른다는 두려움에 밤을 지새웠다. 한동안 어머니를 뵙지 못하고 소식도 듣지 못하였기에 그리움이 더한 것이다. 4일 후 조카 봉棒과 아들 울蔚을 통해 어머니의 소식을 듣고는 매우 기뻐했다. 이날은 밤새도록 상념에 빠져 잠을 이루지 못하였다.

어머니의 생신 때는 조카와 아들을 보내어 상을 차려 드리도록 하였다. 자신이 직접 찾아뵙고 잔을 드리지 못하는 심정을 이루다 무어라 말할 수 없다고 하였다. 꿈자리가 좋지 않을 때 어머니의 소식을 듣지 못하면, 온종일 마음이 괴로웠다. 남해에서 구한 전복[鮑魚]과 밴댕이 젓갈[蘇魚醯], 어란魚卵 등을 어머니께 보내기도 하였다. 어머니의 소식을 전해주기로 한 탐후선이 오지 않으면 기다리다가 눈물을 흘렸다. 어머니가 직접 편지를 써서 소식을 전하기도 하였다.

병신년(1596) 정월 설날에는 새벽 1시경에 어머니를 찾아뵙고 세배를 드렸다. 해 질 무렵에 하직을 고하고 바로 본영에 돌아왔다. 그 후 정찰선을 통해 어머니의 소식을 자주 들었는데, 하루는 식사량이 줄었다는 소식을 듣고 걱정되어 눈물을 흘렸다. 한동안 어머니를 못 뵈고 가을을 맞이했을 때, 그리운 마음이 들어 한 밤 10시경에 찾아뵙기도 하였다.

　종일 배를 급히 몰아 이경(二更, 밤 10시경)에 어머니께 이르렀다. 백발이 성성한 채 나를 보고 놀라 일어서셨는데, 숨이 곧 끊어질 듯 한 모습은 아침저녁을 보전하기 어려워 보였다. 눈물을 머금고 서로 붙들고 앉아 밤새도록 위안하며 기쁘게 해 드리고 마음을 편케 해드 렸다. 아침밥을 어머니 곁에서 올리니 기뻐하시는 빛이 가득했다. 늦 게 하직을 고하고 본영으로 왔다. 유시(酉時, 오후 6시경)에 작은 배를 타고 밤새 노를 재촉하였다.

- 『병신일기』 윤8월 12, 13일 -

백발의 어머니가 놀라 반기면서도 숨이 몹시 찬 모습이 매우 걱정되 었다. 짧은 만남의 시간이었지만 어머니가 기뻐하는 모습을 보고 마 음이 흐뭇했다. 10월에는 어머니를 배에 태우고 여수 본영에 모시고 와서 종일토록 즐겁게 해드렸는데, 이순신 자신에게는 이것이 매우 잊지 못할 행복한 날이었다.

　정유년(1597) 4월 11일 이순신에게는 청천벽력靑天霹靂같은 소식이 전해진다. 억울한 옥살이를 하고 나와서 백의종군白衣從軍 하는 중에 어머니가 돌아가셨다는 소식을 들은 것이다. 아들이 감옥에 갇혔다 는 소식에 어머니가 놀라 심장마비로 돌아가신 것이다. 이순신에게 있어서 어머니에 대한 사랑은 매우 깊고 각별했기에, 죽음의 소식이 더욱 비통하였다.

정유일기 4월 13일(현충사 소장)

일찍 식사한 후에 어머님을 마중하려고 바닷가로 나갔다. (…) 얼마
후 종 순화順花가 배에서 와서 어머님의 부고訃告를 전했다. 달려 나가
가슴을 치고 뛰며 슬퍼하니 하늘의 해조차 캄캄해 보였다. 바로 해암
(蟹巖, 아산 인주)으로 달려가니 배는 벌써 와 있었다. 길에서 바라보
며 가슴이 찢어지는 슬픔을 이루 다 적을 수가 없다. 후에 대강 적었
다.

-『정유일기』 4월 13일 -

일찍이 부친의 임종臨終을 못한 것이 평생 한이 되었는데, 또 다시 어머니의 임종 마저 못한 비운적 현실에, 그에게는 하늘의 해조차도 캄캄해 보였다. 운구運柩를 인수하기 위해 아산의 해암蟹巖으로 달려갔으나, 가슴이 찢어지는 슬픔을 무어라 표현할 수가 없었다. 이순신은 "나라에 충성을 다하려 했으나 이미 죄인이 되었고, 부모에게 효도를 하고자 했으나 부모는 돌아가셨네[竭忠於國而罪已至, 欲孝於親而親亡]."라고 하였다(김육,「신도비명」). 백의종군의 신세로 충성할 기회를 잃었는데 부모가 돌아가시어 효도를 다할 기회마저 잃었다고 통탄하였다. 또 이순신은 이때 "내가 한결같은 마음으로 다하려고 한 충과 효를 여기서 모두 잃었다[吾一心忠孝, 到此俱喪矣]."고 탄식하였다(「시장」).

  폭우 속에 입관入棺하고 집에 돌아와 빈소를 차렸다. 심신이 지친 상태에서 전쟁준비로 남쪽으로 갈 일을 생각하면서 울부짖으며 곡을 하였다. 마침내 4월 19일 길을 떠날 준비를 하고 어머니의 영전靈前 앞에 하직을 고하였다. 북받친 심정을 드러내어 "천지사이에 어찌 나와 같은 사정이 있겠는가. 어서 죽는 것만 같지 못하도다."하고 목놓아 통곡하였다. 전쟁으로 인해 임종臨終도 제대로 못하고 모친을 떠나보낸 처절한 심정으로, 장례도 못 치르고 출정준비를 해야 했다. 막 길에 오르려할 때 지인들의 조문弔文을 받았다. 아들 회薈, 면葂, 울蔚과 조카 해菱, 분芬, 완莞 및 변주부(卞主簿, 존서)의 배웅을 받고 이순신은 슬픔도 다하지 못한 채 백의종군의 여정에 올랐다.

이순신은 모친상을 당하기까지 치열한 전쟁 중에도 늘 어머니를 생각하며 자식의 도리를 다하고자 하였다. 『난중일기』에는 이러한 심정들이 자세히 적혀있다. 조선 후기 실학자 정약용丁若鏞은 "일찍이 이순신이 『난중일기』를 보니 어머니를 그리워해서 밤낮으로 애쓰고 지성으로 슬퍼함이 사람을 감동시킬 만하다."고 하였다.(『경세유표』) 난중일기가 물론 전쟁에 대한 기록이지만, 이순신이 나라를 위해 충성을 다한 장수이기 이전에 먼저 부모에게 극진한 효자였다는 사실을 알게 해준다. 이것은 결국 부모사랑을 이룬 효심孝心이 나라사랑의 실천에 원동력이 되었다는 점을 방증해준다.

| 함께 생각하기 |

예로부터 인간사에 필요한 근본적인 도덕인식에 대한 노력은 끊임없이 이어져 왔다. 세상이 변하고 시대가 바뀌었어도, 진리에 대한 추구는 항상 변함이 없는 것이다. 특히 유학儒學에서 제시한 도덕이념은 수 천년동안 인류의 보편적 가치의 기준으로서 항상 인간의 정신문명을 이끌어주는 역할을 해왔다. 이는 인간이 이상적인 삶을 영위하기 위해서 매우 중요한 일이다. 자기를 중심으로 하는 가정과 사회, 그리고 국가의 발전을 위해서 우리가 해야 할 과제가 무엇인지부터 반드시 알아야 한다. 그것은 바로 인간 사랑에 가장 근본이 되는 '효孝'를 실천하는 것이다. 이는 항상 인재를 선발하고 인격을 평가하는

기준이 되기도 하였다.

요컨대 '효'의 효용가치란 모든 생활의 원리가 되는 것이다. 이를 널리 응용하여 생활화한다면, 어떠한 환경에서도 효를 통한 상생의 도리를 이룰 수 있을 것이다. 그러기 위해서는 '효'의 의미를 정확히 이해해야 한다. 효란, 인간의 도리를 충실히 실천하는 도덕행위이다. 여기에는 세 가지의 실용적인 원리가 있다. 첫째, 상황에 변하지 않고 순응하는 원리이다. 자신의 본분을 망각하지 않고 해야 할 일을 끝까지 관철시키는 것이다. 둘째, 자기희생으로 화합을 주도하는 원리이다. 자신의 헌신적인 노력으로 화합을 이끌어 원만한 관계를 형성하는 것이다. 셋째, 다수를 포용하는 감화의 원리이다. 자신의 역량을 널리 전파하여 주변의 호응을 얻음으로써, 삶을 윤택하게 하는 것이다. 이 세 가지의 원리를 터득한다면 가족사랑의 실천은 물론, 원만한 사회생활이 가능하게 되고 더 나아가 국가발전에 유용한 인재로서 자신의 역할을 다하게 될 것이다.

의義

2. 정의
실현

1) 인간의 도리를 실천하라

2) 자아성찰을 통해 진리를 찾아라

3) 개인의 욕심을 버려라

4) 임기응변에 능하라

5) 진정한 의리는 솔선수범이다

1. 인간의 도리를 실천하라

정의 사회를 이루기 위해서는 먼저 개개인이 올바른 의식을 가져야 한다. 인간의 도리가 무엇인지부터 제대로 알아야 정의를 실천할 수 있는 것이다. 저마다 올바른 인식을 갖고 실천할 때, 정의사회가 구현될 것이다. 인간이 이상적인 사회를 이루는 데에는 저마다 인간의 도리를 실천하는 것이 매우 중요하다. 그러기 위해서 우리는 항상 의義를 생각해야 한다.

『설문해자』를 보면, 정의의 의義자는 본래 양羊과 아我자가 조합된 글자로, "자기의 위의威儀"를 뜻한다. 즉, 훌륭한 가죽옷을 입고 바른 위의를 갖춘다는 것이다. 공자孔子는 "의란 마땅함이다[義者, 宜也]."고 하였다(『중용』). 즉, 의라는 것은 인간이 행해야 할 올바른 행위를 말한다. 또 공자는 "부자, 형제, 부부, 장유, 군신관계에서 각각 도리를 다하는 것이 인간의 도리다."라고 하였다(『예기』「예운」). 인륜의 도리는 인간이 당연히 실천해야 한다.

황석공은 "도란 사람이 밟는 것이다[道者人之所蹈]."라고 하였다(『소서』「원시」). 올바른 도리란 사람으로서 누구나 실천해야 할 일이다. 공자는 "강직한 사어史魚는 나라에 도가 있을 때는 화살처럼 곧았고, 나라에 도가 없을 때도 화살처럼 곧았다[直哉史魚.. 邦有道如矢, 邦

無道如矢].”고 하였다(『논어』「위령공」). 강직한 자세로 변함없이 처세해야함을 말한 것이다. 공자는 “의로움을 행함으로써 도리에 도달할 수 있다.[行義以達其道].”고 하였다(『논어』「계씨」). 의리를 실천해 나감으로써 인간의 도리를 달성하는 것이다. 오기는 “도라는 것은 근본과 시초로 돌아가는 것이다[夫道者, 所以反本復始].”라 하였다(『오자』「도국」). 도리라는 것은 근본을 중시하게 하는 것이다. 전쟁에서는 장수가 근본대책을 제시하는 것이 중요하다. 손무는 “적을 헤아려 승리하게 하고 험난하고 평탄한 것과 멀고 가까운 것을 예측하는 것이 최상의 장수가 할 도리이다[料敵制勝, 計險厄遠近, 上將之道也].”라 하였다(『손자』「지형편」). 전쟁에 유리한 조건을 이용하여 승리로 이끄는 것이 장수가 해야 할 도리인 것이다. 이순신은 전쟁 중에 자신의 의사와 반대되는 여론이 있어도 굽히지 않고 뜻을 관철하였으며, 항상 한결같은 마음으로 자신의 도리를 다하고자 하였다.

1) 최선을 다함

임진왜란이 발생한 후, 왜적은 부산釜山과 동래東萊를 함락시키고 호남과 영남을 넘어오려고 하였다. 4월 16일 이순신은 군사를 경상도에 출동시키는 문제를 부하들과 상의하였는데, 부하들은 모두 전라도 본도만을 고수固守하려는 입장이었다.

오직 녹도만호鹿島萬戶 정운鄭運과 군관 송희립宋希立이 발분하여 말
하기를, "큰 왜구가 우리의 경계를 침범하여 석권하려는 형세인데, 외
로운 성만을 지킨들 어찌 홀로 보전하기를 기약할 수 있으랴. 차라리
나아가서 적의 칼날을 막는 것이 나을 것이다. 비록 불행히 죽는다고
해도 신하 된 자의 도리에는 부끄러움이 없을 것이다."라 하였다. 이순
신은 기뻐하며 큰 목소리로 "내가 물은 것은 장수들의 성의를 알아
본 것이요. 오늘의 해야 할 도리는 오직 싸움뿐이니 감히 못한다고
말하는 자는 참수斬首하리라.

- 최유해, 「충무공행장」 -

　　이순신이 원균의 긴급 지원 요청을 받고 출동할 문제를 부하들과 상
의했는데, 처음에는 상당수가 자기 관할이 아니라고 반대하였다. 국
가에 긴급사태가 발생했을 때 그처럼 출동지원을 반대하는 것은 매
우 융통성이 부족한 행위이다. 관할구역을 막론하고 당연히 지원해
주어야 할 일이다. 이순신이 많은 반대에도 불구하고 군율로써 맞서
며 출동을 명령한 것은, 장수로서의 도리를 다한 것이다. 오기는 "난
리에 임해서는 병사들이 나아가 죽는 것을 영광으로 여기고 물러나
사는 것을 치욕으로 여긴다."고 하였다(『오자』「도국」).
　　계사년 가을, 대부분의 장졸들이 해전이 어렵고 육전이 쉽다며 해
전을 기피하는 현상이 나타나기 시작했다. 이순신은 해전이 배안에
서 부하들을 전투에 집중시키는데 유리한 점이 있으나, 전선의 수가
적고 도망자가 많아 적들이 바다와 육지로 동시에 쳐들어오면 대처

에 어려움이 있다고 판단하였다. 이에 계사년 9월 10일 〈해전과 육전에 관한 일을 자세히 고한 장계〉를 조정에 보고하였다.

> 장차 이 병사들의 위엄으로 적의 진로를 듣는대로 '우리 도'니 '남의 도'를 논할 것 없이 바로 응원하여 형세에 따라 추격하면 가는 곳마다 적이 대항하지 못할 것입니다. 적이 많고 거세어도 그들의 배는 바다 위에 있는 것이니, 우리 배가 앞뒤로 맞서면 반드시 돌아보고 꺼려하는 생각이 나서 마음대로 육지에 내려가지 못할 것입니다. 난리가 평정될 때까지 각 고을의 군사와 군량을 오직 수군에 소속시키고 수군의 여러 장수들을 이동시키지 말도록 해주십시오.
>
> -『임진장초』, 〈조진수륙전사장條陳水陸戰事狀〉-

이순신은 장졸들이 해전을 기피하여 도주하는 상황에서 수습대책을 강구하였다. 나라를 위해 적을 물리칠 때는 누구나 자기의 일로 생각하여 적극적인 자세로 임해야 한다. 그는 왜적을 물리치는데 수군의 장점을 최대한 이용하여 효율적인 승리방법을 제시하고, 이를 위해 수군의 군사력 확보에 주력하였다.

이순신이 한산도에 삼도수군통제사로 재직 할 때, 여러 장수들과 군사를 정비하여 수비守備태세를 완벽히 갖추었다. 왜적이 쳐들어오면 거북선을 출동시켜 소탕하니, 적들은 감히 나오지 못하여 경상우도의 연안과 호남의 일대가 안전할 수 있었다(『난중잡록』). 이때 전쟁에 대한 자신의 의지와 각오를 담아 「진중음陣中吟」 시를 지었다.(계사

10월 27일)

바다에 맹세하니 어룡이 움직이고
誓海魚龍動
산에 맹세하니 초목이 알아주네
盟山草木知
원수 모조리 섬멸할 수 있다면
讐夷如盡滅
죽음일지라도 마다하지 않으리
雖死不爲辭

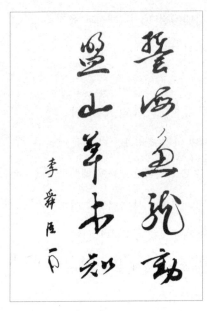
진중음시(현충사 소장)

이 시에서 위의 두 구句는 전쟁을 위한 자신의 비장한 각오와 다짐에 자연의 사물마저도 호응해 주고 있다고 말하였다. 국난 극복을 위해 한결같은 염원으로 전쟁에 임하였기에 자신의 마음가짐은 항상 당당하였다. 한산도에서 왜적의 침입을 차단하기 위해 혼신의 힘을 다해 노력하면서, 왜적을 물리칠 수만 있다면 자신의 목숨도 기꺼이 바칠 각오가 있었다. 이 내용에서 자신의 도리를 다하고자 하는 충정을 읽을 수 있다. 조선 인조仁祖 때 문신 이단하李端夏는 〈이순신시첩詩帖〉의 발문跋文에서 "이 시구에서 비장한 뜻과 정일한 충심은 큰 공을 이룰 기상을 드러낸 것이다."라고 평가하였다. 송시열宋時烈은 위 시는 송나라 장수 악비岳飛가 장준張浚에게 보낸 시처럼 충정과 용맹을 담고 있다고 칭송하였다. 악비의 시구는 "빠른 바람 우레같은 호령, 하늘의 소리가 북방을 진동하네(號令風霆迅, 天聲動北陬)."라는 내용을 담고 있다.

이순신은 이처럼 전쟁 중에 항시 나라를 위한 충성을 다짐하고 국난극복의 일을 자신이 해야 할 일로 여겼다. 계사년 9월 15일 이후기록에, "국가를 안정시키는 데는 충성을 다하고 있는 힘을 다 바쳐 죽으나 사나 그렇게 할 것이다(安國家定社稷, 盡忠竭力, 死生以之)."라고 다짐하였다. 충忠이란 충성의 뜻이면서 자기의 마음을 다한다는 의미도 있다. 남이 알아주든 몰라주든 상관없이 늘 한결같은 마음으로 전쟁에 최선을 다하고자 한 것이다.

이순신은 평소에 "일심一心"이란 수결을 자주 사용하였다. 제갈량은 장수가 지녀야 할 사욕四欲 중의 하나가 "마음을 한결같이 하는 것[心欲一]"이라고 하였다. 그는 평소에 인간의 도리문제를 매우 중요하게 생각하였다. 그가 쓴 〈송사를 읽고[讀宋史]〉를 보면, 중국 남송南宋 때 고종高宗의 좌상左相이었던 이강李綱이란 인물을 비유로 들어 올바른 처세處世 방법을 말하였다.

이강李綱은 왜 떠나고자 했는가. 신하된 자가 임금을 섬김에는 죽음만이 있을 뿐이고 다른 길은 없다. 이러한 때에 종묘사직의 위태함이 마치 머리털 하나에 3만근[千鈞]을 매단 것 같으니, 신하된 자는 몸을 던져 나라의 은혜를 갚아야할 것이다. 그런데 떠난다는 말은 진실로 마음에 담아선 안 될 것이거늘, 하물며 이를 입 밖에 낼 수 있겠는가. 그러한즉, 강綱을 위한 대책을 세운다면, 체면을 깎고 피눈물 흘리

면서라도 충심을 드러내어 일의 형세가 여기까지 왔으니 화친和親할
수 없는 이유를 분명히 말해야 한다. 따라주지 않을지라도, 죽을 각
오로 계속 해야 한다. 이 역시 뜻대로 안되면 우선 그들의 화친책을
따르고, 자신이 그 사이에 간여하여 미봉책으로 맞추어가며 죽음 속
에서 살 길을 구한다면, 혹 만에 하나라도 나라를 건질 수 있는 길이
있을 것이다. 강綱의 계책은 이렇게 하지 않고 떠나가려고만 했으니,
어찌 신하 된 자로서 몸을 던져 임금을 섬겨야 하는 도리를 저버릴
수 있는가.

- 『정유일기』 10월 8일 이후 -

이강李綱이 그 당시 금金나라와 타협하지 말자는 조건으로 항금抗金정
책을 주장했으나, 반대세력인 화의파和議派에 의해 거절당하여 마침
내 떠날 것을 청하였다. 이에 대해 이순신은, 신하된 자는 당장 자신
의 주장이 받아들여지지 않을지라도 우선 그들의 주장에 따라 맞춰
가면서 나라를 위한 계책을 강구해야 한다고 보았다. 진심으로 나라
와 민족의 운명을 생각한다면, 자신의 뜻이 받아들여지지 않을지라
도 나라를 구하기 위한 노력을 포기해서는 안된다. 당장 상대와 타협
하기는 어렵지만, 그렇다고 현실을 도피하기 보다는 임시라도 현실참
여 속에서 방법을 모색해 나가는 것이 올바른 처세방법임을 말한 것
이다. 오직 한결같은 마음으로 임금을 섬겨야 하는 신하의 도리를 강
조한 내용이다. 『장원』에 "용병의 방법이란 남과 화합함에 달렸는데,
남과 화합하면 권하지 않아도 절로 싸움터로 가게 된다[夫用兵之道,

在於人和, 人和則不勸而自戰矣]."고 하였다(「화인」) 장수와 병졸이 서로 화합하여 단결하면 끝내 어떠한 전쟁의 어려움도 극복할 수 있을 것이다. 제갈량은 "두 마음으로 임금을 섬기면 안된다[兩心不可以事君]."고 하였다(『편의십육책』「군신」).

| 함께 생각하기 |

　인간이 살아가는 데는 항상 좋은 일만 있는 것이 아니다. 오히려 힘들고 어려운 일이 더 많다고 할 수 있다. 어려운 때일수록 수양된 자세로 인간의 도리를 지켜나간다면, 그 행위의 가치는 더욱 소중한 것이다. 이를 위해 무엇보다 헌신적인 노력과 꾸준한 인내력이 있어야 한다. 인간의 도리에 대한 올바른 인식과 실천으로 국가와 사회에 공헌한다면, 진정한 정의는 실현될 것이다. 만약 주변의 동료나 지인이 위급한 상황에 처하여 도움을 요청할 때는, 융통성을 발휘하여 너와 나를 구분하지 않고 신속히 응해야 한다. 자기 영역만을 고집하는 융통성 없는 행위는, 정의실천에 방해가 된다. 해당 임원들이 요령과 방법을 모르고 상황대처를 잘 하지 못한다면, 그들의 능력에 맞는 일을 시키면 된다.

　지휘자의 포기하지 않는 인내심과 끈기는 운영의 원동력이다. 지휘자는 자신의 경험지식과 미래예견으로 주위를 설득하여 정의실천에 동참하도록 해야 한다. 남이 알아주든 몰라주든 상관없이 항상 한결같은 일심一心으로 최선을 다하라. 설사 자신의 의사에 반하는 상대를 만나게 되어 나의 주장이 받아들여지지 않더라도, 우선 미봉책으로 상대의 주장을 따르고 차츰 기회를 봐서 나의 의견을 상대에게 설득시켜야 한다. 그 가운데서 상호 타협점을 모색한다면, 원만한 해결책을 찾을 수 있을 것이다. 어떤 경우든 서로 의견과 주장이 다르다고 해서 바로 충돌하거나 도피하는 행위는 바람직하지 못하다. 더욱이 나라를 위한 일에는 임시방편이라도 효율성을 고려한 적극적인 현실참여를 행하는 것이 보다 더 현명한 처세방법이다.

2. 자아성찰을 통해 진리를 찾아라

　예로부터 선비는 삶의 진리眞理를 추구하기 위해 반드시 심신을 수양하였다. 인격 수양을 통해서만이 올바른 이치를 찾을 수 있다고 보았기 때문이다. 이러한 자세는 진리추구의 수단이 될 뿐 아니라, 자기발전에도 큰 도움이 되는 것이다. 오기는 "의리란 일을 행하고 공을 이루는 방법이다[義者, 所以行事立功]."고 하였다(『오자』「도국」). 의리란, 성과를 이루게 하는 효과도 있는 것이다. 제갈량은 "몸을 다스리는 방법은 힘써 심신을 수양하는데 있다. 그러므로 심신을 길러 삶을 구한다[養神求生]."고 하였다(『편의십육책』「거조」). 심신수양을 통해 삶의 방법을 찾는 것이다. 그는 또 "군자의 행실은 정숙함으로 몸을 닦아야 하니, 정숙함이 아니면 학문을 이룰 수 없다[君子之行, 靜以修身, 非靜無以成學]."고 하였다(『제갈량집』). 정숙한 상태에서의 수양은 학문발전에 도움이 된다.

　그런데 이러한 방법은 오직 자신에 의해서 스스로 깨닫는 것이다. 공자는 진리는 "자신에게서 찾는다[求諸己]."고 하였고, 또 "자아성찰하여 거리낌이 없어야 한다[內省不疚]."고 하였다(『논어』「안연」) 자아성찰은 곧 진리추구를 위한 행위로서 항상 자신을 올바르게 하는 것이다. 이러한 행위는 전쟁에서도 필요하다. 제갈량은 "마음을 공략하는 것이 최상이고 성곽을 공략하는 것이 최하이다[攻心爲上, 攻城爲下]."라 하였다(『제갈량집』). 장수의 마음가짐에 따라 작전이 진행되므로, 전술에서는 상대의 심리전心理戰도 중요한 것이다.

손무는 "용병을 잘하는 자는 도를 닦고 법을 보전하므로, 승패를 가늠할 군정을 만들 수 있다[善用兵者, 修道而保法, 故能爲勝敗之政]."고 하였다(『손자』「군형」). 장수도 수양하는 것이 작전수행에 도움이 되는 것이다. 위료자는 "승리의 도를 아는 자는 반드시 먼저 적의 연속 패배를 계획한다[知道者, 必先圖不知止之敗]."고 하였다(『위료자』「전권」). 전쟁승리의 방법을 터득한 장수는 적을 전멸시키는 방법부터 모색해야 한다. 또 "무를 강론하고 적을 헤아려서 적이 기세를 잃고 해산하게 되면 몸이 온전해도 무용지물이니, 이것이 도로써 승리하는 것이다[講武料敵, 使敵之氣失而師散, 雖形全而不爲之用, 此道勝也]."라고 하였다(『위료자』「전위」). 무예를 철저히 연마함으로써 적의 기세를 꺾으면 군대가 무너진다. 건장한 적의 장졸이 있어도 무용지물이 되어 절로 승리할 수 있는 것이다. 이순신은 전쟁 중에 항상 혼자만의 경지에서 사색하고 자신을 성찰하면서 미래를 준비하였다. 항상 인격수양하는 자세로 업무에 임하였는데, 그가 추구한 진리는 일상에서는 윤리적인 도리였고 전쟁에서는 승리의 전술이었다.

1) 고난 속의 성찰

이순신은 평소 유학의 정신으로 인격수양을 하여 남다른 소양이 있었다. 항상 근신하는 자세로 몸가짐을 바르게 하였기에 그의 성격은 매우 강직하였다(「충무공유사」). 이식李植은 이순신에 대해 "의리를 돈독하게 실천하여 고상하면서 대범하고 과묵했다[高簡靜默]."고 하였다(「시장」). 이순신은 항상 규범적인 생활을 하여, 학문을 통해서 꾸준히 자신을 성찰하며 수양하는 것이 자연스러운 일상이 되었다.

그의 남다른 학식은 관직생활에서도 많은 도움이 되었다. 1589년 정읍 현감井邑縣監에 재임 시(45세) 인근 태인현泰仁縣을 겸직으로 맡았는데, 그곳에 담당현감이 없었던 이유로 그간 밀려있던 문서를 잠깐 사이에 처리하였다. 평소에 쌓아둔 하필성장下筆成章의 실력을 발휘한 것이다. 이를 지켜본 백성들은 감탄하여 어사御史에게 글을 올려 이순신이 태인현의 전담 현감이 되게 해달라고 청하기까지 하였다.

한편 이때에 정여립鄭汝立의 모반사건에 연루된 조대중曹大中이 의금부義禁府로부터 조사 받던 중 이순신의 편지가 발각되어, 이들과 같은 공모자로 의혹을 받기도 했다.

이순신이 상경上京하다가 만난 금오랑金吾郎이 말하기를 "공의 서찰이 수색한 가운데에 있으니 내 공을 위해 이를 빼버린다면 어떻겠습니까?"하였다. 이순신은 "지난날 도사都事가 편지를 보내어 답장으로 서로 안부를 물었을 뿐인데, 이미 수색한 가운데 들어 있는 것을 사

사로이 빼는 것은 온당치 않습니다."하였다. 얼마 후 공에게 만포첨사

滿浦僉使를 제수하였다. 논평한 자는 임금이 이순신의 문필을 보고 총

애한 까닭이라고 말하였다.

- 이분, 『충무공행록』 -

금오랑은 평소에 이순신과 친분이 있는 사이로 자신이 사건을 무마

해주겠다고 하였다. 그러나 이순신은 자신에게 전혀 잘못이 없으므

로, 굳이 들어있는 편지를 빼야할 필요가 없고 고의로 사건을 숨길

이유도 없었다. 그래서 금오랑의 제안을 거절하였는데, 얼마 후 오히

려 승진하는 처우를 받게 되었다. 평소 선조에게 뛰어난 학식을 인정

받고 있었기 때문에, 위험한 사건도 아무런 문제없이 넘어갈 수 있었

다. 항상 자신을 성찰하며 자기관리를 철저히 해온 결과이다.

　이순신은 평소에 쌓은 학문적인 실력을 『난중일기』를 작성하는데

충분히 발휘하였다. 특히 그는 일기에 수양과 관련된 옛 명구名句를

인용하거나, 시와 글을 지어 적었다. 전쟁을 수행하는 고난 속에서도

글로 자신의 위안을 삼은 것이다. 이순신은 계사년 견내량見乃梁 해전

을 마친 후, 한산도 두을포豆乙浦 앞바다에서 가을 나그네의 회포를

느끼며 밤새도록 깊은 회상에 잠겼다. 그때 적은 글은 다음과 같다.

　"가을 기운이 바다에 드니 나그네 회포가 산란해지고, 홀로 배의

뜸 밑에 앉았으니 마음이 몹시 번거롭다. 달빛이 뱃전에 들자 정신이

맑아져, 잠도 이루지 못했거늘 벌써 닭이 울었네 [秋氣入海 客懷撩亂

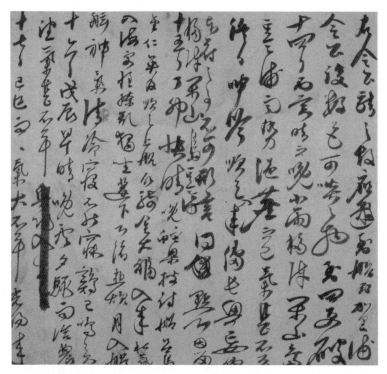

계사일기 7월 15일(현충사 소장)

獨坐篷下 心緒極煩 月入船舷 神氣淸冷 寢不能寐 鷄已鳴矣]"

-『계사일기』7월 15일 -

전남 여수에 있던 진영을 경남 통영으로 옮기고, 왜적을 원천적으로
방어하기 위한 해상 통제권을 지키는데 주력하였다. 전쟁으로 인한
고달픈 생활 속에서 계절의 변화에 따라 새벽달을 보며 정신을 환기
시키는 희열을 맛보았지만, 그것도 잠시일 뿐 밀려오는 여명黎明의 물
결에 또 다른 하루의 일과가 시작되었다. 달빛 아래 계절의 변화를

느끼고 외로운 자신을 돌아보는 속에서, 오늘을 마감하고 내일을 준비하는 모습을 볼 수 있다. 8월 15일에는 조정에서 이순신에게 삼도(三道, 충청, 전라, 경상) 수군을 한 번에 통제하도록 하기 위해 삼도수군통제사三道水軍統制使를 겸하게 하였다. 이때부터 통영이 군사업무를 보는 행영行營으로서 운영되고 통영統營의 제도가 시작되었다. 여기에서 이순신은 더욱 근신하는 생활을 하였다.

그의 작품 〈한산도야음閑山島夜吟〉은 이 시기에 지은 것으로 보인다. 고상안高尙顏의 『태촌집泰村集』에 "갑오년(1594) 4월에 무과별시를 마치고 권율과 이억기, 구사준 등이 이순신의 〈한산도음閑山島吟〉에 화운和韻한 시를 지어 이순신에게 주었다"고 하였다. 이를 미루어 보면 〈한산도야음〉은 이미 갑오년 4월 이전에 지어졌고 시의 배경은 가을이니, 이 시의 저작시기가 아마도 계사년 가을쯤 될 것이다. 시의 내용은 다음과 같다.

바닷가에 가을 빛 저물었는데　　　　水國秋光暮

찬 기운에 놀란 기러기 떼 높이 날아가네　驚寒鴈陣高

나라 걱정에 뒤척이는 밤　　　　　憂心輾轉夜

기운 새벽달은 활과 칼을 비추네　　殘月照弓刀

- 『이충무공전서』 권1 -

한산도 앞 바다에서 가을의 찬 기운을 느끼며 나라를 위해 노심초사勞心焦思하는 모습을 엿볼 수 있다. 이순신은 예측할 수 없는 전쟁

상황에서 앞날을 대비하느라 잠조
차 편히 들지 못하였다. 서쪽하늘에
희미한 새벽달은 하루의 일과를 알
리듯이 활과 칼을 비추고 있었다. 이
때 이순신은 항상 소식小食하며 불철
주야不撤晝夜로 매우 근신하는 생활
을 하였다.

이순신은 전쟁에 도움이 되는 명
귀名句를 평소 사용하던 장검長劍 한
쌍에 새기기도 하였다.

한산도 야음 제승당 주련

삼척검三尺劍으로 하늘에 맹세하니 산과 물이 떠는도다

(三尺誓天 山河動色)

한번 휘둘러 쓸어버리니 피가 강산을 물들였네

(一揮掃蕩 血染山河)

- 검명劍銘 -

전쟁에서 느끼는 비분강개悲憤慷慨함을 글귀에 담아 칼에 새겨서 자
신을 경계하였다. 이 말과 관련된 글이 유성룡이 쓴 『정충록精忠錄』의
발문跋文에 보이는데, 검명의 내용이 중국 송宋나라 악비岳飛장군의
고사에서 유래한다고 하였다.

"악비岳飛가 한 자 되는 칼로 하늘에 맹세하고 '산하동색山河動色'이란 네 글자로 등에 문신하니 귀신도 슬피 울었다. 만 번 죽을지라도 한 번도 살기를 돌아보지 않고 분함이 그치지 않으니, 그 마음은 장차 무엇을 하려고 하는 것인가. 오직 군부君父를 위해 복수하려고 한 것이다."

- 유성룡, 『정충록精忠錄』 -

악비장군이 마음을 독하게 먹고 군부의 원수를 갚기 위해서 자신의 등에 '산하동색山河動色'이란 글씨를 새겼다. 이순신도 역시 왜적을 소탕하여 난리를 평정하기 위해 칼에 글을 새기면서까지 자신을 성찰하며 복수를 다짐하였다. 이순신의 검명은 조속히 난리를 평정하여 나라를 평정시키고 싶은 그의 간절한 염원이 담긴 것이다.

2) 위인을 흠모함

이식李植은 "이순신은 성인이 되어 글을 읽고 큰 뜻을 깨달았다[讀書通大義]."고 하였다(「시장」). 이순신은 문인이면서 무관의 길을 가느라 병서兵書를 탐독하고 전쟁 중에는 전쟁에 도움되는 내용들을 일기에 옮겨 적기도 하였다. 옛 기록을 통해서 지혜를 찾고자 한 것이다. 지혜로운 자는 옛 것을 스승으로 여긴다[智者師古](『장원』「자면」). 이순신은 난중일기 두 곳에 나관중羅貫中이 지은 『삼국지연의三國志演義』

22회편에서 교훈이 되는 내용을 인용하여 적었다.

"밖에는 나라를 바로잡을 주춧돌 같은 인물이 없고 안에는 계책을
세울 기둥 같은 인재가 없다[外無匡扶之柱石, 內無決策之棟樑]."
- 갑오년 11월 28일 이후, 을미년 7월 1일 -

『삼국지연의』에 의하면, 유비劉備는 조조曹操에 대항하기 위해 진등陳
登의 말을 듣고 조조가 두려워하는 원소袁紹에게 지원을 요청하기로
하였다. 그래서 유비는 진등과 함께 원소와 삼대의 교분이 있는 정현
鄭玄에게 찾아가 지원해주라는 추천서를 받고, 이를 원소에게 전하여
지원을 승낙받았다. 위 구절은 그 추천서의 일부 내용이고, 전체내용
의 요지는, '한漢나라가 쇠퇴하여 간신들만 날뛰고 나라의 안팎에는
인재가 없는데, 조조가 황제를 허창許昌에 가두어 나라가 위태롭고
백성이 도탄에 빠진 상황에서, 백성의 여망에 부응하여 유비와 협력
하면 중원을 회복할 수 있다.'는 것이다. 중원을 회복하기 위해서는
인재의 역할이 중요함을 들어 원소가 유비를 지원하도록 설득한 내
용이다. 또 이순신은 다음의 글을 적었다.

"배를 더욱 늘리고 무기를 만들어 적들을 불안하게 하여 우리는
그 편안함을 취하리라.[增益舟船, 繕治器械. 令彼不得安, 我取其逸]"
- 갑오년 11월 28일 이후 -

이 말은 원소의 지원출동을 반대한 그의 부하인 모사謀士 전풍田豐이 한 말의 일부이다. 막강한 조조의 부대를 전면전으로 바로 대응하는 것 보다는, 장기 전략을 세워 자국의 내실부터 다지는 것이 더 중요하다고 말한 것이다. 연이은 전쟁으로 백성이 피폐하고 창고가 비어 국가의 근심이 심한 상황에서, 먼저 백성을 안정시키고 군대를 정비하여 수비력부터 강화하면 목적이 저절로 이루어진다는 것이 그의 주장이었다.

그러나 원소는 끝내 그 말을 듣지 않고 출전하여 패하고서 돌아와 후회하게 되었다. 이순신은 전풍의 말처럼 무리한 전쟁보다는 장기적인 대책을 세워 우선 민생안정과 군사력 강화에 힘써 내실을 다지는 것이 중요함을 이 이야기를 통해 인식한 것이다. 성대중(成大中, 1732~1809)이 지은 글을 보면, 이순신이 친구에게서 『삼국지연의』를 구해 보았다는 내용이 있다.

충무공에게는 세상을 피해 은거한 도우(道友, 도 닦는 벗)가 있었다. 사람들은 그를 몰랐지만 충무공만은 그를 알고 있어서 큰 일이 있을 때면 매번 그와 상의하였다. 왜구가 침입하자 공은 사자를 통해 편지를 전하여 나랏일을 함께 도모하자고 부탁했다. 그는 늙은 부모가 있어 갈 수 없으니 다만 나관중羅貫中의 『삼국지연의三國志演義』를 공에게 보내면서 "이 책을 숙독하면 일을 충분히 이룰 수 있을 것이다." 라 하였다. 공이 여기에서 효험을 얻은 것이 많았다. [忠武有道友, 逐世隱居, 人莫之知, 忠武獨知之. 有大事, 輒與之議. 倭寇至, 公專价致

書, 要與共國事. 其人有老親, 不得往, 第以羅貫中三國演義遺公曰. 熟
玩此書, 足以了事. 公之得力於此者爲多.]

– 『청성잡기靑城雜記』 「성언醒言」 –

이순신은 그가 사귄 도 닦는 친구에게서 『삼국지연의』를 받아보고
전쟁하는 데 도움을 받았다. 그가 어떤 사람인지는 자세히 알 수 없
지만, 깊은 신의를 가진 사람임에는 틀림이 없다. 이순신은 이 책을
탐독한 결과 중요내용을 일기에 적고, 삼국시대의 전쟁사건을 교훈으
로 삼아 작전을 수행하는데 참고한 것이다.

갑오년(1594) 11월 28일 이후 이순신은 5언 장편의 소망蕭望시를 지
었다. 지난 수개월 전 경남 거제시 장문포長門浦 해전에서 큰 전과를
거두지 못한 상황을 떠올리며, 중국의 명장들처럼 적을 소탕하고 싶
다는 간절한 우국충정을 시에 담았다.

나라의 다급한 형세에   國有蒼皇勢

누구에게 능히 평정을 맡기리요   誰能任轉危

배를 몰던 몇 해의 계책은   扣舷經歲策

이제 성군을 속인 것이 되었네   今作聖君欺

중원회복한 제갈량이 그립고   恢復思諸葛

적 몰아낸 곽자의郭子儀를 사모하네   長驅慕子儀

– 『갑오일기』 11월 28일 이후 –

이순신은 임진왜란 중 수차례의 전쟁에서 승리를 했지만, 아직 적을 완전히 평정하지 못한 책임을 통감하며 고민과 슬픔에 잠겨 있었다. 이처럼 한계를 느끼는 어려운 상황 속에서 중국 삼국시대 유비劉備를 도와 적벽赤壁에서 조조曹操의 대군을 물리치고 촉한蜀漢을 건립한 제갈량과, 당나라 현종 때 8년간 이어진 안사(安史, 안록산, 사사명史思明)의 난리로 중원에 일어난 반란군을 평정한 곽자의郭子儀처럼 난리를 평정하고자 하는 강한 염원을 드러내었다. 이순신은 이 두 인물을 흠

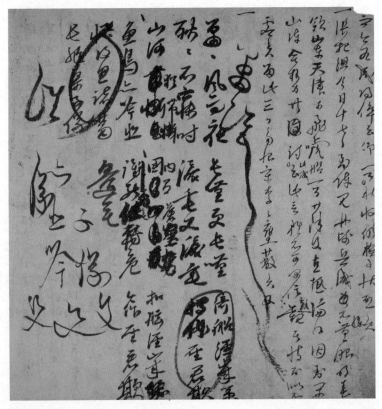

갑오일기 11월 28일 한시(현충사 소장)

모했는데, 이들은 모두 중국의 대표적인 구국救國의 인물이다. 선조宣祖 때 문신 민인백(閔仁伯, 1552~1626)은 "촉한蜀漢이 흥성하려 할 때는 제갈량이 보필하였고, 당唐나라가 쇠퇴했을 때는 곽자의가 부흥시켰는데, 우리나라를 중흥中興시킨 인물로 이순신이 있었다."고 하였다 (『용사추록』).

특히 이순신과 제갈량은 공통점이 많다. 김육은 "이순신이 전쟁에서 죽을 때까지 몸을 바친 것은 제갈무후諸葛武侯와 같다."고 하였다.「신도비」윤증尹拯도 "제갈 승상諸葛丞相은 시호가 충무忠武인데, 이순신의 업적도 마땅히 그와 똑같이 큰 명성을 얻어야 한다."고 하였다. 정조正祖는 "이순신李舜臣의 경우는 참으로 천고 이래의 충신이며 명장이다. 만약 중국에 태어났더라면 한漢나라의 제갈공명諸葛孔明과 누가 우세할지 자웅雌雄을 겨루기 어려웠을 것이다."라고 하였다.『홍재전서』「일득록」이처럼 후대에는 이 두 사람에게 뛰어난 지략가라는 공통점이 있다며 서로를 비교 평가하였다. 이순신은 전쟁의 승리를 위해서 최선을 다한 제갈량을 흠모하였으니, 물론 그의 전술도 본받고자 했을 것이다. 이순신의 이러한 선현을 본받고자 한 정신은 매번 전쟁에서 승리하는데 도움이 되었다.

현대사회는 치열한 생존경쟁 시대이다. 물질적 추구가 극대화되어 감에 따라 인정이 메말라가고 자신을 돌아볼 기회마저도 점점 잃어가고 있다. 미래지향적인 사회를 위해서는 결코 앞만 내다보아서는 안 될 것이다. 현재의 오늘을 살고 있는 나 자신이 걸어온 지난 과거의 일들도 되돌아볼 줄 알아야 한다. 이러한 성찰을 통해 나의 정체성을 찾고 내일의 미래를 열어가야 한다. 이는 곧 자신에 대해 올바로 인식하는 자아성찰인 것이다.

자신에 대한 인격수양이 제대로 이루어져야 올바른 안목으로 삶의 진리를 찾을 수 있다. 삶의 목표를 설정하는데 있어서 옛날에는 도덕수양을 위주로 하고, 현대사회는 실리추구를 위주로 하는 경향이 있다. 하지만 실리추구에도 도덕을 위한 양심良心이 언제나 기준이 되어야 한다. 항상 심신수양과 자아 성찰로 실력을 다진다면, 어디에서든지 인정받고 실력을 발휘할 수 있을 것이다. 자신의 마음에 부끄러움이 없이 항상 자기만의 소신과 원칙이 있다면 어떠한 위기 상황에서도 잘 대처할 수 있고, 오해를 받을 일이 있어도 무사히 넘길 수 있을 것이다.

개인의 수양은 사색하는 신독愼獨의 경지에서 효과를 거둘 수 있다. 지혜로운 사람은 항상 옛 교훈을 소중하게 여긴다. 거기서 인생에 도움이 되는 지혜를 발견할 수 있기 때문이다. 국가와 사회의 발전을 위해서는 유능한 인재 개발과 자립적인 자생능력을 키워야 한다. 나보다 나은 사람을 보면 항상 그의 장점을 본받아서 나의 단점을 고쳐야 한다. 이러한 자아성찰을 통해 올바른 처세방법을 터득하게 되면, 사물에 대한 판단력이 생기고, 이를 바탕으로 바르게 처신함으로써 남들로부터 존경받는 인격자가 될 것이다. 진정한 진리란, 삶에 유용한 지혜를 얻게 해준다. 올바른 인식과 안목으로 옛 위인들의 훌륭한 교훈을 찾아 실천해간다면, 우리가 누리는 삶의 질이 보다 더 향상될 것이다.

3. 개인의 욕심을 버려라

공적公的인 일을 잘 완수하려면 항상 사심私心을 버리고 공정한 자세로 임해야 한다. 공적인 많은 일들 중에 간혹 제대로 처리되지 못하는 경우가 있다면, 그것은 대부분 사적私的인 문제 때문일 것이다. 개인이 사적인 욕심부터 챙긴다면, 남에게 원성을 사게 되어 신뢰를 얻지 못한다. 현대사회에서는 개인의 이익추구가 삶의 수단이 되는 경향이 있기에, 공사公私를 엄격히 구분해야 한다. 공자는 "이득을 보면 의로운 것인지를 생각하라[見利思義]."고 하였다(『논어』「헌문」). 이익을 보게 되면 정당한 것인지를 먼저 생각하고 취해야 한다.

강태공은 "의리가 욕심을 이기면 번창하고 욕심이 의리를 이기면 망한다[義勝欲則昌, 欲勝義則亡]."하였다(『육도』「명전」). 항상 올바른 생각으로 판단하고 욕심을 부리지 말아야 성공한다. 오기는 "예를 버리고 이익을 탐하는 것을 해침이라고 한다[棄禮貪利曰暴]."고 하였다(『오자』「도국」). 이득을 탐하면 남에게 피해를 주게 되는 것이다. 『장원』에는 "이득을 보면 탐하지 않고 미인을 봐도 음란하지 않으며, 몸소 목숨을 바쳐 한결같은 마음을 가져야 한다[見利不貪, 見美不淫, 以身殉國, 一意而已]."고 하였다(「장지」). 나라를 위해서는 항상 절제하는 마음으로 헌신해야 하는 것이다. 위료자尉繚子는 "화는 이익을 좋아하는데 있고, 피해는 소인을 가까이하는 데 있다[禍在於好利, 害在於親小人]."고 하였다(「십이릉」). 재앙의 발단이 되는 물욕과 피해를 불러오는 소인과의 친분은 항상 경계의 대상이다. 제갈량은 "이로움을 생각하려고 하면 반드시 해가 되는 점도 생각해야 하고, 성공을 생각하려고 하면 반드시 실패할 것도 생각해야 한다[欲思其利, 必慮其害, 欲思其成, 必慮其敗]."고 하였다(『편의십육책』「사려」). 목표달성을 위해서는 항상 상대적인 부분도 생각할 줄 알아야 한다. 위료자는 "근본으로 돌아가 이치를 따르고 한결같은 도리를 지키면, 욕심은 없어지고 쟁탈도 그친다[反本緣理, 出乎一道, 則欲心去, 爭奪止]."하였다(「치본」). 근본적인 이치를 생각하고 도리를 따르면 마음이 편해진다. 이순신은 일상생활에서 부귀공명에 연연하지 않고, 항상 주어진 현실에 만족하며 당당하게 살았다. 그 결과 항상 강직한 의지와 집념으로 불의와 타협하지 않고 정의를 실천할 수 있었던 것이다.

1) 안분지족

이순신은 어려서부터 자신의 주관과 소신이 분명하였다. 그가 살았던 인생의 여정은 결코 순탄치 못했지만, 자신이 나아가야할 운명을 잠시도 거부한 적이 없었다. 현실에 대한 초극超克의 의지로서 항상 자신을 단련하였기에, 예기치 못한 위기상황에서도 능동적으로 대처할 수 있었다. 그 결과 자연과 인간을 관통할 만한 당당한 기백과 집념을 얻을 수 있었다. 그는 평소에 장엄한 뜻을 갖고, 다음과 같이 자신의 소신을 드러내었다.

장부가 세상에 나서 쓰이면 충성으로 목숨을 바칠 것이요, 쓰이지 못하면 초야에서 농사짓고 사는 것으로 만족할 것이다[丈夫生世, 用則効死以忠, 不用則耕野足矣]. 권세 있는 이에게 아첨하여 영화를 훔치는 일은, 내가 매우 부끄럽게 여기는 것이다.

- 최유해, 〈행장〉 -

이순신이 사회에 막 들어설 때 즈음에 이 말을 한 것으로 보이는데, 윤휴는 이순신에 대해 "과거에 급제하여 벼슬할 때부터 대장이 될 때까지 이 뜻을 굳게 지켰다."고 하였다(『충무공유사』). 벼슬에 나가게 되면 열심히 일할 것이지만, 그렇게 되지 못하더라도 결코 불평하지 않고 시골의 농사일에 만족하며 살겠다는 것이다. 이순신은 사는 것이 어렵다고 권력자에게 아부하면서 한 때의 부귀를 얻는 행위를 수치로 여겼다. 공자孔子는 청빈한 삶속에서, "의義롭지 못한 부귀는 나에게는 뜬구름과 같다[不義而富且貴, 於我如浮雲]."고 하였다(『논어』 「술이」). 이순신도 이처럼 주어진 현실에 만족하며 욕심없이 살겠다는 안분지족安分知足의 의지를 갖고 있었다.

또한 남들이 자신을 알아주기를 바라지 않고, 사람들에게 아부하는 것을 좋아하지 않았다. 이로 인해 오랫동안 좋은 자리를 얻지 못하고 하위직에 있었으나, 벼슬하는데 연연하지 않았다. 자신의 양심을 속이면서 남을 따른 적이 한 번도 없었으니, 이 모두 강직한 천성의 영향이었다(「충무공유사」). 이러한 강직한 정신이 생활의 버팀목이 되었는데, 그 결과 모든 일에 항상 당당할 수 있었다.

전쟁 중에 이순신은 자신의 사생활을 돌볼 수 없었다. 오히려 아들과 조카들이 전쟁에 동원되어 정보전달의 업무를 맡는 등 작전업무를 도왔다. 이처럼 이순신은 전쟁을 위해 모든 것을 아끼지 않고 가족까지 동원하며 헌신적으로 임했다. 국가로부터 포상을 받으면, 그때마다 상품을 부하들에게 나눠주고 사적으로는 조금도 쌓아두지 않았다.(「충민사기」) 장수로서 먼저 헌신적인 자세를 보였기에 더욱 당당하게 부하들에게 명령할 수 있었고, 이에 다른 장수의 이기적인 행동에 대해 올바르게 비판할 수 있었다.

원균元均이 송경략(宋經略, 송응창)이 보낸 화전火箭을 혼자만 쓰려고 꾀하기에 병사를 통해서 나누어 보내라고 하니, 그는 공문도 내는 것을 심히 못마땅해 하고 무리한 말만 많이 했다. 가소롭다. 명나라의 배신陪臣이 보낸 화공火攻 무기인 화전 1,530개를 나누어 보내지 않고 혼자서 모두 쓰려고 하니 그 잔꾀는 이루다 말할 수가 없다. 남해현령 기효근奇孝謹의 배가 내 배 옆에 대었는데, 그 배에 어린 여인을 태우고 들킬까봐 두려워하였다. 가소롭다. 이처럼 나라가 위급한 때에 예쁜 여인을 태우기까지 하니, 그의 마음 씀씀이는 무어라 형용할 수가 없다. 그 대장이라는 원균도 또한 이와 같으니, 어찌하겠는가.

- 『계사일기』 5월 30일 -

이순신은 이 글에서 명나라 장수가 보내온 화전을 원균이 혼자서 전용하려고 한 행동을 비판하였다. 화전은 화약을 연료로 사용하며 그 힘으로 목표물까지 날아가는 로켓 화살이다. 그 당시에는 귀한 무기인데 원균이 홀로 많은 전공을 세워보려고 이를 독차지 하려 한 것이다. 그의 부하인 기효근도 전선에 여인을 몰래 태우고 다니다가 이순신에게 발각되었으니, 이순신은 원균과 그 부하가 똑같이 군대에서 경우에 어긋난 행위를 한 것에 대해 개탄하였다.

전쟁에서는 승리 방법을 연구하는 것도 중요하지만, 패전 요인을 파악하는 것도 중요하다. 이에 이순신은 장수들의 문제점을 다음과 같이 지적하였다.

거듭 약속하는 일이다. 지금은 여러 곳의 적들이 모두 영해嶺海에 모여 육지로는 함안, 창원, 의령에서 진주까지, 물길로는 웅천, 거제 등지에서 무수히 세력을 모아 서쪽에 뜻을 두고자하여 더욱 흉계를 꾸며대니, 매우 통분할 따름이다. 지난해 늦가을부터 지금까지 여러 장수들이 명령에 따라 마음을 다했는지의 여부를 시기별로 자세히 살펴보면, 혹은 먼저 진격을 외치다가 서로 다투어 돌진하여 싸우게 되는 때가 되자, 사랑하는 처자를 돌아보고 살기를 탐하여 중도에서 빠지는 자가 있었고, 혹은 공로를 탐하고 이익을 즐겨서 승패勝敗를 헤아리지 않고 돌진하다가, 적의 손에 걸려들어 결국 나라를 욕되게 하고 몸을 죽게 하는 우환을 만든 자가 있었다.

- 『계사일기』 9월 이후 기록 -

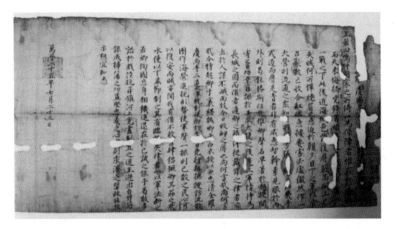

1597년 8월 3일 받은 기복수직교서(현충사 소장)

이순신이 전쟁 중 장졸들의 전투성적을 평가하고 두 가지의 문제점을 지적하였다. 첫째, 작전 수행 중 장수가 처자妻子를 생각하고 목숨을 아껴 도주하는 행위와, 둘째, 전공戰功만 생각하고 무모하게 돌진하는 행위이다. 이 모두 개인적인 욕심으로 인한 잘못된 행동이므로, 장수로서 반드시 지양해야할 점이다. 황석공은 "즐기는 것을 끊고 욕심을 금하는 것은 허물을 제거하는 방법이다[絶嗜禁欲, 所以除累]."라고 하였다(『소서』「구인지지」). 장수가 나라를 위한 전쟁에서 개인의 욕심부터 챙기려고 한다면, 결코 승리하지 못할 것이다. 항상 멸사봉공滅私奉公의 자세로 자신의 임무를 다하려고 할 때 승리를 기대할 수 있는 것이다.

2) 유혹을 내침

1597년 8월 3일 이순신은 삼도수군통제사직에 재임명한다는 교서
敎書를 받고, 패망한 조선 수군의 재건을 위해 사태수습에 착수하여
남은 병사들을 모으기 시작했다. 전라도 옥과玉果, 순천順天, 낙안樂安
을 지날 때 피난민들이 가득하였는데, 그가 재임명되었다는 소식이
전해지자 장사壯士들이 차츰 모여들어 진주晉州에서 보성寶城에 이르
는 6일 동안 백여 명의 병력이 모였다. 그때 휘하 장수 배설은 원균부
대가 칠천량漆川梁에서 패망하는 동안 도주했다가 다시 나타났다. 이
때에 발생한 사건 내용은 윤휴의 기록에 적혀 있다.

> 이순신이 보성寶城에 이르자 따라붙은 장사가 백여 명이었다. 이때
> 수군은 막 패하여, 경상도 수군절도사 배설裵楔만이 남은 배 10여 척
> 을 이끌고 도망쳐 호남의 바다 한 모퉁이에 정박해 있었다. 이순신이
> 배설을 만나 앞으로의 계책을 물었다. 배설은 "어찌할 방도가 없다."
> 고 말하고는 이순신에게 유리한 쪽을 선택할 것을 권하였다. 이순신
> 이 응하지 않자 배설이 자기 군사를 버리고 달아나므로, 이순신이 그
> 군사를 거두고 배설을 참수斬首하였다. 그리고는 마침내 전진하여 갈
> 도葛島에서 적병을 추격하였다.
>
> - 윤휴, 「충무공유사」 -

이순신은 조선수군이 패망하고 남은 배를 수습하는 과정에서 도주

하여 피신해 있던 절도사 배설을 만났다. 그는 앞으로의 일에 대해서 어떤 대책도 내놓지 못하고 이순신에게 유리한 쪽을 택하라며 자신과 같이 도주하기를 권하였다. 그러나 이순신은 이를 거절하였고, 도주하는 배설을 잡아다가 참수하였다. 배설은 이순신에게까지 도주하자고 했지만 이순신이 응하지 않자, 재차 도주하다가 극형을 받은 것이다. 사마양저는 "정의를 위해서만 싸우고 이로운 것을 위해서는 싸우지 않기에, 의리를 밝힐 수 있다.[爭義不爭利, 是以明其義也]."고 하였다(『사마법』「인본」). 장수가 이익을 앞세우면 정의를 밝힐 수 없다. 이순신은 개인의 이익을 위한 행동을 하지 않고 오직 나라를 위한 정의를 실천하였던 것이다.

무술년(1598) 10월에는 예교성曳橋城 전투에서 명나라 육군제독 유정劉綎과 함께 왜장 고니시 유키나가[小西行長]를 협공夾攻하기 위해 수륙水陸 연합 작전을 계획하였다. 그러고는 명나라 수군제독 진린陳璘과 함께 수군을 거느리고 출동하였다. 그런데 유 제독의 군대는 약속을 어기고 응하지 않았다. 이때 유키나가는 풍신수길豊臣秀吉이 죽었다는 소식을 듣고 철수하기 위해 유정에게 뇌물을 주고, 다시 진린에게도 재화財貨를 보내어 길을 빌려줄 것을 요구하였다. 이에 진린은 이순신에게 이를 허락하자고 하였는데, 이순신은 이에 강력히 반발하였다. 윤휴는 이때 이순신의 행동에 대해 다음과 같이 기록하였다.

이순신은 나무 조각에다 몰래 글을 써서 진린에게 보여 바로잡게 하니, 진린이 부끄럽게 여겨 그만두었다. 이에 왜군 사자使者에게 말하

기를, "허락하고 싶으나 통제사를 보기가 부끄러우니 어찌하겠소."하

였다. 유키나가가 그 사실을 알고는 사람을 시켜 이순신에게 총, 칼 등

의 물품을 보냈다. 이순신은 이를 물리치며 말하기를, "나는 임진년

이후로 적을 수없이 죽이고 노획한 총, 칼이 산더미처럼 쌓였는데, 이

것을 다 무엇 하겠느냐."하였다. 적의 사자는 아무 말도 못하고 물러

갔다. 그러나 진린은 이미 적의 뇌물을 받았다며 다시 이순신을 설득

하며 남해에 있는 적이나 토벌하자고 하였다. 그러자 이순신은 남해

의 적은 잠시 포로였던 우리의 백성이라고 말하였다. 그래도 진린은

자기가 가서 토벌하겠다고 하니, 이순신은 "명나라 황제께서 장수를

명하여 보낸 것은 우리 소국의 인명人命을 구해주려는 것인데, 오히려

이제 그 인명을 구하지 않고 베어 죽인다면 아마 황상의 본의가 아닐

듯합니다."하였다. 진린이 화를 내자, 다시 이순신은 "한 번 죽는 것이

아래 관원들에게는 애석할 바가 아닙니다. 오직 나는 우리나라의 대

장이기에 결코 적을 놔두고 우리 인민을 죽일 수는 없습니다."하였다.

결국 진린은 더 이상 대응하지 못했다.

- 윤휴, 「충무공유사」 -

일본이 명나라에게 강화를 요청하였으나, 이순신은 이것이 무사히

후퇴하기 위한 거짓 술수임을 알고 명나라 장수들의 회유에 따르지

않았다. 그는 그간 7년간의 치욕과 원한을 갚기 위해서라도 한 놈도

살려 보낼 수 없다며 끝까지 왜적을 소탕하기를 명하였다. 이때 이순

신의 처종형妻從兄인 황세득黃世得이 전사했는데, 이순신은 "세득이 나

랏일에 죽었으니 영광스런 일에 슬퍼할 일이 아니다."라고 말하였다
(「충민사기」). 나라를 위해 목숨을 바쳐 순국한 일을 슬퍼하지 않고,
오히려 영광된 일로 여긴 것이다.

| 함께 생각하기 |

　복잡 다양한 현대사회에서 공정한 일처리를 위해서는 항상 사심을
버리고 공사公私의 구분을 엄격히 해야 한다. 설사 자신에게 이득이
될지라도 자신의 욕심을 버리고 분수를 지켜야 한다. 공적인 관계의
중요한 일일수록, 정의로운 마음으로 자신을 절제하며 공정하게 처리
해야 한다. 공정하게 일을 처리하면 이득은 없어도 스스로 보람을 느
끼며 만족할 수 있다. 어렵고 힘들지라도 올바른 판단력을 가지고 현
실에 순응해야 한다. 그러면 자신을 압박하는 어떠한 상황과 변화에
도 능동적으로 대처할 수 있다. 강한 초극超克의 의지가 항상 자신을
바르게 이끌어주기 때문이다. 남들이 알아주기를 바라지 않고 부귀
영화에 항상 초연超然하며, 안분지족의 자세로 현실에 충실할 때 바
라는 일은 자연스럽게 이루어 질 것이다. 옳지 못한 방법으로 얻은
권력과 부귀는 오래가지 않는다. 물거품과 바람 앞의 등잔[泡沫風燈]
과도 같은 것이다.
　이러한 올바른 의식이 있는 자신의 모습은 더욱 당당하다. 공동체
조직의 목표를 달성하는 데에는 독점獨占과 전용專用은 바람직하지

않다. 항상 공정한 자세로 임하며, 개인의 욕심과 공명심功名心은 지양해야 한다. 경쟁 상대가 목적을 이루기 위해 부당한 방법으로 요구할 때는, 공정한 자세로 거절해야 한다. 한때의 유혹을 뿌리치지 못하면 결국은 자신도 피해를 보게 될 것이다. 진정한 대의大義를 실천하기 위해서는 부당하고 불공정한 일은 하지 말아야 한다. 오직 자신의 뚜렷한 주관과 목적의식을 갖고 꾸준히 노력할 때, 정의가 실현될 것이다.

4. 임기응변에 능하라

세상을 살아가는 데에는 현실에 순응하는 자세로 매사에 임하는 것이 중요하다. 좋은 일은 만족하며 성공의 기회로 삼고, 나쁜 일은 조심하며 분발의 계기로 삼아야 한다. 저마다 올바른 삶을 영위하기 위해서는, 인간사의 다양한 변화에 능동적으로 잘 대처해야한다. 간혹 예기치 못한 재난과 위기로 실패하는 경우도 많은데, 의외의 돌발 상황에 잘 대처할 수 있는 능력을 키우는 것도 필요하다. 공자孔子는 "군자는 천하의 일에 있어서 어느 한 가지를 옳다고 주장함이 없고 반면에 부정함도 없으며, 오직 의리만을 따른다[君子之於天下也, 無適也, 無莫也, 義之與比]."고 하였다(『논어』「이인」). 예기치 못한 상황에서 정의를 기준하여 판단하면, 어떤 경우든 공정한 결과를 얻을 수 있을 것이다.

황석공은 "먼저 가늠해보고 나중에 재는 것은 갑작스런 일에 대응하려는 것이고, 변법을 마련하고 권도를 씀은 문제를 풀려는 것이다[先揆後度, 所以應卒, 設變致權, 所以解結]."고 하였다(『소서』「구인지지」). 남다른 예측으로 갑작스런 일에 대비하고 임기응변으로 문제를 해결해야 한다. 손무는 "전쟁에는 일정한 형세가 없고 물은 일정한 형상이 없어 적의 변화에 따라 승리를 거두는 것을 신이라 한다[兵

無常勢, 水無常形, 能因敵變化而取勝者, 謂之神.]."고 하였다(『손자』「허실」). 적의 변화에 능숙하게 대처하여 승리를 거두는 것은 신묘한 방법이다. 『장원』에 "훌륭한 장수는 반드시 기회를 이용하여 승리를 거둔다[善將者, 必因機而立勝]."고 하였다(「기형」). 어떤 일에 임하든 기회를 잘 이용해야 승리할 수 있는 것이다. 기회란 바로 일에 순응하는 것이고[機在於應事](『위료자』「십이릉」), 기회를 얻어 움직이면 절세의 공로를 이룰 수 있는 것이다[得機而動, 則能成絶代之功].(『소서』) 기회란 일의 변화에 잘 순응할 때 얻어지고, 그 기회를 얻은 다음에 잘 대처하면 효율적인 성과를 거둘 수 있다. 이순신은 전쟁 중에 항상 주변의 지형적인 조건과 적의 상황에 대한 정보를 미리 파악하는 데 주력하였다. 직면한 상황이 설사 불리한 조건일지라도 매번 그것을 유리한 상황으로 변화시키고, 기회로 이용함으로써 위기를 반전하여 승리로 이끌었다. 항상 이러한 방법으로 즉각적으로 잘 대처했기에, 전쟁에서 백전백승할 수 있었던 것이다.

1) 상황 대처

이순신은 일생을 살면서 예기치 못한 상황에 직면한 일들이 많았다. 그때마다 꾸준히 쌓아온 자신의 실력과 경험으로 재기를 발휘하여 위기를 극복할 수 있었다. 1580년 가을 발포(鉢浦, 고흥 도화면) 만호(萬戶, 종4품) 재직 시(36세) 당시의 감사監司 손식孫軾은 이순신을 헐뜯는 말을 듣고서 벌을 주려고 작심하였다. 이에 전남 능성(綾城, 화순 능주綾州)감영에 순찰하러 왔다가 이순신을 시험하려고 마중 오라며 불러들였다. 그때 예기치 못한 시험에 잘 대응한 사건은 다음과 같다.

> 손식이 이순신에게 병서에 대한 강講을 마치고 진영의 그림[陣圖]을 그리게 하였다. 붓을 잡고 매우 정묘하게 그려내니, 손식이 책상에 구부리고 자세히 살펴보고는 "참으로 정교한 필법이로다."라고 하였다. 이윽고 그의 조상을 물어보고 "내가 진작 몰랐던 것이 한이다"고 하였다. 그 후로는 정중하게 대하였다.
>
> ―이분, 『충무공행록』 ―

감사가 이순신을 혼내주려고 시험한 것이 오히려 그의 뛰어난 실력에 감복하여 더 좋은 관계로 발전하게 된 계기가 되었다. 이순신이 갑작스런 상황에서도 자신의 뛰어난 실력을 발휘함으로써 위기를 슬기롭게 극복한 것이다. 이는 그가 평소에 자기관리를 철저히 해왔기 때문에 가능했던 일이다.

이순신은 임진년 4월 27일 왜란이 발생하여 경상도 부산釜山, 동래東萊, 양산梁山이 왜적에게 함락되었다는 소식을 듣고, 긴급한 상황에 대처하기 위해 조정에 〈경상도에 지원 출동하는 장계〉를 보고하였다.

신臣은 주장主將으로서 마음대로 처리하기 어려우므로, 경상도 순찰사 이일李鎰과 관찰사 김수金睟, 우도수군절도사右道水軍節度使 원균에게 다음같이 당부했습니다. '그 도의 물길 형세와 두 도道의 수군이 모처某處에 모이기로 약속하는 내용과 적선의 많고 적음, 지금 정박한 곳, 그밖에 대책하여 응변應變할 여러 일들을 급히 회답하라. 각 고을과 포구에도 전쟁할 무기를 모두 잘 정비하도록 더욱 정신을 가다듬어 명령을 기다려라.'

– 『임진장초』, 〈부원경상도장赴援慶尙道狀〉–

이순신은 긴급 상황을 보고받고 대책을 마련하기 위해 이일과 김수, 원균에게 임기응변臨機應變의 대안을 회답하라고 통보하였다. 각 연안 지대에도 전쟁에 잘 대비하기 위해 군대를 정비하도록 당부하였다. 장수로서 긴급상황 대처를 효과적으로 하기 위해 만전을 기한 것이다. 유성룡柳成龍은 "전쟁을 잘 하려면 형세를 이용하고 이롭게 이끌기 위해 임기응변이 필요한데, 이것은 오직 한 장수의 역할에 달렸다."고 하였다(『징비록』).

이순신은 예기치 못한 전쟁에서 긴급한 상황일수록 침착하게 대처

임진장초 부원경상도장(현충사 소장)

하라고 하였다. 옥포玉浦 앞바다에서 사도첨사 김완金浣과 여도권관 김인영金仁英이 변고를 보고하자, 적선이 있음을 알고는 부하 장수들에게 '함부로 망동하지 말고 산처럼 침착하고 무겁게 행하라(勿令妄動 靜重如山)'고 경계시켰다. 이윽고 일제히 진격하여 왜선 30여척 중 26척을 분멸하여 승리를 거두었다(옥포해전). 급한 상황일수록 침착하게 대처하면 더 좋은 성과를 거둘 수 있는 것이다. 손자는 "용병用兵에 있어서 빠르기는 바람과 같고 느리기는 숲속과 같으며, 침략은 불과 같고 동요하지 않음은 산과 같다[其疾如風, 其徐如林, 侵掠如火, 不動如山]."고 하였다(『손자』「군쟁」).

전쟁 중에는 왜적들이 내륙에 숨어 있다가 기습공격을 하기도 하였다. 이에 이순신은 소굴에 있는 적들을 바다로 몰아내기 위해 수륙水陸 연합작전 계획을 세웠다. 또한 왜적들이 산발적으로 공격해 오므로, 한 곳에만 집중하여 대비할 수 없었다. 1593년 8월 10일 〈왜의 실정을 고하는 장계〉에 이에 대한 내용이 있다.

우리 수군들이 거제도 안쪽 바다에 진을 치면 바깥 바다로 침범해 오는 적들을 막지 못하고, 바깥바다에 진을 치면 안쪽 바다의 적들을 요격하지 못할 것이므로, 거제 바깥바다의 두 갈래의 요충지와 작년에 대첩한 견내량과 한산도 등지에 진영을 합하여 길을 차단하고 안팎의 변란에 대응하기로 하였습니다. (……) 적들이 우리 수군을 겁내어 감히 침범해 오지 못하고 육로로 견내량 해변에 가서 진을 쳐서 기세를 드러내기에, 우리 수군이 곧장 그 앞에 나아가 활을 빗발치듯

쏘고 총을 우박같이 쏘니, 적들이 패하여 도망치고 다시는 나타나지 않았습니다.   -『임진장초』, 〈진정왜정陳倭情狀〉-

이순신은 여러 곳에 포진한 왜적의 진영을 파악하고, 군소群小 형태의 수군진영을 연합하는 방식으로 적에게 대응하였다. 사전에 연안과 내륙의 상황을 파악하고, 상황이 유리하면 바로 공격하였다. 이때 당시 왜적의 배는 7, 8백여 척이었고, 조선의 판옥선은 백 여척에 불과했다. 이러한 중과부적衆寡不敵의 상황에서 예전의 승리한 경험만을 믿고 섣불리 돌진했다가는, 오히려 적에게 화를 당할 것을 항시 염려하였다. 적의 함정에 빠지지 않기 위해 항상 형세를 면밀히 관찰하고, 일망타진을 위해 더욱 신중을 기하였다. 그 결과 적선 10척을 분멸하는 승리를 거두었다(2차 견내량해전).

무술년(1598) 7월 중순에 유성룡은 다음과 같은 편지를 이순신에게 보냈다.

무더운 바다에서 상중喪中의 몸[孝履]으로 평안하신지 궁금합니다. 명나라 진 제독(진린陳璘)도 그곳에 연합하려고 하니, 호응작전[策應]과 군수 조달하는 모든 일을 오로지 영공(슈公, 이순신)께서 잘 처리하시리라 믿고 있습니다. 모름지기 동심협력하여 큰 훈공을 이루시기 바랍니다. 도감都監의 포수炮手 1백 명이 내려가는데, 이 편에 기거起居를 살핍니다. 나라를 위해 몸을 보중하십시오.

        -『서애집』「별집」3권 -

2) 기회를 잡음

전쟁에서의 전략은 임기응변의 방법으로 시기적절한 기회를 잘 이용하는 것이다. 전쟁에서 주어진 기회가 불리하면 후퇴하고 유리하면 진격하는 것이다. 필승의 방법과 합변(合變, 모이고 변하는 것)의 형세는 기회이용에 달렸고, 기회를 찾아내는 방법은 상대가 예상하지 못할 때를 노리는 것이다[夫必勝之術, 合變之形, 在於機也. 見機之道, 莫先於不意].(『장원』「응기」) 이순신은 항상 전쟁에서 적을 공격하기에 유리한 기회를 잘 이용하였다.

> 이제 흉적들이 오랫동안 남의 나라에 머물러 있으면서 풍토에 익숙하지 않아 한겨울 추위에 괴로워하고 있으며, 군량이 이미 다되고 용기를 낼 힘도 다하였으니, 이 기회를 틈타 급히 공격하여 때를 놓치지 말아야 합니다. 다시 왕실을 재건하는 일이 바로 이 때에 달렸습니다. 그러나 한 해가 바뀌려는데 아직 적을 섬멸했다는 소식을 듣지 못했으니, 한 모퉁이의 외로운 신하가 북쪽을 바라보며 길이 애통해 합니다.

- 임진년 겨울에 쓴 편지 -

이 편지는 수신자를 알 수 없지만, 왜적들이 추위에 잘 적응하지 못하고 식량도 떨어져 궁핍을 느끼고 있는데, 이러한 상황을 승전의 기회로 이용하자는 내용이다. 그러나 한 겨울의 조선수군의 상황도 굶

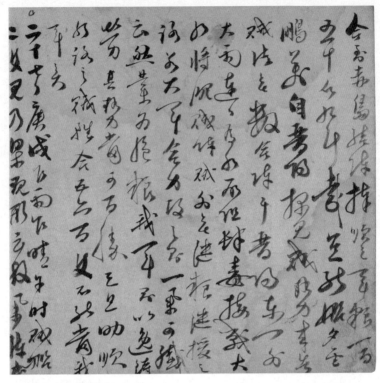

계사일기 6월 26일(현충사 소장)

주림과 동상(凍傷)으로 피해가 심각했으므로, 왜적에 대한 작전을 수행하기에 어려움이 있었다.

계사년 6월 26일 이순신은 원균, 이억기와 함께 견내량(見乃梁)해전을 치렀다. 사도군관(蛇渡軍官) 김붕만(金鵬萬)이 보고하기를, "적들이 진주성 밖에서 무수히 진을 쳤는데 큰비가 연일 내려 침몰 직전인 상황에 군량과 구원병을 받을 길이 없으니, 만일 대군이 협력해서 공격한다면 모두 섬멸할 수 있습니다."라고 하였다. 이순신은 이에 대한 생각을 다음과 같이 일기에 남겼다.

이미 적들은 양식이 떨어지고 우리 군사는 편히 앉아서 힘들어하는 적을 상대하니, 그 형세가 마땅히 백 번 이길 수 있을 것이다. 하늘이 또한 순조롭게 도우니, 물길에 있는 적이 비록 5, 6백 척이 모여와도 우리 군사를 당해낼 수 없을 것이다.

- 『계사일기』 6월 26일 -

자연의 재해로 인해 왜적이 궁지에 몰려 섬멸하기 유리한 이때는 바로 천우신조天佑神助의 기회였다. 이를 잘 이용만 한다면 조선수군은 큰 힘을 들이지 않고도 백전백승할 수 있을 것이라고 승리를 장담하였다. 마침내 이순신은 이억기, 원균과 합세하여 견내량 입구에서 조선수군 100척을 이끌고 왜선 10척과 싸워 격퇴시켰다. 목전 앞에 이른 좋은 기회를 잘 이용하여 승리로 이끈 것이다.

갑오년(1594) 왜적들이 조선수군의 위세에 겁을 먹고 명나라 도사都司 담종인譚宗仁에게 애걸하여, 〈왜적 토벌을 금지하는 패문[禁討倭賊牌文]〉을 만들어서 보내왔다. 명나라 총병부와 제독에게는 알리지 않고 몇몇 명나라 장수들과 함께 임의대로 만든 것이다. 이에 대해 이순신은 3월 10일 조정에 보고하였다.

아직 우리 수군이 다 도착하지 않아서 병사들의 기세가 약해보이니, 우리는 패문牌文의 회답을 작성하여 거짓으로 중지할 뜻을 보이고, 적의 정세를 다시 정탐하여 기회를 보아 토벌할 계획입니다. 패문을 올리고 담도사에게 보낸 회답은 이와 같습니다. '조선국 신하들은 명나라 담종인께 답서를 드립니다. 왜인들이 바다를 건너와 우리의 무고한 백성을 죽이고 서울을 침범하여 흉악한 짓을 하고 한 나라의 신하와 백성들은 뼈에 사무쳐 이 적들과는 함께 하늘 하래 살지 않기로 맹세했습니다. 각도의 전선들을 정비하고 수륙 협공하여 남아 있는 적들을 한척도 못돌아가게 하여 나라의 원한을 씻고자 합니다.'

- 『임진장초』, 〈진왜정장(陳倭情狀)〉 -

왜적이 간계를 부려 패문을 만들어 공식적으로 명나라에 인가를 받은 것처럼 행세하며 이것을 조선과 명나라 장수들에게 보내왔다. 이에 이순신은 적을 토벌할 계획과 함께 반박하는 내용을 담종인에게 보내고, 이러한 사실을 조정에 보고하였다. 여기서도 역시 적을 토벌하는데 기회의 중요성을 강조하였다.

1597년 9월 16일 명량鳴梁 해전 당시 이순신은 조선수군 13척으로 왜선 133척을 상대하여 교전을 벌이게 되었다. 중과부적衆寡不敵의 상황에서 넓은 바다에서 싸우기가 불리하므로 좁은 명량의 목을 선택하였다. 왜군의 우두머리 구루시마 마찌후사來島通總가 수백 척을 거느리고 먼저 서해를 향해 진도珍島 벽파정碧波亭 아래에 도착하였다. 그때 이순신이 명량에 와 있었고 피난선 백 여척이 후방에서 성원聲援하였다. 조경남趙慶男은 이때 이순신이 임기응변의 전술을 편 것으로 기록하였다.

이순신은 왜적이 들어온다는 말을 듣고 여러 장수에게 명령하기를,

"적은 많고 우리는 적으니 경솔히 대적하지 말고 임기응변으로 이러이러하게 하라." 하였다. 왜적은 우리 군대가 외롭고 약함을 보고는 삼킬 듯이 서로 다투며 먼저 올라와 사면을 포위하고 엄습하였다. 아군은 싸울 뜻이 없는 것처럼 거짓으로 적의 포위 속으로 들어가니, 왜적은 아군의 두려워하고 겁냄을 기뻐하였다.

- 조경남, 『난중잡록』 -

당시 명량해협은 정조停潮상태로 조수潮水의 물살이 매우 빨랐고, 후방에는 피란선 수백 척이 포진하여 응원하고 있었다. 이 때 이순신은 주변 상황에 호응하며 신속한 기동성을 발휘하여 대포를 쏘아 적선 31척을 분멸시킴으로써 승리를 거두었다. 수적으로 불리한 위기상황에서 신속하게 대처하여 왜적이 생각할 수 없는 전술을 구사한 것이다. 또한 이때 이순신이 명량의 험한 지형적 이점을 이용한 것이 승리의 한 요인이기도 하다. 이러한 것들이 모두 이순신의 뛰어난 임기응변 전략이다. 오기는 적은 수로 많은 적을 상대하는 전법戰法에 대해, "평탄한 곳을 피하고 좁은 곳에서 맞이하고, 하나로 열을 치는 데는 좁은 곳이 가장 좋고 열로 백을 치는 데는 험한 곳이 가장 좋다[避之於易, 邀之於阨. 以一擊十; 莫善於阨, 以十擊百, 莫善於險, 以千擊萬]."고 하였다(『오자』「응변」). 전쟁이 끝난 뒤 왜적들이 고국으로 돌아가 전쟁담을 논할 때에는 반드시 명량의 싸움을 말하였다고 한다.

|함께 생각하기|

급변하는 현대사회에서 현실에 잘 적응하며 살기란 결코 쉬운 일이 아니다. 저마다 기대가치에 충족한 삶을 영위하기 위해서는, 주변 환경의 다양한 변화에 신속히 대응할 수 있는 능력이 있어야 한다. 인간사에는 예고없는 돌발적인 일들로 실패하는 경우도 많다. 항상 예측불가한 일들에 대해 예견할 수 있는 안목과 변통할 줄 아는 응용력, 그리고 상황을 파악할 수 있는 판단력이 필요하다. 한 조직의 운영관리는 지휘자의 능력에 따라 좌우된다. 물론 구성원간의 화합과 단결이 있어야 함은 두말할 필요가 없다. 지휘자는 항상 실력과 경험을 쌓아 꾸준히 자기관리를 해야 한다. 이것이 위기극복의 원동력이다. 급할수록 침착함을 유지하여 실수를 줄여야 한다. 항상 정중여산靜重如山을 생각하라!

사회생활 속에서 예기치 못한 위기상황과 돌발사건 등에 효과적으로 대처하려면, 먼저 자신을 과신過信하는 태도를 버려야 한다. 상대의 계략에 빠지지 않도록 주의하고 면밀한 관찰력으로 매사에 신중을 기해야 한다. 주변의 상황을 예의주시하며 변화와 형세에 적응하려면 항상 기회를 잘 이용해야 한다. 자기에게 주어진 좋은 기회를 잘 이용하지 못하는 것은 스스로 포기하는 행위다. 상대로부터의 공격과 침해행위에는 당당하게 맞서고 주변의 이로운 상황과 인력을 모두 동원하라. 어떠한 상황에서든지 항상 상대에게 불리하고 자신에게 유리하게 이끄는 노력을 기울여야 한다. 그렇게 하면 반드시 역전할 수 있는 좋은 기회가 따를 것이다. 불리한 상황을 이로운 상황으로 변화 유도하여, 상대에게 예측 불가능한 형세로 만드는 것이 승리의 비결이다. 지휘자는 우선 부하들과의 화합과 단결을 이루어야 한다. 상하간의 조화된 관계에서 일의 기회를 잘 이용해 나간다면, 임기응변의 지략을 충분히 발휘하여 위급한 상황에 잘 대처할 수 있을 것이다.

5. 진정한 의리는 솔선수범이다

인간사人間事는 새옹지마塞翁之馬라고 한다. 좋고 나쁜 일의 변화가 심하여 예측하기 어려운 것이 바로 인간이 살아가는 일들이다. 그러니 누구나 한번쯤은 어려운 고비를 경험하게 된다. 그 어려운 때에 도움을 주어 구제하는 것이 의리이다. 하지만 이것이 옳은 일이란 것을 알면서도 먼저 구제의 손길을 펼치기란 결코 쉬운 일이 아니다. 이를 위해 정의에 대한 강한 실천의지가 있어야 할 것이다. 공자孔子는 "의리를 보고 행하지 않는 것은 용기가 없는 것이다[見義不爲, 無勇也]."하였다(『논어』「위정」). 의로운 일은 과감한 결단력을 바탕으로 용기있게 실천해야 한다. 그것으로 남의 어려운 일을 돕는 행위가 바로 솔선수범率先垂範이다. 공자는 "정치가 속히 시행되게 하려면, 몸소 솔선하는 것보다 더 좋은 게 없다[欲政之速行也, 莫善乎以身先之]."고 하였다(『공자가어』「입관」). 자신이 솔선하여 모범을 보이면, 남도 감화되어 따르게 된다. 『장원』에 "자신이 솔선하고 남들은 뒤에 행하게 하면, 병사들이 모두 용기를 낸다[先之以身, 後之以人, 則士無不勇矣]."고 하였다(「여사」). 장수가 솔선하면 병사들도 감복하여 용기를 내게 된다.

위료자는 "애쓰는 병사들에게는 장수가 반드시 솔선한다[夫勤勞

之師, 將必先己]."고 하였다(「전위」). 병사들이 힘쓰면 장수는 더욱 솔선한다. 황석공은 "의리란 많은 병력을 얻게 해준다[義足以得衆]."고 하였다(『소서』「정도」). 의리를 행하여 많은 병력을 얻으면 그것이 힘이 된다. 이정은 "먼저 드러내서 적이 따라오게 하면, 이것이 전술이다.[先形之, 使敵從之, 是其術也]."라 하였다(『이위공문대』). 전쟁에서 장수가 먼저 출동하여 적을 유인하면, 함정에 몰아넣어 승리할 수 있는 것이다. 이순신은 임진왜란 중에 항상 선봉장先鋒將으로서 전쟁터에 나아가 부하들을 이끌었고, 그 결과 감동하여 따르는 부하들의 지지를 얻어 막강한 힘을 발휘할 수 있었다.

1) 선봉장이 됨

의리심이 강한 사람은 남이 어려운 상황에 처한 것을 보면 당연히 자신의 일로 여기고 구하려고 한다. 이것이 진정한 의리를 실천하는 것이다. 이순신은 평소 과묵한 성격이었지만, 옳은 일은 반드시 실천해야 한다는 강한 의지를 갖고 있었다. 그래서 전쟁 중에는 항상 선봉장先鋒將이 되었다.

임진년 5월 29일 이순신은 사천泗川 해전을 치르게 되었다. 상황이 다급하여 먼저 출정을 앞당겨 혼자서 전선 23척을 거느리고 우후虞候 이몽구李夢龜와 함께 출발하였다. 원균元均은 하동河東 선창에 있다가 3척의 전선을 이끌고 와서 적의 상황을 이순신에게 알려주었다.

현자총통   황자총통(현충사 소장, 좌동)

이날 해질녘에 주둔해 있던 왜적을 유인하여 사천의 모자랑포毛自郎浦
에서 교전하였다. 거북선을 이때 처음으로 사용하고 천자天字, 지자地
字, 현자玄字, 황자黃字 등의 각 총통을 쏘면서 산언덕에 포진하고 있는
왜적들의 거센 공격에 맞대응하며 치열한 격전을 벌였다. 임진 6월
14일에 올린 〈당포 왜병을 격파하고 올린 장계〉에 이에 대한 내용이
적혀 있다.

신臣은 더욱 분발하여 배를 독촉하고 선봉先鋒에 나아가 곧장 적선
을 공격하니, 여러 장수들이 한꺼번에 철환鐵丸, 장전長箭, 편전片箭, 화
전火箭, 천지자 총통 등을 비바람 치듯 발사하여 소리가 천지를 진동
하니, 왜적들중 중상을 입고 거꾸러진 자와 질질 끌며 달아난 자가
헤아릴 수 없었습니다.

- 『임진장초』,〈당포파왜병장唐浦破倭兵狀〉 -

이순신은 선봉장으로서 자신의 몸을 아끼지 않고 솔선하여 전투에 임하였다. 그의 결사적인 공격에 왜적들은 율포(栗浦, 거제 장목면)에서 나와 부산으로 향하여 도주하기 시작했는데, 이때 마침 역풍이 부는 것을 조선수군들이 이용하여 추격전을 벌인 결과 승리할 수 있었다 (당포해전). 적들은 예측하지 못한 불리한 상황에서 무너진 것이다. 이 정李貞은 "용병을 잘하는 자가 먼저 예측할 수 없는 상황을 만들면, 적이 가는 방향을 어그러뜨릴 수 있다[善用兵者, 先爲不測, 則敵乖其所之]."고 하였다(『이위공문대』). 그 당시 이순신은 수군의 뛰어난 기동력으로 지형과 기후의 이점을 잘 이용하여 승리를 이끌었다. 손무는 "승리하는 군대는 먼저 이길 수 있는 상황을 만들고서 싸우기를 구한다[勝兵先勝而後求戰]."고 하였다(『손자』「군형」).

이처럼 이순신이 탁월한 지휘력을 발휘할 때는, 항상 솔선수범하는 남다른 노력이 있었다. 항상 위험을 무릅써야하는 전투상황에서 종종 부상을 입기도 하였다. 이순신은 이때 적이 쏜 철환에 왼쪽 어깨를 맞아 등을 관통하였는데, 앞 어깨의 큰 뼈를 깊이 다쳐서 고름이 흘러 옷도 입지 못하는 고통을 겪었다. 이때 쓴 다음의 편지를 통해 그 당시 이순신의 건강상태를 알 수 있다. 수신인은 알 수 없다.

가뭄과 더위가 매우 심한데 체후가 어떠하신지요. 전날에 앓던 이질이 지금은 어떠하십니까? 사모하는 마음 간절하여 생각하는 것조차 감당하지 못하겠습니다. 제가 나아가 문안을 드리고자 했으나, 지난번 교전할 때에 격분하여 몸을 조심하지 않고 먼저 화살과 탄환에

부산포해전(현충사 소장)

나아갔다가 거기서 탄환을 맞은 자리가 매우 컸습니다. 비록 죽을 만

큼 다치지는 않았으나, 어깨 앞 우묵한 곳의 큰 뼈를 깊이 다쳐 고름

이 줄줄 흘러, 아직도 옷을 입지 못하고 온갖 약으로 치료하지만 차

도가 없어 활시위조차 당길 수 없으니 매우 걱정입니다. 나라를 위해

힘쓰는 일이 한창 급급한데 몸의 병이 이 지경이니, 북쪽을 바라보며

길게 탄식하고 그저 스스로 눈물을 흘릴 뿐입니다.

- 임진년 편지에서 -

이순신은 무더운 여름에 몸의 상처 후유증으로 찾아가지 못하는 답

답한 심정을 토로하였다. 화살과 포탄이 날아드는 때 선두에 나아갔

다가 탄환을 맞은 것이다. 죽음을 무릅쓰고 결사적인 전투를 벌인 당시의 상황을 엿볼 수 있다. 몸조차 가누기 힘든 상황에서도 나라를 위해 애쓰는 모습에서 그의 강한 우국충정을 느낄 수 있다.

임진년 9월 1일 부산포해전을 치르기 위해 이순신은 먼저 전라 우수사 이억기李億祺와 경상우수사 원균元均과 함께 절영도折影島 남쪽 바다에 도착하여 적의 상황을 살폈다. 부산 쪽 산기슭에는 왜선들이 무수하게 줄지어 정박해 있었고, 좌우의 산중턱과 성안에는 그들이 새로 지은 초가와 흙 담장이 가득히 이어져 있었다. 이에 이순신은 여러 장수들을 이끌고 선봉으로 달려 들어갔다. 이억기, 원균과 함께 해질녘까지 연거푸 천자天字, 지자地字의 각 총통을 쏘면서 총력전을 벌인 결과, 왜선 50여 척을 분멸하였다. 계사년 9월 기록에서 이순신은 다음과 같은 말을 하였다.

"신臣이 비록 노둔하고 겁이 많지만, 몸소 화살과 탄환을 무릅쓰고 나아가 선봉장으로서 몸을 바쳐 나라에 은혜를 갚으려고 하는데, 지금 만약 시기를 놓친다면 후회한들 무슨 소용이 있겠는가."

- 『계사일기』 9월 이후 -

이순신은 해전에서 항상 승리를 위해 선봉장으로 나아갔다. 위험을 무릅쓰고 과감하게 지휘했기에, 부하들도 이순신을 따라 격전을 벌였다. 휘하 장수 정운鄭運은 부산해전에서 죽음을 잊고 먼저 적진에 돌진하여 교전을 벌이다가 탄환을 맞고 전사하였다. 또 봉사奉事 김대복金大福과 배응록裵應祿 등은 견내량見乃梁 해전에서 먼저 몸을 던져 적진에 쳐들어가서 승리할 수 있었다. 어영담魚泳潭은 장수들에게 성을 지키는 해상 전략과 두치豆恥의 수비방법을 가르치고, 왜적을 공격하여 섬멸하게 함으로써 우수한 전공을 세웠다. 장수와 부하들이 혼연일체로 협력하여 솔선수범하는 의리를 보여줌으로써 연속으로 승리하였던 것이다.

무술년 9월 20일 조선이 명明나라와 연합작전을 하여 왜교(倭橋, 순천 해룡면) 전투를 벌이는데, 이순신은 진린陳璘 부대의 수군 천 여척의 배를 이끌고 선봉先鋒이 되어 작전을 주도하였다. 10월 3일 밤에 명나라 총병總兵 유정劉綎의 지시로 긴 밀물에서 교전을 벌였는데, 이순신이 진격을 명하였다.

10월 3일 유총병(劉總兵, 유정)의 서신에 따라, 그날 밤 긴 밀물에서 교전을 벌렸다. 나의 임무는 곧 각 장병들의 배를 통솔하여 앞으로 나아가는 것이니, 각 관병官兵들은 격분하여 제 한 몸 돌보지 않고 곧장 왜선에 돌진하여 불태우고 10여 척을 끌어냈는데, 왜적이 산성 위에서 총포가 다하여 관병이 승리하였다. 한창 전쟁에 전념하고 있을 때, 마침 조수潮水가 빠져나가는 것을 보고 나는 철수하라고 호령을 질렀다. 그러나 앞에 있는 배들의 함성이 하늘에까지 시끄럽고 대포소리는 우레와 같아서 호령소리를 듣지 못하였다.

- 『무술일기』 10월 기록 -

조선 수군의 관병官兵들은 결사적으로 왜선에 돌진하여 불태우고 10

여 척을 끌어냈다. 한창 교전 중에 이순신은 조수潮水가 막 빠져나가는 것을 보고 배가 좌초될 것이 걱정되어 철수하라고 호령하였는데, 배들의 함성과 대포소리에 병사들이 호령소리를 듣지 못하여 결국 명나라의 전선이 침몰되고 말았다. 바닷물이 빠져 배가 침몰되는 위기 상황에서도 이순신은 선봉에서 끝까지 철수하라고 소리치며 책임을 다하였다.

| 함께 생각하기 |

사회생활에서 남을 돕는 일은 의로운 일이며 매우 보람된 일이다. 하지만 그것이 옳은 일이라는 것에는 누구나 공감을 하지만, 자신이 손해를 보면서까지 남을 돕기란 쉬운 일이 아니다. 더욱이 국가와 사회의 위기에 헌신적으로 임하기란 더욱 힘든 일이다. 남을 이끌어 주는 의리는 인간이 해야 할 도리이다. 사회가 모두 공감하고 정의를 실천하기 위해서는 남다른 희생정신이 있어야 한다. 그 가운데 미풍양속美風良俗이 절로 이루어 질 것이다. 한 사람의 의로운 행동은 많은 이들을 감동시키므로, 남들의 호응과 지지를 얻을 수 있다. 이점에서 한 사람의 의리실천의 효과는 매우 지대한 것이다. 이를 기반으로 하는 실천적인 자세는 정의사회 구현의 밑거름이 된다.

항상 어려운 일을 남에게 미루지 않고 솔선하는 자세를 가져야 한다. 어려운 상황일수록 형세를 세심하게 관찰하며, 주변의 변화에 순응하는 노력도 필요하다. 위험을 무릅쓰고 정의를 위해 과감하게 행동하면, 경쟁상대를 긴장하게 만들고 일의 신속한 성과를 기대할 수 있다. 경쟁상대의 예기치 못한 공격과 침해를 받았을 때 상하간이 화합과 단결로 철저히 대비한다면, 아무리 어려운 위기에도 잘 대처할 수 있을 것이다. 한 조직의 결속력은 각 개인의 역할과 각오에 달려있다. 지휘자를 비롯한 전체 구성원이 화합하여 제각기 솔선하며 책임을 다할 때, 정의의 힘은 국가와 사회발전을 위한 막강한 버팀목이되어줄 것이다.

예禮

3. 규범 준수

1. 혼란 속에 규범을 따르라

인격 수양에 도움이 되는 도덕성의 내적 기준이 인간 사랑의 정신이라면, 외적 기준은 행동의 규범이라 할 수 있다. 생각이 아무리 올바를지라도 행동하는데 규범이 없다면, 도덕은 제대로 실현되지 못할 것이다. 때문에 대인관계와 사회생활을 원만히 하기 위해서는 반드시 내외의 기준에 맞는 품격을 갖추어야 한다. 도덕심과 도덕행위가 서로 조화를 이룰 때, 진정한 인격이 갖춰지는 것이다. 규범을 무시한 인격수양은 사회생활에 별로 도움이 되지 못한다. 규범이란, 예禮로서 도덕과 법칙의 의미가 포함된 말이다. 『설문해자』를 보면 예禮자의 시示는 귀신[神]을, 풍豊은 제기를 뜻한다. 예란 본래 고대사회에서 귀신을 섬겨 복을 구하는 의식에서 나온 말로, "의지하여 행하는 것[履]"이다. 이것이 사회의 질서를 위한 규범이다.

공자는 "학문을 널리 배우고 예禮로써 단속하면, 도에 어긋나지 않는다."고 하였다.(『논어』「옹야」). 학문을 실천하는데 예로 단속해야 도에 어긋나지 않게 된다. 공자는 "예를 배우지 않으면 세상에 설 수 없다[不知禮, 無以立也]."고 하였다(『논어』「계씨」). 규범을 알아야 사회생활을 원만하게 할 수 있는 것이다. 공자는 "예란 일을 바르게 다스리는 것인데, 나라를 다스리는데 예가 없으면 소경에게 안내자가 없는 것과 같다[治國而無禮, 譬猶瞽之無相].”고 하였다(『공자가어』「논례」).
예란 운영관리에 중요한 역할을 한다. 황석공은 “예는 사람이 가야할
길이니, 밤낮으로 힘써서 인륜의 질서를 이루어야 한다[禮者人之所
履, 夙興夜寐, 以成人倫之序].”고 하였다(『소서』「원시」). 병가兵家에서도
예의규범은 기강을 바로잡는데 중요하다고 여겼다.『장원』에 “교만하
면 예를 잃고 예를 잃으면 사람들이 떠난다[驕則失禮, 失禮則人離].”
하였다(「장교련」). 원만한 인간관계를 위해 항상 겸손해야 하는데, 자
만하면 예를 잃고 사람도 잃게 된다. 규범에는 법도의 의미도 있는데,
본래 예와 법은 표리관계이다[禮與法表裏](『사마법』). 위료자는 “군대
에 대비와 위세가 없어도 승리한 것은 법도가 있기 때문이다[兵有去
備徹威而勝者, 以其有法故也].”라 하였다(「공권」). 그만큼 군법이 군
사지휘에 매우 중요한 것이며, 조직 결속의 힘이 있는 것이다. 이순신
은 일상생활에서 항상 규범을 중시하였다. 이에 전쟁 중 혼란스런 때
일수록 부하들에게 군법을 엄하게 적용하여 조직의 기강을 바로잡았
다. 그 결과 군대가 막강한 힘을 발휘하여 전쟁 때마다 매번 승리할
수 있었다.

1) 원칙과 소신

이순신은 평소의 성격이 워낙 강직하여 한평생을 자신만의 소신과
원칙으로 살아왔다. 공무에 임해서는 항상 공정하게 일을 처리하여,

사적인 청탁이나 비리가 없었다. 이러한 성격 때문에 간혹 상관으로부터 명령을 거역했다는 이유로 미움을 받기도 했지만, 그렇다고해서 자신의 뜻을 굽혀가며 부당함을 눈감아 줄 수는 없었다.

1579년 2월 이순신이 인사업무를 관장하는 훈련원訓鍊院 봉사(奉事, 종8품)에 재직했을 때(35세), 병조정랑(兵曹正郎, 병부랑) 서익徐益이 편법으로 친분이 있는 자를 훈련원 참군(參軍, 정7품)으로 승진시키려고 하였다. 그러나 이순신은 담당 관리로서 이를 허락하지 않았다.

이순신은 "아래에 있는 자를 등급을 뛰어넘어 올리면 응당히 승진할 사람이 승진하지 못할 것이니, 이는 공정하지 못한 일이며, 또한 법규도 고칠 수 없는 것이오"하였다. 병부랑은 위력으로 강요하였으나 이순신은 굳게 버티고 따르지 않았다. 병부랑이 몹시 화가 났지만 감히 마음대로 올리지 못하였다. 원내의 관원들이 모두 말하기를 "아무개는 병부랑이면서 일개 훈련원訓鍊院 봉사(奉事, 인사담당)에게 굴욕을 당하여 깊은 원한을 품었다"고 하였다.

- 이분, 『충무공행록』 -

상관이 이순신에게 인사청탁을 하여 승진시키려고 했으나 거절당한 것이다. 그러나 이 대담한 행동에 대해 주변의 시선은 앞날에 대한 우려로 이어졌다. 그때 훈련원의 여러 아전들은 서로 놀라며, '병부랑이 훈련원의 하급 관원에게 굴복당한 적이 한 번도 없었는데, 이순신이 감히 본조本曹에 대항한 일은 앞길을 생각하지 않은 것이 아니

냐?'고 우려하였다.(『충무공유사』). 이 일로 인해 다음해 서익이 발포만
호에 재직 중 시찰을 나와서 무기를 정비하지 않았다는 죄로 이순신
을 파직시켰다. 이에 대해 사람들은 이순신이 무기정비를 엄정하게
잘했는데도 벌을 받은 것은, 그전 훈련원에서 복종하지 않은 것에 대
한 앙갚음을 당한 것이라고 여겼다.

하루는 저녁에 병사兵使가 술에 취해서 이순신의 손을 끌고 부하
군관軍官의 방으로 가려고 하는데, 그 사람은 병사와 평소 친한 사이
로 군관이 되어 와 있던 자였다. 이순신은 대장이 군관에게는 사사로
이 찾아가면 안된다고 생각하고, 거짓 취한 채 하며 병사의 손을 잡
고 "사또, 어디로 가시렵니까."라고 하자, 병사가 깨닫고 주저앉아 말
하기를 "내가 취했군."하였다. 병사가 개인적으로 부하에게 찾아가는
것이 복무규정에 어긋난 것이므로, 못가도록 만류한 것이다. 공公과
사私의 구분을 엄격히 하여 규정을 준수해야 함을 취한 병사에게 해
학적인 방법으로 일깨워 주었다.

1580년 전라좌수영全羅左水營의 발포 만호鉢浦萬戶 재직 시(36세) 좌
수사左水使 성박成鎛이 사람을 발포鉢浦에 보내어 객사客舍 마당에 있
는 오동나무를 베어다가 거문고를 만들려고 하였다. 이순신은 "이것
은 관가의 물건으로 여러 해 길러 온 것인데, 하루아침에 베어 버린
다면 어찌 되겠냐."며 허락하지 않았다. 수사水使가 크게 노하였으나
함부로 베어가지는 못하였다. 비록 사소한 나무이지만 관가의 물건이
므로 개인적으로 사용하려고 한 것을 금한 것이다. 보통 사람이라면
허락할 수도 있겠지만, 이순신은 공사公私의 구분을 엄격히 하여 규

정에 어긋난 일은 조금도 용납하지 않았다. 공무를 공정하게 처리해야하는 관리는 이러한 정신자세가 필요한 것이다.

1589년(45세) 12월 우의정 정언신鄭彦信이 정여립鄭汝立의 모반을 수습하였으나 같은 집안으로서 공정한 처리를 하지 못했다는 이유로 탄핵을 받아 감옥에 갇혔다. 이때 이순신이 파견관리[差使員]로 서울에 가서 그에게 찾아가 감옥문 밖에서 문안하였는데, 금오랑金吾郎이 당상堂上에 모여 술 마시며 풍류를 즐기고 있었다. 이순신은 금오랑에게 "죄가 있고 없고를 막론하고 한 나라의 대신大臣이 감옥에 갇혀 있거늘, 당상에서 풍류를 즐기는 것은 온당치 못한 일이 아니오?"라고 하였다. 그러자 금오랑은 예의를 갖추어 사죄하였다. 한 나라의 대신이 감옥에 있는데 금오랑 관리들이 술 마시며 풍류를 즐기는 것은 상관에 대한 예의가 아니다. 이순신은 정언신이 옛 상관이었기 때문에 감옥에 찾아가 문안한 것인데, 이를 들은 이들은 이순신을 의롭게 여겼다. 이처럼 이순신은 평소에도 늘 규범적인 생활을 하였다. 윤휴는 이순신이 장수가 된 이후의 모습에 대해 다음과 같이 말했다.

이순신이 장수가 되어서는 간단하고 쉽게 군대를 다스리면서도 법도가 있어 한 사람도 함부로 죽이지 않아서, 삼군(三軍, 전군) 중에는 감히 명령을 어기는 자가 없었다. 아무리 권력자를 믿고 강한 체하는 자라도, 이순신의 풍채만 보면 저절로 굽혔다. 일을 만나면 과단성 있게 처리하여 조금도 흔들리지 않았고, 사람들에게 벌과 상을 시행할 때는 귀천貴賤과 친소親疏 관계를 가지고 마음 속에서 경중을 헤아린

적이 한 번도 없었으므로, 아랫사람들이 두려워하면서도 아꼈다.

- 윤휴, 「충무공유사」 -

이순신은 군대를 대범하게 지휘하되 규정을 한 번도 어긴 일이 없었기에, 부하들도 명령을 잘 따라 주었다. 항상 위풍당당威風堂堂한 그 앞에서는 함부로 뽐낼 수도 없었다. 해결하기 어려운 일은 명쾌하게 판가름을 해주었고, 상벌賞罰문제에 있어서는 개인적인 관계를 개입시키지 않고 공정하게 처리하였다. 이러한 이순신의 공명정대한 모습을 부하들이 항상 공경하였다. 조현명趙顯命은 "이순신은 중후한 태도를 가지고 법도를 지키어 완연히 옛 명장名將의 기풍이 있다."고 하였다(「제승당기」). 또 윤휴는 "일상에서의 규정과 원칙이 철저했듯이 전쟁에서의 진법陣法과 전법戰法도 철저하였다."고 하였다(「이충무공유사」).

2) 엄한 군법

전쟁 중에는 앞일을 예측하기 어려운 위기상황을 자주 대하게 된다. 왜적의 기습을 받거나 치열한 교전을 벌이는 일촉즉발一觸卽發의 상황에서는, 장수들의 각오와 자세가 중요한 것이다. 이순신은 위급한 때일수록 군법을 엄하게 적용하였다. 임진년 5월 2일에 부하 송한련宋漢連이 남해에 다녀와 남해현령 기효근奇孝謹, 미조항彌助項 첨사僉

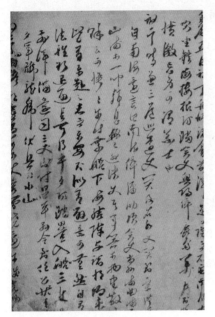
임진일기 5월 2일(현충사 소장)

使 김응룡金承龍, 상주포尙州浦, 곡포曲浦, 평산포平山浦 만호 김축金軸 등이 왜적의 소식을 한번 듣고 달아났다고 보고하였다. 이에 대해 이순신은 몹시 개탄스러워 했다.

오시吾時에 배를 타고 바다로 나가 진을 치고, 여러 장수들과 약속을 하니 모두 기꺼이 나가 싸울 뜻을 가졌으나, 낙안군수 신호申浩 만은 피하려는 뜻을 가진 것 같아 한탄스럽다. 그러나 군법軍法이 있으니, 비록 물러나 피하려 한들 그게 가능한 일인가.

- 『임진일기』 5월 2일 -

임진왜란이 발생한 후 많은 장수들은 너도 나도 도주하기에 급급하였다. 이순신은 이때 경상도로 출동준비를 하며 군대를 점검하였다. 부하 신호가 회피하려고 하자 군법을 들어 경고하였다. 군법에는 명령을 어기거나 도주한 병사는 참수斬首하도록 되어 있다. 이튿날 여도수군呂島水軍 황옥천黃玉千이 왜적의 소식에 집으로 도망갔다는 보고를 듣고, 잡아다가 목을 베어 효시(梟示, 목을 베어 전시함)하였다.

군법은 엄할수록 군사들에게 경각심을 들게 하여 그들을 통제하는데 유용한 것이다. 김육金堉은 "군대의 규율이 엄숙하여 군사들의 마음이 더욱 예리했다"고 하였다.(「충무공신도비」). 제갈량은 "병사들이 잘 통제 되어 있으면 무능한 장수라도 패할 수 없고, 병사들이 잘 통제되어 있지 않으면 유능한 장수라도 이길 수 없다[有制之兵, 無能之將, 不可以敗. 無制之兵, 有能之將, 不可以勝]."고 하였다(「병요」). 군사들이 규율로 잘 통제되면 막강한 결속력을 갖게 되므로, 그 자체로도 대응할 힘을 발휘할 수 있는 것이다. 또 그는 "이제 법으로써 위협하니, 법이 시행되면 은혜를 알게 된다[吾今威之以法, 法行則知恩]."고 하였다(『제갈량집』). 유사시 적용되는 군법이 엄격하면 그 당시에는 두려워하겠지만, 안정된 뒤에는 오히려 고마운 일임을 깨닫게된다.

이순신은 계사년 9월 10일 2차 견내량 해전에서 승리를 거두고 수군의 우수성에 대해 〈조목별 수륙전의 일을 말한 장계〉로 조정에 보고하였다.

해전에서는 많은 군사들이 모두 배 안에 있어서, 적선을 보고 비록 도망하려고 해도 그 형세는 방도가 없을 것입니다. 하물며 노를 독촉하는 북소리가 급히 울릴 때 만약 명령을 어기는 자가 있으면 군법이따를 것이니, 어찌 마음과 힘을 다하여 싸우지 않겠습니까.

-『임진장초』, 〈조진수륙전사장條陳水陸戰事狀〉-

전쟁에서는 용기를 내어 잘 싸우는 병사가 있는가하면 겁이 나서 도주하는 병사들도 간혹 발생한다. 그러나 수군의 경우는 공간이 배 안으로 제한되어 있으므로, 전투에 집중하는 장점이 있다고 하였다. 만약 군사들이 명령에 불응할 경우 군법으로 경고하여 독려할 수 있다. 배 안이라는 막힌 공간에서는 도주할 수도 없고 오직 명령대로만 움직이며 결사적으로 싸울 수밖에 없다. 혹독하게 부하들을 부리는 것이지만, 전쟁의 승리를 위해서는 이렇게 해서라도 작전을 수행해야 한다.

갑오년(1494) 정월에 올린 〈방비군의 결원을 낸 수령을 군법대로 처벌하기를 청하는 장계〉를 보면, 죄를 지은 지방관리에 대해 처벌한 내용이 보인다.

전남 남평南平 옥과玉果의 유위장留衛將, 향소鄕所 색리色吏와 남원부의 도병사 등은 죄의 경중에 따라 처벌하고, 평소에도 결원을 낸 군사가 10여명 이상이면 수령을 파면하는 것이 공무규정입니다. 큰 적을 상대하여 결원된 군사의 수가 많게는 천팔백 여명이고 적게는 4, 5백 여명이상이니, 그들의 태만한 죄는 마땅히 처벌해야 합니다. 세 고을 수령 들의 죄상을 조정에서 각별히 조사하여 군령에 따라 처벌해야 하나, 우선은 그 직책에 유임留任토록 해야 합니다.

-『임진장초』, 〈궐방수령의군법결죄장闕防守令依軍法決罪狀〉-

방비군에 결원을 낸 전남 남평, 옥과, 남원지방의 수령에게는 마땅히 군령에 따라 처벌해야 한다. 그렇지만, 당장 마땅한 적임자가 없기에 우선 유임시키고서 다시 만회할 기회를 주었다. 새로운 관리가 오히려 지금 사람만 못할 수 있으므로, 기존의 관리를 유임하여 미비점을 보완해가도록 한 것이다. 이순신은 평소 엄격한 원칙주의자였지만, 이처럼 한 가지 사실에만 얽매이지 않고 상황을 고려하며 융통성 있게 일을 처리하였다.

무술년(1598) 7월 16일에 중국 명나라 장수 진린陳璘 도독이 수군水軍 5천 여명을 거느리고 전쟁을 지원하러 왔다. 이순신은 술과 고기를 마련하여 큰 잔치를 베풀어 대접하였다. 선조宣祖도 후대하라는 명령서[有旨]를 보내왔지만, 진린의 군사들이 오자마자, 약탈을 일삼아 군사들과 백성들이 괴로워했다.

하루는 이순신이 군사들에게 명하여 크고 작은 집들을 한꺼번에 철거하게 하고 옷과 이불을 운반하게 하였다. 진린이 괴이하게 여기며 묻자, 이순신은 "소국의 군민이 명나라 장수가 온 것을 듣고 부모처럼 여겼건만, 명나라 장수들이 약탈을 일삼기에 딴 데로 피해가려는 것입니다. 저도 대장으로서 혼자 남을 수 없어 바다 건너 다른 곳으로 가고자 합니다."라고 하였다. 진린이 크게 놀라 이순신의 손을 잡고 만류하였다. 이순신은 "대인께서 내 말을 따르신다면 좋습니다. 그런데 명나라 장수들이 나를 속국의 신하라 하여 조금도 거리낌이 없으니, 방편 상 꾸짖어 금하게 하는 것을 허락해 주신다면 서로 잘 할 수 있을 것입니다."라고 하였다. 도독이 승낙하니, 이 이후로 도독의 군사 중에 범하는 자가 있으면 이순신이 군법軍法대로 처리하니 명나라 군사들은 진린보다 더 무섭게 여겼다.

-이식, 「시장」 -

명나라 장졸들이 조선을 지원하기 위해 왔지만 약탈을 일삼고 이순신을 속국의 신하라고 여겨 함부로 대했다. 명군의 지원이 오히려 군민에게 피해를 줌으로써 명목이 서지 않자, 진린에게 이를 통제할 수 있는 권한을 승낙받고서 약탈하는 명군을 군법으로 다스리어 기강을 바로 잡았다. 오자吳子는 "금령禁令과 형벌刑罰은 마음을 두렵게 하는 방법이다."라고 하였다. 범법자에게는 엄한 군법으로 다스려야 다시는 과오를 반복하지 않는다. 군대조직을 운영하는 데는 무엇보다 엄한 군법의 역할이 중요한 것이다.

|함께 생각하기|

사회기강이 바로 잡히려면 인간 사랑의 정신과 함께 도덕적인 규범행위가 중시되어야 한다. 규범은 원만한 인간관계는 물론, 처세하는 문제에 있어서도 매우 중요한 것이다. 규범에는 법칙의 의미도 있는데, 조직을 강하게 결속시키는 힘이 있으므로 혼란스러울 때는 조직을 통제하는데 중요한 역할을 한다. 규범은 인간의 행동을 제약해 주므로, 권선징악勸善懲惡의 효과도 있다. 따라서 기강을 바로잡고 일을 장려하는 데에는 상벌賞罰의 규정을 적절하게 시행해야 한다. 특히 규정을 어겼을 때 징계와 처벌을 가하면, 아랫사람들에게 경각심을 유발시킴으로써 더욱 분발하게 하여 조직을 원만하게 운영할 수 있다. 엄격한 규범은 문제의 재발을 방지하고 개선하는 효과가 있는 것이다.

물론 많은 인원을 통제할 때는 개인의 사정과 형편이 제각기 다르기 때문에, 무엇보다 공정성을 유지해야 한다. 개인의 이해관계가 전체조직에 영향을 미칠 수도 있는 것이다. 지휘자는 항상 철저한 자기관리를 통해 사리 판단을 잘할 수 있는 냉철한 판단력을 가져야 한다. 이러한 자세는 결국 원만한 대인관계의 방법이 되어준다. 평상시 물론 규범을 엄격하게 준수하는 것이 중요하지만, 상황에 따라서는 규정의 원칙만을 고집하지 않고 관용과 유임을 베풀 때도 있어야 한다. 실수한 사람을 내치는 것만이 능사가 아니다. 장기적인 안목으로 원대한 계획을 도모한다면, 다시 한번 기회를 주는 것도 좋은 방법이다. 심각한 범법행위에 대해서만 엄한 규정으로 제재를 가하거나 처벌해야한다. 공명정대한 자세는 언제나 자신을 당당하게 만들어 주고, 주변과의 결속력 강화에도 도움이 된다. 결국 이러한 규범행위는 목적달성의 밑거름이 되는 것이다.

2. 선후(先後)를 가려 행동하라

세상에는 무수히 많은 사물의 군상群像들이 존재한다. 사계절이 바뀌고 해와 달이 번갈아 뜨는 데 항상 일정한 주기가 있는 것을 보면, 자연현상에도 일정한 질서와 법칙이 있다. 하물며 만물의 영장인 인간의 삶에 있어서 일에 선후先後를 가르는 기준이 없어서는 안될 것이다. 『대학』에 "사물에 본말本末이 있고 일에 시종始終이 있는데, 먼저 하고 나중에 할 것을 알면 도道에 가까워진다."고 하였다. 사물의 선후를 구분할 줄 아는 것은 인간사에서 바라는 보편적 가치의 기준에 부합하는 행위이다. 공자는 "정치를 하는데는 예禮를 우선해야 한다. 예는 정치의 근본이다[爲政先乎禮, 禮其政之本與]."라고 하였다(『공자가어』「대혼해」). 예는 사회기강을 바로 잡아주는 역할을 하므로 위정자에게는 매우 중요한 것이다.

일은 중요한 일부터 먼저 실천해야 한다. 작은 일을 탐하다가 큰일을 그르치는 경우가 있는데, 이를 소탐대실小貪大失이라 한다. 큰 것을 위해 작은 것을 희생시킬 때도 있어야 한다. 공자孔子는 "속히 하려고 하면 도달하지 못하고, 작은 이익을 보면 큰 일을 이루지 못한다[欲速則不達, 見小利則大事不成]."고 하였다(『논어』「자로」). 큰 일을 위해서는 눈앞의 이익과 개인의 욕심을 버려야 한다. 황석공은 "먼저 할 일은 덕을 닦는 것을 가장 우선으로 해야 한다[先莫先於修德].”고 하였다(『소서』「본덕종도」). 인간사에서는 도덕을 가장 중시해야 하는 것이다. 강태공은 군사비기를 인용하여, “군대를 일으킬 나라는 은혜를 베푸는 것을 먼저 힘써야 한다[軍讖曰 興師之國, 務先隆恩].”고 하였다(『육도』). 전쟁에서도 은혜를 베푸는 일이 중요하다. 『장원』에서는 “인의를 먼저하고 지용을 나중에 해야 한다[先仁義而後智勇].”고 하였다(「장계」). 도덕과 의리는 지혜와 용기보다 우선해야 한다. 이정李靖은 “인의를 먼저하고 권모와 기만을 나중에 해야 한다[先仁義而後權譎].”고 하였다(『이위공문대』). 권모술수와 기만술을 쓰기 전에 먼저 도덕을 베풀 줄 알아야 한다. 나라의 큰 일은 경계하고 대비하는 것을 우선해야 한다[國之大務, 莫先於戒備].(『장원』「계비」) 전쟁 중 국가의 급선무는 경계강화이다. 이순신은 일상생활에서 공사公私의 구분을 엄격히 하여 사소한 일에 얽매이지 않았고, 전쟁 중에는 적을 일망타진一網打盡하는 것을 주된 목표로 삼았다. 이를 위해 사소한 적의 침입은 무시하기도 하였다.

1) 대의(大義)를 실천함

1589년 1월 이순신은 좌의정 이산해李山海와 우의정 정언신鄭彦信의 특별추천[不次擢用]을 받았다. 전라관찰사全羅巡察使 이광李洸이 이순신을 군관軍官으로 삼고(45세), 한탄하기를 “그대가 재주를 가지고 이렇게 굴욕당하는 생활을 하는 것은 참으로 아깝다."고 하였다. 이에 조정에 보고하여 조방장助防將을 겸하게 하였다.

그 후 어느 날 이순신이 전남 순천順天 관아에 가게 되었는데, 순천 부사順天府使 권준權俊이 술김에 "이 고을이 매우 좋으니, 그대가 한번 나를 대신해보겠소?"라고 매우 자랑하며 오만한 빛을 보였다. 그러나 이순신은 그저 웃기만 하였다. 그간 이순신이 이일李鎰의 모함으로 백의종군白衣從軍을 하는 등 벼슬살이가 순탄치 못했던 것을 염두에 두고 조롱한 것으로 보인다. 하지만 이순신은 사소한 일에 얽매이지 않고 웃기만 하였다. 이 역시 이순신의 대범한 모습이다. 공자孔子는 "작은 일을 참지 못하면 큰일을 흐트러뜨린다[小不忍則亂大謀]."고 하였다(『논어』「위령공」).

이순신은 전쟁 중에 적을 바로 공격할 수 있는 상황에서도 오히려 공격하지 않은 때가 있었다. 임진년 5월 29일 사천泗川해전 당시 권준과 어영담 등 여러 장수들과 함께 왜선 12척을 모두 분멸하였다. 그리고는 숲에 남아 있는 적들을 잡기 위해 수색하려 했으나 유보하였다. 상황에 따라서는 간혹 작전을 중단할 때도 있는 것이다. 6월 14일에 올린 〈당포에서 왜병 격파를 보고한 장계〉에 그러한 내용이 있다.

번갈아 드나들며 왜선을 전부 격파하여 분멸하였고, 이응화는 왜인 한 명의 목을 베었는데, 왜인들이 멀리 서서 바라보며 울부짖고 발을 구르며 대성통곡을 하였습니다. 신臣은 여러 배에서 날랜 병사를 가려 진격하여 적의 목을 베게 하려고 하였으나, 숲이 울창하고 빽빽

하며 날도 저물었기에 도리어 피해가 있을 것이 두려워서 수색하여 참수斬首하는 일을 못하게 하였습니다. 일부러 작은 배 몇 척만 남겨 두고 적을 유인하여 섬멸할 계획을 세우고는 한밤에 배를 돌려 사천 땅 모자랑포로 옮겨 왔습니다.

－『임진장초』,〈당포파왜병장唐浦破倭兵狀〉－

다음의 전쟁을 위해 작전상 남은 적에 대한 소탕작전을 멈추었다. 날이 저문 어두운 숲에서 무리하게 진격하는 것은 오히려 피해를 받아 패배할 수도 있기 때문이었다. 세밀한 계획을 세우고 형세를 관망하며 완전히 소탕할 수 있는 기회를 기다리는 것이 더 현명한 것이다. 더욱이 이때 이순신은 깊은 상처를 입은 상태여서 강행보다는 휴식이 필요한 상태였다. 제갈량은 "이로움을 생각하려고 하면 반드시 해가 되는 점도 생각해야 하고, 성공을 생각하려고 하면 반드시 실패할 것도 생각해야 한다."고 하였다(「사려」).

이순신은 전쟁에 유리한 전략적인 요충지를 먼저 파악하는 것을 중시하였다. 그래서 호남湖南을 국가의 중요한 진영이라 여기고, 이곳을 사수하는데 만전을 기하였다. 호남은 전국에서 식량을 가장 많이 생산하는 최대 곡창지로서, 군량조달을 위해서도 매우 중요한 곳이었다. 이에 대해 언급한 내용이 일기에 남아 있다.

신臣의 어리석고 망령된 계획으로는, 먼저 전례를 따라 변방의 방어를 견고하게 한 다음 차츰 조사하고 밝히어, 군사와 백성의 고통을

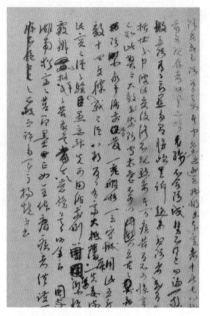

구하는 것이 바로 지금의 급선무急
先務라 생각합니다. 국가가 호남과는
마치 제齊나라의 거莒, 즉묵卽墨과
같은 형세인데, 현재는 온몸에 고질
병이 있는 자가 병든 다리 하나만으
로 겨우 지탱하고 있는 것과 같습니
다.

- 『임진일기』, 8월 28일 이후 -

임진일기 8월 28일 이후(현충사 소장

호남은 중국 전국戰國시대 때 제齊나
라의 요충지인 거莒와 즉묵卽墨에 비
유할만한 곳이다. 제나라의 상대국
인 연燕나라 장수 악의樂毅가 제齊나라를 공격했을 때, 유독 거莒와
즉묵卽墨만은 점령하지 못했다. 악의가 끝까지 남아 거와 즉묵을 포
위하고 있었는데, 이곳을 지키는 즉묵현령 전단田單은 침착하게 때를
기다렸다. 그 때 마침 연나라 소왕昭王이 죽고 혜왕惠王이 등극하였고,
혜왕이 참소를 받은 악의를 파직시키고 대신에 기겁騎劫을 장수로 삼
았다. 전단은 이를 기회로 삼아 연나라 군사를 공격하여 기겁을 죽이
고 제나라를 수복收復하였다.(『신서新序』「잡사雜事」권3) 이순신은 호남이
거와 즉묵처럼 쉽게 함락되지 않고 끝까지 지키며 역전할 수 있는 국
가의 중진重鎭으로 생각했다. 그런데, 그 당시 호남은 전란으로 인한
피해로 매우 위태로운 상황에 있었다.

1593년 7월 16일 이순신이 인척 관계인 현덕승玄德升에게 편지를 보내어, "호남은 국가의 울타리이니 만약 호남이 없다면 국가가 없는 것입니다[湖南國家之保障, 若無湖南是無國家]. 그러므로, 어제 한산도에 나아가 진을 치고 바닷길을 막을 계책을 세웠습니다."라고 하였다. 나라의 안전을 위해 나라의 심장부를 지키는 것은 당연한 일이다. 이에 이순신은 호남을 침공하려는 왜적의 경로를 차단하는데 주력하였

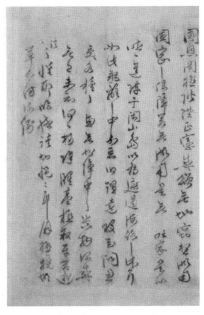

서간첩 1593년 7월 16일자, 若無湖南是無國家(현충사 소장)

는데, 오로지 한산도 길목에서 왜적을 차단하는 일이 급선무였던 것이다.

김육은 "이순신은 호서湖西와 호남湖南 수천 리 땅을 온전하게 지켜 나라를 중흥하게 하는 근본을 이루었다. 바다를 막고 왜적의 형세를 꺾은 것은 중국 장수 장순張巡, 허원許遠과 같고, 죽을 때까지 몸소 힘을 다한 것은 제갈무후諸葛武侯와 같다."고 하였다. 이순신의 전공은 중국 당唐나라 현종玄宗 때 안녹산의 반란으로 인해 반란군이 수양睢陽을 침공했을 때 끝까지 항거하다가 순절한 장순張巡과 허원許遠에게 비유되고, 사력을 다한 충정은 삼국시대 유비劉備를 도와 적벽赤壁에

서 조조曹操의 대군을 물리치고 촉한蜀漢을 건립한 제갈량에 비유되었다.

이순신은 전쟁할 때는 항상 적을 완전히 소탕하는 것을 목표로 하여 작전계획을 세웠다. 급할수록 신중을 기하고 사소한 적의 침입은 바로 반응하지 않았다. 갑오년 2월 13일 경상군관慶尙軍官 제홍록諸弘祿의 보고에 대한 이순신의 답변을 보면 그러한 내용을 볼 수 있다.

제홍록諸弘祿이 경남 삼봉(三峯, 고성 삼산)에서 와서 "적선 8척이 경남 춘원포(春元浦, 통영 광도)에 들어와 정박하였으니, 들이칠 만하다"고 보고하였다. 그래서 곧장 나대용으로 하여금 원수사에게 보내어 전하게 한 말은, "작은 이익을 보고 들이친다면 큰 이익을 이루지 못할 것이니[見小利入勦 大利不成], 아직 가만히 두었다가 다시 적선이 많이 나오는 것을 보고 기회를 엿보아서 무찌르기를 작정하자."고 하였다.

- 『갑오일기』 2월 13일 -

왜적을 완전히 소탕하기 위해서는 작은 적과 싸우는 것이 오히려 시간낭비가 될 수 있다. 이순신은 적의 상황을 지켜보고 적을 완전히 제압할 수 있는 기회를 포착한 다음 공격하는 전술을 주로 사용했다. 그래서 사소한 왜적의 침입에는 일일이 반응하지 않고 무시하였다. 위의 말은, 공자가 "작은 이익에 눈을 돌리면 큰일을 이루지 못한다[見小利則大事不成]."(『논어』「자로」)고 말한 것을 응용한 것이다.

또 왜적의 사소한 침입사건을 보고 받고는, 대응하지 말고 내쫓으라고 지시한 일도 있었다. 그 일기 내용은 다음과 같다.

부하 어란만호於蘭萬戶가 보고하기를 "부산의 왜놈 3명이 성주星州에서 항복한 사람을 거느리고 와서 장사를 하겠다 한다"고 하였다. 이에 장흥부사에게 전령하여 "내일 새벽에 가서 보고 타일러 쫓으라."고 하였다. 이 왜적들이 어찌 장사를 하고자 했겠는가. 우리의 허실을 엿보기 위한 것이 틀림없다.

- 『병신일기』, 2월 3일 -

이순신은 장사를 가장하고 염탐하러 온 왜적들이 괘씸했지만, 여기에 치중하는 것이 작전수행에 도움이 되지 않았기 때문에 크게 반응하지 않고 타일러 내쫓으라고 하였다. 이처럼 전쟁을 하는데 일의 중요도에 따라서 선후先後를 가려 출동을 지시하였다. 가급적이면 많은 적들을 상대하여 일망타진하고자 하였는데, 작전을 지휘할 때의 마음씀이에서도 그의 대범함을 알 수 있다.

| 함께 생각하기 |

일의 효율적인 성과를 이루기 위해서는, 어떤 일이 중요한가부터 생각하고 일의 선후先後를 가려 행동해야 한다. 중요한 일의 선별은

중요한 가치에 따라 기준하여 판단해야 한다. 일상에는 수많은 여러 가지의 일들이 있지만, 이를 행동으로 옮길 때는 규범적인 기준을 세워 선후를 구분해야 한다. 그러면 실수를 줄이고 좋은 성과를 이룰 수 있을 것이다. 이러한 기준 위에서 개인의 일을 점차 내 주변과 사회로 확대해 나간다면, 주변의 질서가 바로 잡힐 것이다. 이런 점에서 규범은 개인생활은 물론, 사회질서를 바로잡고 화합을 이끌어 주는 원동력이 된다.

일상생활에서 상황에 따라서는 큰일을 위해 작은 것을 희생시킬 때도 있어야 한다. 급하다고 작은 일에 먼저 치중하면 큰 일을 망칠 수도 있다. 자신의 목표와 사회의 보편적 가치에 상응하는 기준으로 일의 경중輕重을 헤아릴 줄 알아야 한다. 원대한 목표를 달성하기 위해서는, 항상 눈앞의 작은 이익에 급급해하지 말고 멀리를 내다보는 안목을 가져야 한다. 사랑과 도덕을 우선적으로 실천하고 대범한 자세로 사소한 감정에 얽매이지 않도록 해야 한다. 위기상황에 처할수록 철저히 파악하고 일의 형세에 따라 대응전략을 세워야 한다. 국가와 사회의 운영과 발전을 위해서 요새에 해당하는 심장부가 어디인지부터 생각하라. 그곳을 지키고 발전시키기 위해 한결같은 노력을 기울여야 한다. 위기를 극복하고 목표달성을 이루기 위해서는, 급할수록 인내심을 갖고 미래의 큰 일을 도모해야 한다.

3. 겸양의 미덕을 쌓아라

아무리 뛰어난 능력을 지녔어도 항상 겸손하게 자신을 낮추어야 한다. 겸손한 자세는 예禮를 실천하기 위한 기본으로서 자신의 인품을 드높이는 행위이다. 이는 원만한 대인관계를 위해서도 더욱 필요한 것이다. 공자는 "총명하고 예지로워도 어리석음으로 지키고, 공명이 천하를 다 덮어도 겸양으로써 지켜야 한다[聰明睿智, 守之以愚, 功被天下, 守之以讓]."고 하였다(『공자가어』「삼서」). 겸양은 인격수양과 함께 인간관계를 발전시켜 주는 덕목이므로 항상 자신을 위해 지켜져야 한다.

황석공은 "공손과 겸양, 검약은 스스로를 지키기 위한 것이다[恭儉謙約, 所以自守]."라고 하였다(『소서』「구인지지」). 공손과 겸양은 자신을 수양하는데 반드시 필요한 덕목이다. 공자는 "군자는 의젓하되 교만驕慢하지 않다[君子泰而不驕]."고 하였다(『논어』「자로」). 인격수양자는 교만한 행위를 항상 경계한다. 『장원』에 "교만하면 예를 잃게 되고 사람들이 떠나고 뭇사람들이 배반한다[驕則失禮, 失禮則人離, 人離則衆叛]."고 하였다.(「장교린」). 교만하면, 예의에 어긋난 행동을 보임으로서 사람들이 떠나고 배반하게 된다. 『예기』에 보면, "공경과 겸양이란, 군자의 대인관계 방법이다[敬讓也者, 君子之所以相接也.]."하였다(「빙의」). 인격수양자는 항시 남을 존중하기 때문에 인재를 만날 수 있다. 황석공은 "예를 높이니 지혜로운 선비가 온다[禮崇則智士至]."고 하였다(『삼략』). 사마양저는 "겸양으로써 화합을 이끌 수 있다[讓以和]."고 하였다(『사마법』「엄위」). 겸양의 예로 상대를 대하면 서로 존중하여 화합하게 되고, 항상 좋은 인간관계를 유지할 수 있다. 『장원』에는 "예의를 아는 장수는 귀하게 되도 교만하지 않고 이겨도 자만하지 않고, 현명해도 굽히고 강해도 참는다."고 하였다.(「장재」) 이순신은 일생동안 분수에 넘치는 행위를 하지 않았고, 큰 공로를 세우고도 자랑하지 않고 오히려 자신을 낮추었으며 겸손하였다.

1) 자신을 낮춤

이순신은 일상생활에서 항상 인격을 갖춘 선비의 모습으로 생활하였다. 사람을 대할 때는 언행이 엄격하면서도 예의에 어긋나지 않았다. 그의 어질고 겸허한 모습은 처음 벼슬길에 올랐을 때부터 남다르게 드러나 사람들을 감동시켰다. 1579년 2월 훈련원訓鍊院 봉사奉事 재직 시(35세), 병조판서兵曹判書 김귀영金貴榮이 자신의 후처 딸을 이순신에게 첩妾으로 주려고 하였다.

그러자 이순신은 "제가 처음 벼슬길에 나왔는데, 어찌 권세 있는 가문에 발을 들여 놓을 수 있겠습니까."라며 그 자리에서 중매를 거절하였다. 보통 사람이라면 기꺼이 수락했겠지만, 이순신은 처음 벼슬에 오른 자로서 권력자에게 의지하려는 것이 마음에서 용납되지 않았다. 여기서 자신이 처한 현실에 만족하며 부귀에 초연超然한 모습을 엿볼 수 있다. 그러나 대부분의 세상 사람들은 자신에게 기회만 주어진다면 권력자에게 아첨하며 부귀를 쫓으려고 한다. 이순신은 유독 이 점을 수치로 여기며 평소에 늘 경계하였다.

계사년 2월 웅포해전熊浦海戰을 승리로 끝낸 후, 부하 이응개李應漑와 이경집李慶集 등이 회항回航하다가 수군의 전선 2척이 부딪혔는데, 1척이 전복되는 사고가 발생했다. 이때 마침 적이 쏜 철환을 피하다가 한쪽으로 쏠리는 바람에 뒤집힌 것이다. 이순신은 병사들이 누차 승리로 자만해진 탓이라고 질책하였다. 4월 6일 이에 대한 내용을 〈통선 1척 전복 후 대죄하는 장계〉에 적어 조정에 보고하였다.

신臣은 보잘 것 없는 몸으로 외람되이 중책을 맡고 밤낮으로 걱정하며 작은 공로라도 보답하려고 하였는데, 지난 해 여름과 가을 누차 승리한 이후 부하 장수들이 교만한 기운이 날로 더하여 앞을 다투어 돌진만 하려고 하기에, 신은 적을 가볍게 여기면 반드시 패한다고 재삼 당부했습니다. 그러나 오히려 경계하지 못하여 통선 1척을 전복시켜 사망자가 많았으니, 이는 신이 용병用兵을 제대로 하지 못하고 지휘를 잘못했기 때문입니다. 지극히 황공하오며 거적자리에 엎드려 죄를 기다립니다.

-『임진장초』, 〈통선일소경복후대죄장統船一艘傾覆後待罪狀〉-

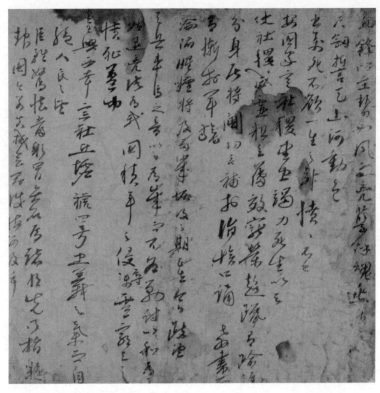

- 『계사일기』 9월 16일 이후 -(현충사 소장)

누차 전쟁에 승리하여 자만해진 병사들이 승부 욕구에 돌진하려고
만 하였다. 이를 알고 미리 이순신이 주의하라고 경고를 했지만, 오히
려 아군의 실수로 전선 1척이 전복되는 사고가 발생한 것이다. 물론
이번 사고가 병사들의 부주의한 실수로 발생한 것이지만, 이순신은
이에 대한 모든 책임을 자신의 탓으로 돌리고 죄가 내려지기를 기다
렸다. 장수로서 매우 겸허하게 처신하는 모습이다. 황석공은 "본래 병
사는 예로써 자기를 낮추고 교만해서는 안된다."고 하였다.(『삼략』)

　이순신은 전쟁 중에 혁혁한 공로를 세웠음에도 불구하고, 자신을 항상 겸양의 자세로 스스로 경계하기 위해 다음과 같은 글을 일기에 적어놓았다.

사직社稷의 존엄한 신령에 힘입어 겨우 작은 공로를 세웠는데, 임금의 총애와 영광이 초월하여 분에 넘친다. 장수의 직책을 지닌 몸이지만 세운 공은 티끌만큼도 보탬이 되지 못하며, 입으로는 교서敎書를 외우지만 얼굴에는 군사들에 대한 부끄러움만이 있을 뿐이다.

-『계사일기』 9월 16일 이후-

이순신은 자기 자신을 항상 낮추며 자신에 대한 처우에 대해 매우 과분하게 여기고, 자신의 역할이 나라에 조금도 보탬이 되지 못한다고 말하였다. 임금의 명령에 따라 전쟁을 수행하는 자신이 오직 군사들에게 부끄러움만을 느낀다는 표현에서, 선비의 겸허한 모습을 볼 수 있다. 공자는 선비의 자세에 대해서 "몸소 실천한 것을 부끄러워해야 한다[行己有恥]."고 하였다. 이순신은 자신이 세운 공로에 대해 자랑하기 보다는 항상 겸허한 자세로 자신을 성찰한 것이다.

계사년(1593) 겨울 왜적들이 그동안 조선에 오래 머물러 있으면서 침략과 약탈을 자행하여 그 흉계를 예측하기 어려웠다. 이에 이순신은 이듬해에 더욱 해상경계를 강화해야겠다고 다짐하였다. 그런데 1년 내내 해상에 머물러 있는 동안, 병사들은 굶주림이 심하여 병들어 죽는 자가 많았다. 이에 윤閏 11월 17일 이러한 상황을 〈본영에 돌아와 올리는 장계〉에 적어 보고하였다.

이제 날씨가 추워져 귀신처럼 변해가는 참혹함을 차마 볼 수 없으니, 머지않아 서로 붙들고 있다가 죽게 될 듯합니다. 장차 어떻게 활을 당기며 배를 부리겠습니까. 이를 생각만 해도 아픔이 살을 에는 듯한데, 뜻밖에 이번에 삼도통제사三道統制使를 겸하라는 명령을 보잘것없는 신臣에게 내리시니 지극히 송구함을 감당하지 못하겠습니다. 신의 용렬한 자질로는 결코 감당하지 못할 게 분명합니다. 신의 애타고 민망한 심정은 이 때문에 더욱 심해집니다.

-『임진장초』, 〈환영장還營狀〉-

이순신은 앞날을 예측하기 어려운 참담한 현실에서, 추위와 굶주림으로 죽어가는 병사들을 보고 매우 걱정하였다. 또한 자신에게 삼도수군통제사직이 내려진 것은 과분한 일이라며 감사의 말씀을 전하였다. 여태까지 전쟁에 패배한 적이 한 번도 없었던 병사들이 이번 겨울을 유난히 나기가 매우 어렵다고 피폐한 상황을 고하였다. 이 장계狀啓를 보면, 이순신은 이때까지 여섯 차례의 큰 전공을 세웠음에도 오히려 자신을 낮추어 겸손하게 표현하였다. 신하로서의 예의를 정중하게 갖춘 것이다.

무술년(1598) 7월 18일 이순신은 절이도해전折爾島海戰의 조명朝明 연합작전에서 전공을 세우지 못한 명나라 장수 도독都督 진린陳璘에게 전공을 양보하였다. 전남 고흥 녹도鹿島에 왜적이 침입하자, 이순신과 진린 도독이 금당도金堂島에 진격하였는데, 겨우 3척의 적선이 우리 수군을 보고 달아났다. 부하 녹도만호 송여종宋汝悰에게 8척을 주어

절이도를 살피고, 진린은 30여 척을 머물게 하였다. 진린과 함께 돌아와 운주당運籌堂에서 연회를 열었는데, 얼마 후 송여종이 왜적의 큰 배와 머리 70급級을 바치며 명나라 장수는 전공을 세우지 못했다고 보고했다. 그러자 진린이 크게 노하여 명나라 부하의 목을 베려고 하였다. 이때 이순신의 진린과 대화한 내용은 다음과 같다.

> 이순신은 "대인(大人, 진린)이 와서 아군을 통제하고 있으니, 아군의 승첩은 명나라 장수의 승첩입니다. 어찌 감히 우리가 사사로이 하겠습니까. 머리를 모두 드릴 터이니, 대인께서는 속히 황조皇朝에 아뢰소서. 대인이 이곳 진영에 온 지 오래지 않아서 적들을 쳐서 잡았으니, 이 큰 공을 황조에 고하면 어찌 아름다운 일이 아니겠습니까."하였다. 진린은 크게 기뻐하여 이순신의 손을 잡고, "본래부터 공公은 동국의 명장이란 소문을 들었는데, 지금 보니 과연 그렇습니다."하였다. 송여종이 실망하자, 이순신은 웃으면서 "썩은 적의 머리를 명나라 장수에게 주는 것이 무엇이 아까우냐. 너의 공로는 그대로 인정하여 보고할 것이다."라고 하자, 그도 역시 복종하였다.
>
> ─ 윤휴, 「충무공유사」 ─

이순신이 이때의 일을 선조에게 보고하니, 선조는 명나라 장수에게 생색을 낼 수 있게 되었다며 흡족해 하였다. 진린은 이로부터 이순신의 호령하는 모습에 옛 명장名將의 풍도가 있음을 느끼고, 평소에 말할 때는 항상 이순신을 이야(李爺, 이씨 어른)라고 부르고 이름을 부르

도독인   요대(현충사 소장, 좌동)

지 않았다. 진린은 적을 만나면 이순신의 배에 와서 지휘권을 매번 양보하였다. 앞서 이순신이 진린에게 공로를 양보하여 체면을 세워 준 것이 계기가 되어, 양보로써 분쟁의 소지를 없애고 그와 더욱 좋은 관계로 발전하게 되었다. 이때 진린은 '이순신은 소국小國의 사람이 아니니, 중국 조정에 들어가면 마땅히 천하의 대장이 될 것이오.'라고 하고, 선조에게 글을 올려, '이통제(李統制, 이순신)는 천하를 다스릴 재주[經天緯地之才]와 세운世運을 만회한 공로[補天浴日之功]가 있습니다.'라 하였다(『충무공신도비명』). 진린이 이순신의 넓은 도량에 감복하여 한 말이다.

　그러나 『선조실록』에는 이항복이 "진린과 그의 부하 계금季金이 머리를 빼앗어 남의 공로를 가로챘다."고 보고한 것으로 되어 있다. 그후 9월에도 이순신은 부하 허사인許思仁이 포획한 물품을 진린에게 역시 바쳤다. 이러한 점에서 명나라 장수가 전공을 탐했다고 볼 수도 있겠지만, 어쨌든 결과는 진린의 마음을 감복하게 하여 전쟁수행에 잘 협조하도록 만든 것이다. 긴박한 전쟁 상황에서 전공에 대한 개인적인 욕심을 버리고 겸양의 미덕을 보여줌으로써 원만한 관계를 유지하여, 작전수행에 만전을 기할 수 있었던 것이다.

| 함께 생각하기 |

대인관계를 원만히 하기위해서는 항상 겸허한 자세로 상대를 대해야 한다. 겸허한 마음을 가지면 상대를 서로 존중함으로써 더욱 좋은 관계를 오래 유지할 수가 있다. 설사 남보다 뛰어난 능력이 있을지라도, 겸허하게 처신하는 것이 자신을 관리하는데 도움이 될 것이다. 그러나 만약 교만하게 행동한다면 상대방에게 좋지 못한 인상을 주게 되어 마음과 사람 모두를 잃게 될 것이다. 교만이란 인격자에게 경계의 대상이고, 예의에도 위배되는 행동이다. 그러므로 교양을 갖춘 인격자일수록 항상 행동을 겸허하게 하는 것이다. 겸양이란 예의의 기본덕목이고 자기관리의 필수조건이다. 자신에게 주어진 현실을 만족하며, 헛된 부귀에 대한 집착심과 개인적인 사심私心을 버려야한다.

지휘자가 부하와 함께 일을 진행하다가 부하가 실수하게 되면, 한 개인을 탓하지 말고 자신이 책임을 안을 수 있는 포용력도 있어야 한다. 공성신퇴功成身退라는 말도 있다. 큰 공적을 세운 일이 있어도 오히려 자신을 드러내지 않고, 상황에 따라서는 남에게 공로를 양보하는 자세도 필요하다. 남에게 예의를 갖추고 겸손하게 대하면 사람들은 감복하여 따르고자 하는 마음이 생긴다. 겸손한 자세로 처신하는 것은 일상생활에 큰 도움이 될 것이다. 이처럼 자신의 성찰을 통해 도덕을 실천해 가는 것은 진정한 인격자의 자세이다. 이러한 노력이 있을 때 남을 위한 배려심이 싹틀 것이다. 겸양의 미덕으로 처신하면 많은 사람들의 지지를 얻게 될 것이고, 이에 힘을 얻어 자신의 목표를 이룩한다면, 진정한 도덕규범을 실천할 수 있을 것이다. 도덕실천으로써 이루어낸 화합과 단결은 국가와 사회의 발전에 원동력이 되는 것이다.

4. 자립으로 어려움을 타개하라

인간은 저마다 이상적인 삶을 위해 노력하며, 미래 창조적인 발전으로 사회에 기여하고자 한다. 이에 기본적인 지식을 바탕으로 새로운 것을 계발하기 위해서는 항상 온고지신溫故知新의 노력이 필요하다. 우선 미래의 발전을 기대할 수 있는 기본적인 역량과 자질을 쌓아야 한다. 그런 다음, 그 속에서 자신의 무한한 잠재 능력을 계발해야 한다. 단, 미래의 창조는 현재의 내실을 독실하게 다지는데서 시작되는 것이니, 여기에는 반드시 현실에 대한 초극超克의 의지도 있어야 한다. 공자孔子는 "스스로 수련하는 자는 반드시 두려워함으로써 근심을 없애고, 공손과 검소로써 어려움을 피한다[自修者必恐懼以除患, 恭儉以避難者也]."고 하였다(『공자가어』「육본」). 수양자는 근신과 절제의 방법으로 환난을 방지한다는 것이다. 또 공자는 "군자는 독실하게 실천하여 도를 믿고 자강불식自强不息하기에 남들이 따라갈 수 없다."고 하였다(『공자가어』「오의해」). 인격자는 수련된 행위로 스스로 근면하기에, 보통사람들과 차별된다는 것이다.

이 점에서 올바른 수양을 하기 위해서는 반드시 예禮를 알아야 한다. 공자는 "예를 배우지 않으면 세상에 설 수 없다[不學禮, 無以立]."고 하였다. 예를 배우면 자립의 방법을 터득할 수 있는 것이다.

한산도 생활모습(현충사 소장)

『춘추좌씨전』 양공 29년 조를 보면, "선생은 강직함을 좋아하니, 반드시 스스로 어려움 면하기를 생각할 것이다[吾子好直, 必思自免於難]."고 하였다. 창조적인 삶을 위해서는 강한 자립自立정신으로 어려움을 타개하려고 노력해야 한다. 오기는 "장수가 반드시 전쟁터에 직접 가서 지세를 살펴보고 계획하여 험하고 평탄한 것을 알아야한다[將必自行, 視地之勢, 因而圖之, 知其險易也]."고 하였다(『통전』「병전」). 장수가 전쟁의 승리를 위해서 병사들에게만 의존하기보다는, 직접 탐방하여 지형을 관찰하는 것도 중요한 일이다. 강태공은 "혼자 단행하여 제어할 수 없는 것이 용병이다[能獨專而不制者, 兵也]."라고 하였다. 장수가 전쟁을 단행하면 어느 누구도 막을 수 없는 것이다. 어렵고 힘든 일은, 대부분 남의 지원으로 성공하기도 하지만, 의외로 혼자서 자립하여 성공하는 사례도 많다. 이순신은 임진왜란을 대비하기 위해 전쟁이 일어나기 전에 이미 거북선을 창조하였고, 전쟁 중에는 한산도 진영에서 스스로 자급책을 마련하여 군대 경비를 조달함으로써, 전쟁을 원만히 수행할 수 있었고, 이로 인해서 왜적의 해상진입을 성공적으로 차단할 수 있었다.

1) 한산도 생활

이순신은 견내량見乃梁 전투에서 승리한 이후 1593년 7월 15일 왜적의 진입을 미리 차단하기 위해서 조선 수군水軍의 진영을 전라도 여수 본영에서 경상도 통영의 한산도閑山島로 옮겼다. 호남에 집중된 방어체제에 한계가 있음을 알고 한산도 길목에서 왜적을 미리 방어하여 원천봉쇄하기 위한 전략을 세운 것이다. 한산도의 지형적 특징은 다음과 같다.

한산도는 거제도巨濟島 남쪽 30리 지점에 있는데 산 하나가 바다굽이를 껴 안아 안으로는 배를 감출 수 있고 밖에서는 그 안을 들여다볼 수도 없다. 왜선倭船들이 호남을 침범하려면 반드시 이곳을 거쳐야 하니, 이순신은 늘 이곳을 요해지要害地로 여겼다. 그래서 이때 여기에 진을 옮겼는데 명明나라 장수 장홍유張鴻儒가 이곳에 올라가 보고는

"참으로 적을 제압할 수 있는 빼어난 곳이다."라고 하였다.

- 〈충무공행장〉 -

이순신이 한산도로 진영을 옮긴 이후부터 조선수군은 해상의 제해권制海權을 잡을 수 있었다. 한산도는 배를 감출 수 있는 곳이면서 왜적이 지나가는 경로이므로, 해상의 요새지이다. 이러한 지형적 이점을 감안하여 전쟁하기에 유리한 곳으로 판단하고 진영을 이곳으로 옮긴 것이다. 8월 15일에 삼도수군통제사에 임명되는데, 이때부터 통영이 정식 행정관청으로서 운영되었다. 1597년 2월(감옥에 가기 전)까지 3년 7개월 동안 관할하였다. 손무는 "지형이란 것은 전쟁을 돕는 것이다. 적을 헤아려 승리를 만들고 험난하고 평탄한 것, 멀고 가까운 것을 예측하는 것은 최상의 장수가 해야 할 도리이다."라고 하였다(『손자』「지형편」).

이때 이순신이 별도로 500석石의 쌀을 모아 두었는데, 어떤 이가 어디에 쓸 것이냐고 물었다. 그러자, 이순신은 "지금 주상께서 의주義州에 피난 중이신데, 다시 요동遼東으로 건너가시게 되면, 배를 가지고 가서 모시고 올 것이오. 나라의 회복을 도모하는 것이 나의 직책이니, 이것은 그때 드실 양식으로 준비한 것이오."라고 하였다(〈충무공신도비명〉). 피난 중인 임금을 주기 위해 양식을 비축한 것이다. 이처럼 이순신은 원대遠大한 생각으로 앞일을 대비하는데 주력하였다. 손무는 "군대에는 군수품, 양식, 비축물자가 없으면 망한다."고 하였다(『손자』「군쟁」). 제갈량도 "군대에서는 식량이 근본이다."라고 하였다.

이순신은 전쟁에서 누차 승리했지만, 항상 현재에 만족하지 않고 앞일에 대비하였다. 특히 군대의 식량이 부족한 것을 보고 항상 걱정하였다. 이에 한산도에서 자급책을 마련하기 위해 백성들을 모집하여 이들에게 둔전(屯田, 군비지원 토지)을 경작케 하고, 물고기 잡는 일로부터 소금 굽기와 질그릇 굽는 일 등에 이르기까지 안하는 일이 없었다. 이러한 자급활동을 통해 생산된 물품은 모두 배에 실어다가 팔아서 군대의 운영자금으로 만들었다.

이항복은 이에 대해, "이순신은 국가에 이롭고 군사에 도움되는 일에는 용감히 나아가 주저하지 않고 조금도 소홀함이 없으니, 군량이 넉넉해져서 떨어진 적이 없었다."고 하였다(「충민사기」). 이러한 한산도의 자체적인 운영방법으로 인해 어려운 군대재정을 다소 해결할 수 있었다. 이때 이순신은 유난히 근신하는 생활을 하였다고 한다.

진영에 있을 때는 여색을 가까이 하지 않고, 매일 밤 잠을 잘 때 허리띠를 풀지 않았다. 겨우 1, 2경(更)을 자고나면 사람을 불러서 날이 샐 때까지 의논하였고, 먹는 밥이라곤 아침 저녁 5, 6홉뿐이었다. 정신력이 남보다 배나 강하여 가끔 손님과 밤중까지 술을 많이 마시고도 닭이 울면, 반드시 촛불을 켜고 일어나서 혹은 문서를 보기도 하고 혹은 계책을 강구하기도 하였다.

-이분, 『충무공행록』-

내륙의 지원이 어려워 자체적인 운영으로 전쟁을 대비하느라 항상 불철주야不撤晝夜하며 긴장을 늦추지 않았다. 매일 철통같이 왜적을 경계하느라 잠을 편히 잘 수 없었고 새벽에 일어나면 주로 작전을 모의하였다. 이처럼 한산도에서의 일상은 수도修道하는 생활과 같아서, 항상 몸가짐을 근신하고 경계하였다. 황석공은 "일찍 일어나고 늦게 자는 것은 예의 제도이다[夙興夜寐, 禮之制也]."라 하고, 또 "자신을 위하고 남도 위하는 것은 덕德의 길이다[得己, 得人, 德之路也]."라고 하였다(「하략」).

갑오년(1594) 정월 굶주리는 일이 많이 발생하자, 경남 고성의 소비포 권관 이영남李英男이 이순신에게 여러 배의 사부射夫와 격군格軍이 거의 다 굶어 죽어간다고 보고하였다. 녹도만호 송여종은 여러 배의 사부와 격군 등 2백 여명의 시신을 거두어 매장하였다. 이때 백성들은 먹을 것이 없어서 심지어 사람을 잡아먹기까지 하는 참담한 상황이 벌어지기도 했다. 곳곳에 걸인들도 속출하였는데, 충남 아산牙山에서 그러한 상황을 알리는 조카 뇌蕾의 편지가 왔다.

조카 뇌蕾의 편지를 받아보니 "아산의 산소에서 설날 제사를 지낼 때 무리를 지어 모여든 걸인들이 무려 200여 명이나 산을 둘러싸고 음식을 구걸하므로 제사를 뒤로 물렸다."고 한다. 매우 놀라운 일이다.
                                                    -『갑오일기』1월 14일 -

설날 조상의 산소에서 제사를 지내는데 제사를 뒤로 미룰 정도로 많은 걸인들이 몰려와서 구걸한 사건이 있었다. 이를 통해서 당시 기근

飢饉의 상황이 심각했음을 알 수 있다. 전국적으로 기근이 발생함으로 인해 경상도 해운대와 전라도 여수 지역에는 야간에 강도사건도 발생했다.

같은 해 3월에는 2차 당항포唐項浦 해전을 치르고 승리를 거뒀다. 한편 어려운 실정임에도 불구하고 전투를 감행하여, 군대재정은 더욱 궁핍해졌다. 6월에는 이순신이 직접 밭농사를 지었는데, 무밭을 갈고 무씨[菁] 2되 5홉을 심었다. 8월에는 흥양興陽의 포작(鮑作, 어로 작업인) 막동莫同이 장흥長興의 군사 30명을 몰래 배에 싣고 도망간 죄로 목을 베어 효수(梟首, 목을 베어 검)했고, 절도한 장손長孫에게는 곤장 백대를 치고 얼굴에 '도盜'자를 새겨 넣었다. 또 틈틈이 부하들에게 노루와 사슴 등 날짐승을 잡아오도록 사냥을 시켰으며, 10월에는 띠풀 183동同을 베고 11월에는 메주[燻造] 10섬을 쑤었다(『난중일기』). 군대운영의 자금은 물론, 먹을 음식을 마련하는 일에도 주력하였고, 그 가운데 범법자를 처벌하기도 하였다.

을미년(1595) 5월에는 두치豆峙의 군량과 함께 남원, 순창, 옥과 등에서 쌀 68섬을 실어왔다. 8월 도체찰사都體察使 이원익李元翼이 영남에 순찰을 왔는데, 수군의 호소문이 많이 쌓여 있었다. 이순신이 대신 이를 잠깐 사이에 처리해 주자, 이원익이 감탄하였다. 함께 한산도에 가서 시찰을 하고 이순신이 그의 허락을 얻어 진중에서 성대한 잔치를 베풀어 군사들을 위로하였다. 이에 대한 내용은 다음과 같다.

이순신이 청하기를, "군사들의 심정은 반드시 상공께서 호상(犒賞,

상으로 잔치를 베풂)을 내릴 것이라고 여기고 있으니, 지금 이것이 없으면 모두 실망할 듯합니다."하니, 이원익이 말하기를, "참으로 옳은 말이오. 그러나 내가 미처 준비해온 것이 없으니 어찌하겠소?"하였다. 이순신은, "제가 상공을 위해 이미 마련해놓았으니, 상공께서 허락만 해주신다면 의당 상공의 명으로 호궤를 내리겠습니다."하였다. 이원익이 기뻐하여 마침내 여러 군사들에게 크게 호궤하니, 온 군중이 뛸 듯이 기뻐하였다. 이순신이 세상을 떠난 뒤 훗날 이원익은 이 일을 떠올리며, "이통제李統制는 큰 재량을 지닌 인물이다."라고 찬탄하였다.

-윤휴, 「충무공유사」 -

이원익이 잔치 베풀 것을 준비해오지 않았으나, 이순신이 미리 따로 준비해 놓고 그를 맞이하였다. 전쟁을 치르느라 시달린 군사들을 위로하기 위해 이때를 이용하여 잔치를 베풀게 한 것이다. 이 모두 이순신이 병사들을 위해 스스로 생각해내어 준비한 일이다.

이순신은 한산도에서 민정民政과 치안治安을 살피는 일에도 소홀하지 않았다. 부하를 통제하는 장수로서의 역할뿐 아니라, 목민관牧民官으로서의 역할도 다한 것이다. 병신년 2월 26일 흥양현감이 이순신에게 영리營吏들이 백성에게 해를 입힌다고 보고하자, 해당관리인 양정언梁廷彦과 영리 강기경姜起敬, 이득종李得宗, 박취朴就 등을 중죄로 다스리고, 바로 전령傳令을 내려 경상도와 전라도의 영리營吏들을 잡아들이라고 명하였다. 백성에게 해를 끼치는 관리들을 조금도 용납하지 않았다. 손무는 "용병술을 아는 장수는 백성의 운명을 책임지고 국가의 안위에 주도자가 된다."고 하였다(『손자』「작전」).

한산도 진영은 자체적인 군량 비축뿐 아니라 다른 지방에 군량을 보급하는 역할도 하였다. 이를 위해 이순신은 영남과 호남 지방의 둔전屯田관리에 더욱 힘썼다. 수시로 전남 고흥의 도양장道陽場 둔전에 대한 상황을 보고받았다. 그 당시 도양장道陽場에서는 소 7마리를 부려 농사를 지었다. 병신년 1월에는 송한련宋漢連, 송한宋漢 등이 청어靑魚 2천 8백여 두름을 잡아다 건조하였다. 부하 오수吳水가 청어靑魚 1310두름을, 박춘양朴春陽은 787두름을 바쳤고, 사도첨사는 군량 500여 섬을 가져왔다. 2월 군량에 대한 장부를 만들고 흥양의 둔전에서 추수한 벼 352섬을 받았다. 전남 보성寶城에서 온 군량담당자 임찬林瓚은 소금 50섬을 실어 가고, 제주 목사牧使 이경록에게 청어靑魚·대구大口·화살대[箭竹]·곶감[乾柿]·삼색부채를 봉해서 보냈다. 7월에는 부산에 보낼 군량으로 백미白米 20섬, 중등미[中米] 40섬을 차사원差使員 변익성邊翼星과 수사水使 군관軍官 정존극鄭存極이 받아갔다. 8월에는 가을보리의 소출이 43섬이고, 봄보리는 35섬이며, 어미(魚米, 생선과 바꾼 쌀) 12섬 4말에 또 11섬 10말이 났다고 했다. 모두 한산도 진영의 곡물과 물품 수입 지출에 관한 거래 내역이다. 이순신은 한산도에서 둔전경작과 어로, 염전, 질그릇굽기 등의 자체경영으로 군비를 조달하고, 경상, 전라지방의 곡물과 생산품 등을 받아 비축했다가 필요한 곳에 공급 조달하는 역할도 하였다.

2) 자립정신

계사년 전염병이 심하게 돌았을 때 죽는 자가 연이었는데, 이순신은 관원을 시켜 시체를 거두어 묻어주었다. 어느 날 이순신도 전염되어 거의 열흘 동안 앓으면서도, 눕지 않고 바로 앉은 채 일을 결재하였다. 어떤 이가 휴식하며 몸을 돌보기를 청하자, 이순신은 "적과 대치하여 승패가 순식간에 결정되는데 장수가 되어 죽지 않은 이상 조금도 해이하게 할 수 없다."고 하였다(『충무공행장』).

이처럼 이순신은 강인한 정신력으로 아픈 몸을 가눌 새도 없이 오직 전쟁업무에만 몰두하였다. 전쟁이란, 국가와 민중의 안위安危가 달린 문제이므로 잠시도 쉴 겨를이 없었던 것이다. 결국 이순신은 몸소 수양하는 자세로 자신은 물론, 남에게도 도움이 되는 도덕규범을 실천한 것이다. 공자孔子는 "군자는 근신함으로 몸을 닦고 이로써 남도 편케 한다[脩己以敬, 脩己以安人(百姓)]."고 하였다(『논어』「헌문」).

이순신은 누차 전쟁을 치르면서 왜적들의 조총鳥銃을 많이 입수할 수 있었다. 그때마다 그것의 성능이 조선의 조총보다 우수한 점을 연구하였고, 마침내는 왜적의 조총보다도 더 우수한 정철총통正鐵銃筒을 만들게 되었다. 계사년 8월 이에 대한 내용을 〈화포를 봉하여 올린 장계〉에 적어 조정에 보고하였다.

왜군의 총통은 총신이 길고 총구멍이 깊어서 포력이 맹렬한 반면,

승자총통 사진(현충사 소장)

우리나라의 승자勝字나 쌍혈雙穴 총통은 총신이 짧고 총구멍이 얕아
서 성능이 왜군의 조총만 못하므로 새로 만들고자 하니, 훈련원 주부
主簿 정사준鄭思竣이 묘법을 생각해 내어 낙안수군 이필종李必從, 순천
사노비 안성安成 등을 데리고 정철正鐵을 제조한 방법이 매우 정교했
습니다. 정철총통 5자루를 보내오니 각도와 관아에 제조하기를 명하
십시오.

- 『임진장초』, 〈봉진화포장(封進火砲狀)〉-

이순신이 조선의 조총인 승자총통과 쌍혈총통의 성능을 보완하여
정철총통을 새롭게 개발하였다. 훈련원 주부 정사준과 함께 자체개

발에 성공한 것이다. 명나라 사람들이 진중에 와서 총통을 시험해 본 결과, 왜군의 조총보다 오히려 성능이 우수함을 인정하였다. 총통 제조의 묘법을 터득한 결과 우수한 제작이 가능했던 것이다. 이순신은 우선 수군 소속의 관아와 포구에서 이를 많이 만들어 보급하게 하고, 권율과 조정에도 견본을 보내어 만들도록 하였다. 그 당시 왜적을 방어한 개인화기로서는 가장 우수한 것이었다.

병신년(1596) 9월 26일 이순신이 전남 순천順天에 도착했을 때 일이다. 그 고을 사람들이 소고기와 술을 차려놓고 나오기를 청했다. 그러나 전쟁 중에 백성에게 대접받는 것을 민폐를 끼치는 것으로 알고 응하려 하지 않았다. 굳이 사양하다가 부사의 간청이 있어서 잠깐 가서 술을 마셨다. 정유년(1597) 6월 2일 경남 산청을 지나는데, 현감은 없고 그 고을 백성들이 밥을 지어 내왔다. 그러나 이순신은 종들에게 얻어먹지 말라고 당부하였는데, 이튿날 종들은 그 당부를 따르지 않고 밥을 얻어먹었다. 이순신이 이를 알고는 종들을 매질하고 쌀을 도로 갚아주게 하였다. 이순신은 아무리 배가 고파도 전쟁 중 백성에게 밥을 얻어먹는 행위를 허락하지 않았다. 전쟁에 시달리는 백성에게 얻어먹는 것만으로도 피해를 끼치는 일로 여겼기 때문이다. 백성에 대한 지극한 배려심이다. 한편 종들에게 어려운 상황에 남에게 의지하지 않는 정신을 길러주기 위한 것으로도 보인다. 이 내용을 통해볼 때 이순신은 어려운 전쟁 상황에서도 자신만의 규범과 원칙을 철저히 지켰음을 알 수 있다.

미래의 발전을 위해서는 먼저 올바른 현실 인식을 바탕으로 앞일을 설계해 나아가야 한다. 충실한 내실 속에서 자신의 무한한 잠재 능력은 더욱 발휘될 수 있을 것이다. 근신과 절제로 자신을 충실히 수양한다면, 자신의 능력은 더욱 향상될 것이다. 그러면 견고한 바탕 위에서 지혜를 얻게 되어 남에게 의지하지 않고 성공하려는 자립심이 생길 것이다. 또한 강인한 인내심을 길러 스스로 어려움을 타개하려는 정신력을 길러야 한다.

한 조직을 운영하는 데는 지휘자의 역할이 매우 중요하다. 지휘자는 항상 현장을 직접 체험하며 먼저 나아갈 길을 파악하고 있어야 한다. 위기가 발생했을 때는 근본적인 문제해결에 더욱 힘써야 한다. 현재 자신에게 주어진 상황이 곤궁할지라도 포기하지 말고 그 자체 내에서 해결책을 찾아보라. 주변인의 뜻과 힘을 모으고 주어진 여건을 최대한 활용한다면, 궁여지책窮餘之策으로 일말의 실마리를 찾을 수 있을 것이다.

위기극복을 위해 한결같은 자세로 불철주야 노력하며 고통을 감수하고 어려운 현실을 타개해 나가야 한다. 고난으로 단련된 지혜로써 인적 물적 자원을 확충해 나가면 마침내 자급책의 기반을 마련할 수 있다. 이로써 조직의 자체적인 운영은 물론, 조직 외의 사람들에게도 도움을 줄 수 있을 것이다. 대의大義를 실천하는 일에는 사람들의 호응과 지지를 많이 얻을 수 있으므로, 이를 계기로 더욱 발전시켜 자산을 증식하고 밑바탕을 견실하게 해야 한다. 미래의 발전을 위해 자신보다 나은 사람을 항상 본받고 새로운 창조에 박차를 가해야 한다. 아무리 어려운 상황일지라도 남에게 피해가 되는 일은 절대로 해서는 안된다. 위기극복의 노력 속에는 남의 입장을 생각할 줄 아는 배려심도 있어야 한다. 자립으로 어려움을 타개해 나가는 와중에도 국가발전의 시작이 민초民草들의 삶에서 비롯함을 항상 생각하며, 도덕실천을 생활화한다면 국가와 사회발전에 크게 기여할 수 있을 것이다.

5. 일상에서 예절을 지켜라

일상생활에서 예절이란, 도덕을 실천하는데 반드시 필요한 덕목이다. 인간이 예절로써 인간관계를 맺으면 더욱 돈독한 관계를 유지하게 된다. 그런데 도덕에 대한 실천 의지가 있어도 예절을 갖추지 못하면 진정한 도덕은 실현되지 못할 것이다. 공자孔子는 "극기복례克己復禮가 인仁이 된다."고 하였다(『논어』「안연」) 예禮를 도덕 실천의 수단으로 본 것이니, 예가 없는 도덕성은 참된 규범의 의미가 상실된 것이다. 예절은 도덕을 실천하는데 있어서 자신의 인격을 표시하는 수단이다.

황석공은 "예란 사람이 몸으로 행동하는 법도이다[禮者人之所體]."라고 하였다(『삼략』「하략」). 예절은 인간이 행동을 하는데 규범이 되는 것이다. 공자는 "예로써 자신을 단속하면 어긋남이 없다[約之以禮, 亦可以弗畔矣夫]."고 하였다(『논어』「옹야」). 예의란, 사람의 행동거지를 바르게 이끌어주는 역할을 한다. 황석공은 "거스르는 자는 따르기가 어렵고 순응하는 자는 행하기가 쉽다[逆者難從, 順者易行]."고 하였다(『소서』「안례」). 예의란 순리적으로 행동하게 하고, 사리에 역행하는 행위를 막아준다. 또 "용병의 요법은 예를 높이고 녹봉을 후하게 주는데 있다[夫用兵之要, 在崇禮而重祿]."고 하였다(「상략」). 또, "예란 병사들을 모이게 하는 것이다[禮者, 士之所歸]."라 하였다. 전쟁을 위해서는 먼저 병사들을 우대해야 하는데, 녹을 후하게 주면 병사들이 모이고 죽음도 가볍게 여길 것이다.

제갈량은 "윗사람과 아랫사람이 예를 좋아하면 백성을 부리기 쉽다[上下好禮, 則民易使]."고 하였다(『편의십육책』「군신」). 상하관계에서 서로 예를 베풀기를 좋아한다면 마음을 움직이기가 쉬우므로, 함께 일을 효율적으로 도모할 수 있다. 공자는 "예란 사치하기보다는 검소한 것이 낫다[禮與其奢也, 寧儉]."고 하였다(『논어』「팔일」). 이순신은 일상생활에서 항상 청빈한 생활을 하면서 사람들을 공경하고, 전쟁 중에도 예의를 중시하여 공사례公私禮를 행하였다. 개인적으로 친한 관계일수록 예의를 지켜 좋은 관계를 유지함으로써 자신이 주도하는 일에 동참하도록 이끌었다.

1) 예의가 필수

이순신은 어려서부터 유학儒學을 독실하게 배웠기에, 일상의 언행이 예의에 벗어난 적이 없었다. 자신에게 주어진 현실에 만족하며 분수 밖의 일을 꾀하려 하지 않았다. 이러한 청렴결백한 마음가짐은 도덕규범에 대한 실천의지로서 원만한 인간관계를 유지하게 하였다. 남에게는 후하고 자신에게는 박하게 하여 매우 검소한 생활을 하였는데, 바로 선비의 정신을 몸소 실천했던 것이다. 1579년 충청병사忠淸兵

使의 군관軍官이 되었을 때(35세)의 일이다.

이 해 겨울 이순신이 충청병사의 군관軍官이 되었다. 기거하는 방
안에는 다른 물건을 하나도 두지 않고, 오직 의복과 이불만이 있었다.
휴가를 받아 부모님을 뵈러 고향에 갈 때에는, 반드시 남은 양식과
음식을 가져다가 담당자를 불러 도로 내어주었다. 병사가 이 말을 듣
고 이순신을 아끼며 더욱 존경하였다.

- 이분, 『충무공행록』 -

이순신은 군관 시절에 지극히 검소한 생활을 하였다. 방안에는 옷
과 이불 이외에는 장신구 하나 없었다. 휴가를 받아서 고향의 부모님
을 뵈러 가게 되면 반드시 남은 양식을 반납하였다. 휴가기간에는 자
신의 몫을 굳이 남겨둘 필요가 없다고 여겨 되돌려 준 것이다. 이처
럼 일상의 사소한 일에서도 청렴한 정신을 잃지 않고, 예禮의 근본인
검소儉素함을 몸소 실천하였다.

그는 임진왜란 중 항시 망궐례望闕禮를 행하였다. 망궐례란, 지방에
나가 있는 관리가 국가의 의식이 있는 날이나 매달 초하루와 보름,
또는 명절 때마다 멀리서 궁궐이 있는 쪽을 바라보며 절하는 예식이
다. 이순신은 하루일과를 시작하기 전 새벽에 일찍 일어나서 이 예식
을 행했다. 비록 봉건사회에서 볼 수 있는 모습이지만, 여기에서 신하
로서 임금에 대한 도리를 다하려는 그의 한결같은 충정忠情을 엿볼
수 있다. 오기는 "이른바 자신을 잘 다스리는 자는 평소에 예의가 있

고 행동에 위엄이 있어서, 나아갈 때는 대적할 수 없고 물러날 때는 쫓지 못한다."고 하였다(『오자』「치병」).

계사년 5월 22일 진영에서 명나라 사신을 접대하는 예법을 문의할 일로 부하 나대용羅大用을 외부로 내보냈는데, 저녁에 방답첨사防踏僉使 이순신李純信이 와서 알려주었다. 24일 명나라 관리 양보楊甫가 진영에 도착하자, 우별도장右別都將 이설李渫을 마중 보내어 배까지 인도해 오게 하였다. 명나라 사신단을 영접한 것이다.

명나라 사신들에게 우리 배에 타기를 청하고 황제의 은혜에 재삼 사례하며 더불어 마주 앉기를 청하자, 굳이 사양하여 앉지 않고 선 채로 한참동안 이야기하며 우리 전함의 위용이 성대하다고 매우 칭찬하였다. 예물을 전하자, 처음에는 굳이 사양하다가 이를 받고는 매우 기뻐하며 재차 감사하다고 했다. 명나라 선전관 목광흠睦光欽이 표신 (標信, 증표)을 평상에 놓은 뒤에 조용히 이야기했다.

- 『계사일기』 5월 24일 -

이순신은 군대 진영을 방문한 명나라 사신단을 예의로 정중하게 맞이하였다. 부하들을 시켜 미리 준비하면서 그들을 접대할 예법을 묻는 세심함도 함께 알 수 있다. 중국과 우리나라의 예법에는 선물을 받을 때 사양하는 것을 중시한다. 그러한 예의를 "굳이 사양하다[固辭]."라고 표현한다. 전쟁 중에 명나라 사신과 물품을 주고받은 일이 많았는데, 그때마다 항시 서로 사양하면서 인사를 하였다. 전쟁 중에

서로 위로하며 예의를 표한 것이다.

이순신은 진영에서 사람을 만날 때도 공사례公私禮를 행하여, 공사 公私의 일을 엄격히 구분하며 예의를 지켰다. 공사례란 공례(公禮, 공 식적 인사)와 사례(私禮, 개인적 인사)를 합한 말인데, 공례를 사례와 함 께 행하기도 하고 각각 따로 행하기도 하였다. 또한 임금이 내린 교서 (敎書, 명령서)를 받을 때에는 항상 숙배肅拜를 올렸다. 숙배란, 무릎을 꿇고 손을 위로 올렸다가 내리는 행위를 말한다[跪而擧下手曰肅拜]. 곧, 엄숙히 절을 올리고 교서를 받는 것이다.

이순신은 일상의 편지를 통해서도 지극한 예의를 갖추어 상대에게 정중한 뜻을 전하였다. 매번 쓸 때마다 자신을 낮추는 겸사謙辭와 남 을 높이는 경어敬語를 많이 사용하였는데, 이것은 예법의 극치이다. 『예기』「곡례」에 "예禮란, 자신을 낮추고 남을 높이는 것이다[自卑而尊 人]."라고 하였다. 일찍이 자신보다 나이가 어린 인척관계인 현건玄健 에게 보낸 편지를 보면, 자신에 대해 '척제戚弟', '엎드려 편지를 받는 다[伏承]', '어리석은 몸[冥頑]'이라 하고, 상대에게는 '존형尊兄', '조용 히 체후를 살피다[靜養]', '존체를 보전하다[崇護]', '살펴주시오[尊 照]'라고 하였다. 또 형뻘인 현덕승玄德升에게 보낸 편지를 보면, 자신 에 대해 '척하戚下', '속된 관리[俗吏]', '절을 올림[拜手]', '삼가 살핌 [謹候]'이라고 하고, 상대에게는 '존장이 살펴주십시오[尊下照]'라고 하였다. 나이가 어린 인척姻戚에게 오히려 자신을 아우라 칭하고 상대 를 형님이라고 표현하면서 정중하게 예의를 갖추었고, 연장자에게는 더욱 상하上下의 예의를 갖추었다.

모자위의 옥로 장식

명나라 장수에게 받은 도배(桃盃)술잔(현충사 소장, 상동)

2) 부채 선물

갑오년 7월 14일 선조宣祖는 사부유서(賜符諭書, 작전책임자에게 내린 명령서)를 이순신에게 내려 비상사태 시에는 비밀병부를 확인한 후 단독으로 시행하라고 명령을 내렸다. 8월 17일에는 장문포長門浦 해전

을 대비하기 위해 권율과 곽재우, 김덕령과 만나 사천선창泗川船滄에서
작전을 모의하였다. 이때 한 달 전 발송된 유서를 받았다.

도원수 권율이 정오에 사천泗川에 와서 군관을 보내어 대화를 청하
기에, 곤양(昆陽, 경남 사천)의 말을 타고 원수가 머무르는 사천현감
[기직남]의 처소로 갔다. 유서諭書에 숙배한 뒤에 공사례公私禮를 마치
고서 함께 이야기하니 오해가 많이 풀리는 빛이었다.

－『갑오일기』 8월 17일 －

작전수행 중 왕의 명령서에 숙배를 올려 신하의 예를 다하고 장수들
과의 예의도 잊지 않고 공사례를 행했다. 그에게는 이처럼 예의를 표
하는 행동이 항상 몸에 익숙해져 있었기에, 일상의 자연스러운 태도
가 되었던 것이다.

병신년 5월 5일 여러 장졸들과 회동의식도 행하였다. 회령포會寧浦
만호[민정붕]가 교서에 숙배한 뒤에 여러 장병들이 모여 회례(會禮, 모
임의식)를 행하고, 그대로 들어가 앉아서 위로주를 4순배巡杯 돌렸다.
경상수사는 술잔 돌리기가 한창일 때쯤 부하들에게 씨름을 시켰는
데, 낙안군수 임계형林季亨이 일등했다. 밤이 깊도록 이들을 즐겁게
뛰놀게 한 것은, 스스로 즐겁게만 하려는 것이 아니라 오랫동안 고생
한 장졸들의 노고를 풀어 주고자 한 것이었다. 장졸들과 서로 회포
를 풀며 위로하는 가운데 더욱 사기를 진작시키고 협심 단결할 수 있
었다. 황석공은 "예의를 숭상하면 지혜로운 병사가 오고, 녹을 후하

게 주면 의로운 병사가 죽음을 가볍게 여긴다."고 하였다(『삼략』). 병사를 부리는 데에는 예의와 녹봉, 신의가 중요한 것이다.

정유년 삼도수군통제사직을 재임명 받았을 때(8월 3일) 선전관宣傳官 양호梁護가 가져온 교서敎書와 유서諭書에 숙배를 한 뒤에 받고, 받았다는 확인서로 서장(書狀, 보고문)을 써서 봉해 올려보냈다. 임명서를 받는 절차를 예의와 격식에 맞게 행한 것이다. 여러 부하 장수들에게도 왕이 내린 교서敎書와 유서諭書에 숙배하게 하였는데(8월 19일), 부하 배설裵楔이 공손하게 하지 않자 이방吏房과 영리營吏에게 대신 곤장을 쳤다. 이순신은 평소 임금과 신하, 상관과 부하관계에서 예의를 항상 중시했기 때문에 예의에 어긋나게 행동한 부하를 처벌한 것이다.

이순신은 전쟁 중에 부채를 만들어 높은 벼슬아치들에게 선물로 보냈다. 평소에 안부를 묻거나 인사를 할 때 사용하여 친분을 쌓으려고 한 것이다. 『난중일기』에 보면, "백첩선(白貼扇, 큰부채) 358 자루를 만들었고, 순변사에게 별선別扇 15자루와 기름 먹인 부채[油扇] 10자루, 옻칠한 부채[漆扇] 5자루를 보냈다."고 되어 있다. 진영 옆에 따로 작업장소를 마련하여 공인工人들을 불러다가 부채를 만들게 하였다. 윤휴는 이에 대해 다음과 같이 기록하였다.

외대부(外大父, 조부뻘 외척)인 추포秋浦 황신黃愼이 호남절도사로 있으면서 통제사 이순신을 섬 안에서 만났는데, 천막집[棚家] 수십 칸을 짓고 기술자들을 모아서 기구들을 만들고 있었다. 황신이 "이것

을 만들어 무엇에 쓰려고 합니까?"하자, 이순신이 웃으며 말하기를,
"인사人事를 하려는 것일 뿐입니다."하였다. 이에 황공은 '남쪽 정벌 때
에 조정의 귀인貴人들에게 선물로 줄 뜻'이 있음을 알고서 서로 한바
탕 웃었다.

- 윤휴, 「충무공유사」 -

이순신은 중앙 관료들에게 선물을 보내어 친분을 쌓고 전쟁업무를
수행하는데 이롭게 하고자 하였다. 윤휴는 이에 대해 "이순신의 남쪽
정벌에 관한 말은 도움을 구하려는 것이 아니라, 냉담한 말로 남의
귀를 싸늘하게 하지 않게 하려는 것이다. 나는 이것이 자기를 위한
것이 아니라 자기를 해치려는 자가 나라에까지 미치게 할 것을 염려
해서 한 것이다."라고 하였다. 그는 이순신이 자신을 음해하는 자들
을 대비하고 대신들과 친분을 쌓아 오해를 받지 않기 위해서 부채를
선물한 것으로 이해하였다. 조선후기 실학자 이익李瀷은 이에 대해 〈
두예杜預와 이순신李舜臣〉에서 다음과 같이 말했다.

두예杜預는 진중鎭中에 있으면서 자주 서울 안에 있는 대신들에게
선물을 보냈다. 그 까닭을 물으니 두예는 "다만 자기를 방해할 것을
염려해서지 이익을 구하려는 것은 아니다."하였다. 또한 우리나라의
충무공 이순신은 임진왜란 때 수군水軍을 통제하면서, 역시 틈만 나면
공인工人들을 모아 놓고 부채[扇箑] 등을 만들어 두루 경卿과 재상에
게 선물하였다. 마침내 중흥中興의 공을 이루니, 이는 천고토록 지사

志士들에게 눈물을 흘리게 한다. 병란의 다급한 상황에서 공로와 허물이 바로 드러나는 때에도 오히려 이처럼 면밀하게 했는데, 하물며 평소에는 비록 관중管仲, 안자晏子의 재주가 있다한들 그 재능을 어디다 쓰겠는가? 두예나 이순신의 경우는 반드시 직접 보고 겪은 경험이 있어서 그런 것이니, 그 정을 생각하면 슬프기만 할 뿐이다.

- 『성호사설』〈경사문〉 -

두예는 중국 서진西晉시대 두릉杜陵사람으로 병법에 뛰어난 학자였다. 서기 278년 진남대장군鎭南大將軍에 임명된 뒤 형주荊州의 군사들을 총 지휘하여 오吳나라를 평정한 공로를 세웠다. 당시 그는 전쟁 중에 대신들에게 방해를 받을 것이 염려되어 항상 예물을 보냈다. 이순신도 그의 경우처럼 조정의 대신과 재상에게 부채를 선물하였다. 두예와 이순신 모두 앞날의 국사를 도모하기 위해 선물을 이용한 것이다. 이순신의 부채 이야기는 『해동기어海東奇語』에도 언급되어 있다.

통제사 이순신이 왜적을 제압하려고 배에 있을 때 선장(扇匠, 부채 공인)을 불러 부채를 만들게 하였는데, 어떤 이가 이를 제지하였다. 그러자 이순신은 '국사를 도모하려고 하면 마땅히 여러 재상들과 서로 친하게 지내야하니, 이 물건을 왜 만들겠소?'라고 하였다. 중국 진晉나라 때 병법에 능한 학자 두예杜預는 낙양의 권세 있는 이에게 선물을 보내어 문안했는데, 그것은 바로 이 뜻이다[李統制舜臣, 御倭在船, 召扇匠製扇, 或者止之. 公曰 欲圖國事, 宜交歡諸宰, 何爲此物也. 昔杜征

南, 饋問洛中權貴, 卽此意也].

-『해동기어海東奇語』-

이순신은 중국의 두예처럼 정성스럽게 만든 작은 선물이나마 나라를 위한 일에 유용하게 사용하였다. 조정과의 갈등을 없앰으로써 전쟁업무를 원만하게 수행하고자 한 것이다. 이러한 노력이 물론 대신들과의 친분관계를 맺으려는 점에서 개인을 위한 일이라는 오해를 받을 만하다. 그러나 그 목적이 개인의 이익이 아닌 국사를 도모하는 일이었으니, 오히려 감동할 일이다. 이순신에게 있어서 부채란 오직 상대에게 예를 표하는 수단이었던 것이다. 공자는 "예란 일에 따라 다스리는 것이다[禮者, 卽事之治也]."하였다(『공자가어』「논례」). 이순신의 부채선물은 원활한 전쟁수행을 위한 예물이었던 것이다.

| 함께 생각하기 |

예절은 원만한 대인관계를 이루기 위해서 반드시 필요한 덕목이다. 학식이 많아도 예의가 없는 사람은 사회생활을 원만히 하기가 어려울 것이다. 또한 예의가 없는 사회는 무질서로 인해 도덕과 기강이 무너질 것이다. 올바른 예절을 실천하기 위해서는 무엇보다 자신의 행동을 단속하고 절제하는 노력과 함께, 자신을 낮추고 남을 높일 줄 아는 겸양의 미덕이 필요하다. 근검절약의 정신이 예의禮儀 실천의

시작임을 생각하고, 남을 배려하고 양보하는 자세로 남에게 후하게 하고 자신에게 박하게 할 줄도 알아야 한다.

예의를 알면 항상 자신의 행동을 바르게 하면서 순리적으로 생활할 수 있으며, 남들과 상호 존중함으로써 서로의 품격을 높일 수 있다. 항상 도덕규범에 상응하는 자신만의 절도로써 자기를 관리해야 한다. 일상에서의 예의실천은 인간의 도리를 실천함과 같은 것이다. 한 단체나 기관에서 특정한 귀빈을 대할 때에는, 겸양의 예로써 정중하게 응대해야 한다. 한 사람의 예절은 여러 사람에게 본보기가 되는 행위이다. 일상생활에서 항상 공사公私를 구분하며 예의를 지켜야 한다. 지친 부하들을 위해서 위로연을 베푼다면, 사기진작의 효과도 있는 것이다. 앞날을 위해 평소에 지인들과 친분을 쌓는 것도 중요하다. 이순신이 전쟁 중에 보낸 부채는 일상적인 선물의 성격보다는, 원활한 전쟁수행을 위한 예물이었다. 오직 국권 회복에 정성을 다한 이순신의 노력은 감동할 만하다. 사소한 물건도 보람되게 사용하는 것은 의미 있는 일이다. 현재의 위기상황에서 미래를 예견하고, 정성과 예의를 갖추어 돈독히 친분을 쌓는다면, 유사시의 협조 요청과 지원이 순조롭게 진행될 것이다.

지 | 智

4. | 지혜
계발

1. 앞을 내다보는 혜안을 가져라

어떠한 사태가 발생할 때는 반드시 그 전에 전조前兆 징후가 있다. 공자는 "일이 닥치려고 하면, 그 조짐이 반드시 먼저 보인다[有物將 至, 其兆必先]."고 하였다(『공자가어』「문옥」). 모든 일에는 원인과 경과 란 게 있기 때문에 반드시 징후가 있기 마련이다. 결국 이유 없이 발 생하는 일은 없다는 것이다. 앞일을 미연에 방지하기 위해서는 반드 시 이를 간파할 수 있는 지혜[智]가 있어야 한다. 『설문해자』를 보면 지智는 지知와 통용인데, 백白자, 우于자, 지知자가 조합된 글자로, 밝은 기운으로 말을 안다는 뜻이다. 지知는 이치를 깨닫는 속도가 화살처 럼 빠르다는 뜻이 있다.

공자孔子는 "배우기를 좋아하면 지혜에게 가까워진다[好學近乎 知]."고 하였다(『중용』). 배움으로써 지혜를 계발해야 한다. 또 공자는, "사람이 먼 일을 생각할 줄 모르면 반드시 가까운 근심이 있다[人無 遠慮, 必有近憂]."고 했다(『논어』「위령공」). 눈앞의 일에 얽매여 안일한 생각만 한다면, 밝은 미래를 내다보지 못할 것이다. 제갈량은 "높은 곳을 바라보려는 자는 그 낮은 곳을 소홀히 하면 안되고, 앞을 보려 는 자는 그 뒤를 소홀히 하면 안된다. 위태로움은 안일한 데서 생기 니, 군자는 미세한 것을 보고 큰일을 감지하고 처음을 보고 끝을 파악하므로, 재앙이 일어나지 않는다."고 하였다(『편의십육책』「사려」). 세심한 관찰력으로 상대적인 부분을 살피면, 재앙을 미연에 방지할 수 있다. 오기는 "국가를 안정되게 하는 방법은 먼저 경계하는 것을 보배로 삼아야 한다[夫安國家之道, 先戒爲寶]."고 하였다(『오자』「요적」) 나라를 안정시키기 위해서는 먼저 경계강화에 힘써야 한다. 승리를 위해서는 먼저 장수가 승리할 수 있는 상황을 만드는 것이 중요하다. 손무는 "전쟁을 잘 하는 자는 먼저 적이 이길 수 없게 만들고, 적을 이길 수 있는 기회를 기다린다[善戰者, 先爲不可勝, 以待敵之可勝]" 라 하였고, 또 "이기는 병사는 먼저 승리할 상황을 만들고서 싸움을 구한다[勝兵先勝而後求戰]."고 하였다(『손자』「군형」). 적에게는 불리하고 아군에게는 유리한 상황을 만들고나서 싸우면, 항상 승리를 기대할 수 있다. 이순신은 임진왜란이 발생하기 전에 전쟁이 일어날 것을 미리 알고 전쟁에 대비하였고, 전쟁할 때면 항상 먼저 적의 상황을 정확히 파악한 다음 출동하여 매번 승리할 수 있었다.

1) 미리 예견함

1591년 일본에 통신사로 다녀온 황윤길黃允吉과 김성일金誠一의 보고에 의해 조선의 조정은 혼란에 빠졌다. 이들이 전쟁 발생설에 대해서로 엇갈린 주장을 한데다, 이들이 가져온 일본의 국서國書에 "군사를 거느리고 명나라에 쳐들어 갈 것이다[率兵超入大明]."란 말이 문제의 원인이 되었다. 2월에는 이미 왜적이 조선에 침입한 징후가 조금씩 발견되었는데, 백성들은 울면서 말하기도 하고 달아나 숨기도 하였다(『문월당유고』「임진일기」).

마침내 조정에서는 변방을 철저히 대비하기 위해 비변사備邊司에 장수감이 될 만한 인재를 추천하라고 명하였다. 이때 좌의정 유성룡이 이순신을 선조에게 적극 추천하였다. 이순신은 진도珍島군수와 가리포 첨사加里浦僉使에 제수되었는데, 모두 부임하지 않고 전라 좌수사全羅左水使에 부임하였다.(2월 15일) 이때 이순신의 친구가 다음과 같은 꿈을 꾸었다.

> 큰 나무가 높이 하늘에 솟아 가지는 양편 사이에 가득한데, 그 위에서 몸을 기대고 있는 사람들이 몇 천만 명인지 알 수 없었다. 그런데 그 나무의 뿌리가 뽑혀 쓰러지려고 할 때 어떤 이가 몸으로 그것을 떠받치고 있었다. 자세히 보니 그가 바로 이순신이었다. 후대사람들은 이것을 송宋나라 문천상文天祥의 하늘을 떠받든 꿈에 비유하였다.
>
> — 이분, 『충무공행록』 —

나라가 위태로울 때 이순신이 백성들을 건져줄 인물이 될 것을 친구가 현몽한 것이다. 비록 꿈이지만, 앞으로 간성지장干城之將으로서 나라를 지킬 장수가 될 것을 예견한 것이다. 이 말을 들은 후대 사람들은, 이를 원나라의 침입을 막아 중국 남송南宋을 지킨 정치가 문천상의 꿈에 비유하였다.

사부유서 사진(현충사 소장)

　이순신은 전라 좌수영에 있으면서, 왜적이 반드시 쳐들어 올 것을
알고 전쟁준비를 시작하였다. 전라도 본영本營과 소속 진영에 있는 무
기들을 모두 정비하고 거북선을 만들었는데, 크기는 판옥선板屋船 정
도였다. 위에는 판자로 덮고 십자十字형의 좁은 길을 내어 사람들이
올라 다니기에 편하게 하고, 그 나머지에는 온통 칼과 송곳을 꽂아
사방으로 발 붙일 곳이 없게 하였다. 입과 꽁지 밑에 총구멍이 있고,
좌우에 각각 여섯 개씩 총구멍이 있었다. 교전 시에는 거적으로 위를
덮어서 왜적들이 위로 올라가다가 찔려 죽고, 적이 포위하면 좌우 앞
뒤에서 일시에 총탄을 발사하여, 아무리 많은 적들도 자유롭게 드나
들면서 물리칠 수 있었다.

　한편 이때 조정에서는 상주尙州에서 패전한 신립申砬 장군의 보고를
받고, 수군水軍을 폐지하고 육전陸戰에만 전력하려고 하였다. 이에 이
순신은 장계를 올려 "바다의 왜구를 막는데는 수군만한 것이 없으

4. 지혜 계발 235

니, 수군과 육군의 전투는 어느 한쪽도 폐지할 수 없다."고 보고하였다. 조정에서는 이를 옳게 여기고 받아들였다.

임진년 1월 1일부터 『난중일기』를 쓰기 시작했는데, 전쟁은 4월에 일어났지만 전쟁이 일어날 것을 예견하고 철저히 대비하기 위해 진영의 일들을 틈틈이 적었다. 또한 무기를 정비하고 무예훈련을 본격적으로 시작하였다. 석공石工들을 동원하여 내륙 연안에 성城을 새로 축조하고, 해안 부두에 철쇄鐵鎖를 걸어 적의 해상침투에 대비했다. 여기에는 민간인과 승병僧兵도 동원되었다. 궁장弓匠에게는 화살통과 편전片箭, 장전長箭을 만들게 하였다. 항시 순시선을 운행하여 지형과 적의 상황 등을 살피게 하였다. 거북선에 달 돛베[帆布]를 마련하고, 거북선에서 지자地字, 현자玄字 등의 대포를 쏘는 시험도 하였다.

강태공은 "승패의 징후는 먼저 정신에 나타난다."고 하였다(『육도』 「병징」). 이순신은 뛰어난 통찰력으로 적의 동향을 미리 파악하여 전쟁 대비를 철저히 했다. 큰일을 도모하기 위해서는 작은 일에도 세심한 관찰을 기울여야 하고, 화를 면하기 위해서는 결코 방심해서는 안 된다.

이순신은 평소에 자기관리를 엄격히 하여 전쟁 중에 항시 세밀하게 작전준비를 하였다. 긴급한 상황에는 당황하지 않고 적의 상황에 맞추어 변화있게 잘 대처하였다. 윤휴는 "이순신은 항상 가능성이 보이면 나아가고 어려움을 알면 후퇴하였다[見可而進, 知難而退]."고 하였다(「충무공유사」). 적과 아군의 상황을 미리 파악하고 있었기 때문에, 진퇴進退에 대한 결단을 신속하게 내릴 수 있었다. 오기는 "무룻 아군이 불리하면 의심하지 말고 피하라. 이른바 가능성이 보이면 나아가고, 어려움을 알면 후퇴한다는 것이다[凡此不如敵人, 避之勿疑. 所謂見可而進, 知難而退也].”고 하였다(『오자』「요적」). 이순신은 승리에 대한 확신이 있을 때만 나아가고, 불리한 상황에는 출동을 하지 않았다. 이점은 오기의 전법과 일치한다. 요시라要時羅의 간계로 왕이 출동명령을 했지만, 이순신이 출동을 하지 않은 이유도 바로 전세가 어려움을 알았기 때문이다. 이것이 바로 '지난知難'이다. 이순신 사후에 선조는 “조정의 명령이 지난知難한 상황에서 시행되지 못했는데, 감옥을 가게 한 일은 조정의 실책이었다.”고 뉘우쳤다(《선무공신교서》). 이때 만약 이순신이 왕명을 따라 출전했다면, 더 큰 화를 당했을 것이다. 이순신은 진영에서 항시 정보수집활동에 주력하였다.

> 진영에 있을 때는 정탐병을 멀리까지 보내었고, 경계와 수비를 엄격히 하여 정보 수집에 주력하였다. 이에 적이 쳐들어 올 때면 반드시 먼저 알아내니, 모든 군사들이 그의 신명神明함에 탄복하였다.
>
> — 이식, 「시장」 —

장수로서 작전을 수행하는데 부하를 시켜 멀리까지 나가 정탐하게 하였다. 전쟁에서 정탐병을 통한 정보 수집은, 적의 침입을 미리 알 수 있는 것이므로 매우 중요한 일이다. 이순신은 항시 이러한 방법으로 적의 정보를 먼저 알았으니, 부하들은 이순신의 신명함과 지혜로움에 놀랐다. 본래 신명함이란, 말하지 않아도 지킬 수 있는 것이 신

神이고, 보이지 않아도 보는 것이 명明이다[有所不言而守者, 神也. 有所不見而視者, 明也](『육도』「군세」). 손무는 "출동하여 적을 이기고 뛰어난 공을 이루는 것은 먼저 알기 때문이다. 먼저 아는 것은 반드시 병사를 통해서 적의 정세를 아는 것이다."라고 하였다(『손자』「용간」). 자고로 전쟁의 승패는 먼저 정보를 얻는데 달려있다. 이순신도 역시 정보정찰을 철저히 했기 때문에, 적의 침입에 신속하게 대처할 수 있었다. 그러한 예를 다음의 일기에서 볼 수 있다.

신시(申時, 오후 4시경)에 적선 13척이 곧장 진을 친 곳으로 향해 왔다. 우리 배들도 닻을 올려 바다로 나가 대응하며 진격하니, 적선들이 배를 돌려 달아났다. 먼 바다에까지 좇아갔지만, 바람과 물결이 모두 거슬려 배를 몰 수 없으므로 벽파진碧波津으로 되돌아왔다. 아마도 밤의 습격이 있을 것 같았다. 이경(二更, 밤 10시경)에 과연 적선이 포를 쏘면서 밤에 습격을 해왔다. 우리의 여러 배들이 겁을 먹은 것 같기에, 다시 엄한 명령을 내렸다. 내가 탄 배가 적선 앞에 가서 연달아 포를 쏘니, 적의 무리는 당해 내지 못했다.

- 『정유일기』 9월 7일 -

벽파진碧波津 해전에서 왜적의 기습이 있을 것을 미리 알고 대비하였는데, 그날 밤 예상대로 쳐들어 왔다. 이순신이 대포로 적을 포격함으로써 모두 격퇴시켰다. 사전에 정찰을 철저히 하고 주변 상황을 관찰한 결과, 이처럼 잘 대처할 수 있었다. 이 모두 그의 남다른 혜안慧

眼이 있었기에 가능했던 일이다.

이순신은 진영에서 근신하는 자세로 있으면서 시간 날 때면 간혹 앞일을 알아보기 위해 점占을 치기도 하였다. 전통적인 풍습의 관점에서 점이란, 인간의 본성과 운명의 이치에 따르고, 만물의 뜻을 열어주고 천하의 일을 이루게 하는 방법[開物成務]이었다. 따라서 그 당시 점치는 것은 매우 일상적인 일이었다. 갑오년 7월 13일 아들 면葂의 병점을 쳐서, '군왕을 만나본 것과 같다[如見君王]'는 괘와 '밤에 등불을 얻은 것과 같다[如夜得燈]'는 괘를 얻었다. 두 괘가 모두 길한 것이다. 또 유성룡의 점을 쳐서, '바다에서 배를 얻은 것과 같다[如海得船]'는 괘와 '의심하다가 기쁨을 얻은 것과 같다[如疑得喜]'는 괘가 나왔다. 역시 매우 길한 것이다. 날씨를 점쳤더니, '뱀이 독을 내뿜는 것과 같다[如蛇吐毒]'는 괘를 얻었다. 앞으로 큰비가 내릴 것이다. 아들과 친구, 농사일에 대해 점을 쳐서 예견한 것이다.

갑오년 9월 1일에는 아내의 병점을 치니, '중이 속세에 돌아오는 것과 같다[如僧還俗]'는 괘와 '의심하다가 기쁨을 얻은 것과 같다[如疑得喜]'는 괘, 또 '귀양가서 친척을 만난 것과 같다[如謫見親]'는 괘를 얻었다. 모두 좋은 소식을 들을 징조였다. 여기서 아내를 위해 걱정하는 이순신의 모습을 볼 수 있다.

병신년 7월 10일 새벽꿈에 어떤 사람이 멀리 화살을 쏘았고, 다른 어떤 사람은 갓을 발로 차서 부쉈다. 이것을 점치니 왜적을 소탕할 징조였다. 이순신은 이처럼 평소에 점을 통해서 자신이 알고 싶은 일들을 예견했다. 점이란 점치는 사람의 마음가짐이 중요하다고 한다.

점이 비과학적이고 비현실적인 것이지만, 점을 통해 미래를 예견하고자 하는 이순신의 모습에서 그의 정성스러운 마음씨를 알 수 있다.

| 함께 생각하기 |

 과거를 성찰하여 시비를 규명하고 현실에 충실할 때, 미래는 밝아질 것이다. 이를 위해서, 지금까지의 취약했던 부분을 분석하고 보완방법을 찾아야 한다. 철저한 과거 성찰과 올바른 현실인식으로 일을 파악해야만 밝은 혜안으로 미래를 예견할 수 있는 것이다. 인간사에서 모든 승패의 관건은 나의 정신력에 달려있다. 항상 경계하고 세심하게 관찰해 나간다면, 위기를 미연에 방지할 수 있을 것이다. 모든 경쟁관계에서는 먼저 우리에게 유리한 상황을 만든 다음에 경쟁하면, 반드시 승리할 수 있을 것이다. 일이 발생하기 전에 먼저 가까운 주변부터 살피고 문제점을 찾아야 한다. 또한 작은 일을 미루어 큰일을 대비하는 지혜도 있어야 한다. 그런 다음 문제해결의 방안을 세우고 위기에 대처하라.

 자신의 주장이 옳다면, 끝까지 강하게 주장하여 관철시켜야 한다. 그리고 위기상황을 맞게 되면 그때마다 벌어진 일들을 기록하여 점검하고 그것으로써 미래의 일을 대비해야 한다. 경쟁상대의 동향을 철저히 관찰하고 긴급한 상황일수록 여유를 갖고 침착하게 임해야 한다. 미래에 대한 정확한 예견으로 상황이 판단되면, 앞으로의 진행

방향을 결정해야 한다. 윗사람이 진행하라고 지시해도, 상황이 불리하면 바로 진행하지 말고 개선을 요구해야 한다. 이때 무리한 추진은 오히려 더 큰 위기를 초래할 수도 있다. 경쟁상대의 동향動向과 추이推移 등의 변화를 세심히 관찰해야 한다. 항상 혼자만의 시간 속에서도 남을 이롭게 할 수 있는 방법을 강구해야 한다. 한결같은 노력과 정성을 들일 때 해결의 실마리를 저절로 찾게 될 것이다. 이를 위해서는 자신의 확고한 신념과, 일에 정성과 열의를 다하려는 끈기가 필요한 것이다.

2. 고난과 역경은 삶의 스승이다

아마도 고생을 안 해본 사람은 없을 것이다. 그러나 고생하는 것을 어떻게 생각하느냐에 대한 판단은 사람마다 각기 다를 것이다. 어떤 이는 고생을 괴로워하며 비관적으로 받아들여 일탈을 하고, 어떤 이는 고생을 참으며 성공의 계기로 삼아 더욱 분발 할 것이다. 젊어서 고생은 사서도 한다는 말이 있다. 고생이란 한편 인내심을 길러주는 장점도 있다. 공자는 "군자는 곤궁함을 굳게 지켜 나가지만 소인은 곤궁하면 넘치는 행동을 한다[君子固窮, 小人窮斯濫矣]."고 하였다 (『논어』「위령공」). 군자는 늘 근신하여 곤궁한 것을 잘 견뎌 나가지만, 소인은 인내하지 못하여 일을 저지르고 말 것이다. 때문에 인격수양자는 고생을 잘 견딜 뿐 아니라, 자기수양에 도움되는 것으로 생각한다. 공자는 "어진 이는 어려운 일을 남보다 먼저하고 얻는 것은 뒤로 한다[先難而後獲]."고 하였다(『논어』「옹야」). 도덕을 실천하는 이는 힘든 일을 회피하지 않고 솔선하고 이득은 뒤로 미룬다.

황석공은 "편안함이란, 굴욕을 참는 것보다 더 편한 것이 없다[安莫安於忍辱]."하였다(『소서』「본덕종도」). 치욕의 괴로움을 초월하는 것이다. 또 "많이 바라는 것보다 더 괴로운 것이 없고, 정신이 분산된 것보다 더 슬픈 것이 없다[苦莫苦於多願, 悲莫悲於精散]."고 하였다

(「본덕종도」). 욕심이 많은 것이 괴로운 것이고, 정신이 산만한 것이 슬픈 것이다. 즉, 마음의 비정상적인 상태가 괴로운 것이다. 사마양저는 "궁하지 않으면 능하지 못하니, 불행을 슬퍼하고 병을 슬퍼해봐야 의리를 밝힐 수 있다[不窮不能, 而哀憐傷病, 是以明其義也]."고 하였다(『사마법』「인본」). 고난과 역경을 겪어봐야 능력을 발휘하고 의리를 밝힐 수 있는 것이다.

　제갈량은 "노자老子는 심성수양은 잘했지만, 위험과 고난은 잘 대처하지 못한다[老子長於養性, 不可以臨危難]."고 하였다(『제갈량집』「논제자」). 심성수양을 위주로 하는 노자 같은 사상가는 오히려 위기 대처에 취약하다. 고생을 해본 사람이라야 고생을 잘 극복할 수 있다는 말이다. 사마양저는 "천하가 비록 편안해도, 전쟁을 잊으면 반드시 위태로울 것이다[天下雖安, 忘戰必危]."하였다(「인본」). 안정된 상태에서도 항상 전쟁의 불안을 생각할 줄 알아야 한다는 것이다. 『장원』에, "전화위복하여 위태로운 때에 승리하게 한다면, 바로 그를 지혜로운 장수라고 한다[轉禍爲福, 臨危制勝, 此之謂智將]."라고 하였다(「장재」). 위기에서 승리를 이끄는 사람이 진정한 지혜로운 사람이다. 또 "큰 일은 어려운데서 일어나고 작은 일은 쉬운데서 일어난다[大事起於難, 小事起於易]."고 하였다(『편의십육책』「사려」). 이순신은 평소 강직한 성격 때문에 자주 모함과 시기를 받아 고난과 위기를 많이 겪어야 했다. 그러한 시련을 많이 경험한 결과, 전쟁에서는 한 번도 패한 적이 없는 명장으로 거듭날 수 있었다. 고난과 역경이 그 삶의 스승이 된 것이다.

1) 성공을 위한 고난

이순신은 1572년(28세) 가을 훈련원訓鍊院 별과別科시험에 응시하여 말을 달리다가 떨어져, 왼쪽 다리가 골절骨折되었다. 이를 본 이들은 모두 그가 죽은 것으로 알았지만, 이순신은 한쪽 다리로 일어나서 버드나무 가지를 꺾어 껍질을 벗겨서 싸매었다. 심한 부상을 입었음에도 아랑곳하지 않고 꿋꿋하게 일어선 것이다. 과거장의 모든 사람들이 그 장부다운 모습을 장하게 여겼다.

그 후 1576년(32세) 2월 식년式年 무과武科시험에 응시하여 병과丙科에 급제하였다. 10년간 인고忍苦의 세월을 보내면서 포기하지 않고 어려움을 극복한 결과이다. 이때 황석공의 『소서素書』를 강講하는 시험에서 시험관을 놀라게 하였다.

시험관이 묻기를, "장량張良이 신선 적송자赤松子를 따라 다녔다면 장량이 정말 죽지 않은 것인가?"하였다. 이순신이 답하기를 "삶이 있으면 반드시 죽음이 있는 법이요, 『통감강목通鑑綱目』에 '임자壬子 6년 유후留侯 장량張良이 졸卒하였다'고 하였으니, 어찌 신선을 따라가서 죽지 않았을 리가 있겠습니까? 그것은 다만 가탁해서 말한 것일 뿐입니다."하였다. 시험관이 서로 돌아보며 감탄하여 말하기를 "이것이 어찌 무인武人이 알 수 있는 것인가"하였다.

- 이분, 『충무공행록』 -

무과시험에서 장량이 죽은 기록을 근거로 정확히 답변하자, 시험관은 이순신의 뛰어난 학식에 놀란 것이다. 송나라 장천각張天覺이 쓴 〈황석공소서 서문序文〉을 보면, "『소서』에 '즐기기를 끊고 욕심을 금하는 것은 허물을 없애려는 것이다[絶嗜禁慾, 所以除累].'라고 하니, 장량張良이 이 말에 따라 일찍이 인간 세상의 일을 버리고 적송자赤松子를 따라 다녔다."라고 하였다. 여기서 시험관이 "적송자赤松子를 따라 다녔다"는 대목을 질문한 것이다. 이순신은 어려서부터 공부를 독실히 하였기에, 보통의 무인이 알기 어려운 『통감강목』의 내용을 정확히 알고 답변하였다. 이처럼 이순신은 평소에 쌓은 실력으로 비범함을 드러내었다.

그는 평소에 성격이 매우 엄격하고 강직한 나머지 남으로부터 시기와 모함을 자주 받았다. 1580년 전라좌수영全羅左水營의 발포만호鉢浦萬戶 재직 시(36세) 좌수사左水使 이용[李庸戈]은 이순신이 고분고분하지 않음을 미워하여 핑계를 대며 죄를 주려고 하였다. 그에 관한 내용은 다음과 같다.

이용이 소속한 5포구浦口를 불시에 점검하였는데, 4포구는 결원이 매우 많았고 발포 포구에는 겨우 3명뿐이었다. 수사는 이순신의 이름을 들어 장계하여 죄주기를 청하였다. 이순신은 이를 알아채고 먼저 4포구의 결원명부 초안을 입수하였다. 본영의 관원들이 수사에게 줄지어 고하기를, "발포의 결원이 가장 적고 이순신이 또한 4포구의 결원명부를 입수했으니, 이제 만약 장계하면 후회할 일이 있을까 염려됩니다."하였다. 수사도 그렇겠다고 응하여 장계를 되찾아왔다.

- 이분, 『충무공행록』 -

이용이 소속 5포(浦, 방답·사도·발포·녹도·여도)를 불시에 점검하였다. 4포에는 병사의 명부만 있고 실제 군사가 없었으며, 발포鉢浦에는 3명이 누락된 것을 이유로, 이순신에게 죄를 주하려고 하였다. 이에 이순신은 미리 증거자료를 입수하여 결국 무고誣告하려는 계획이 무산되었다. 철저한 대비로 자신을 모함하려고 한 위기를 모면한 것이다.

이용은 또한 전라 감사와 함께 근무성적을 평가하는데 이순신을 가장 낮은 성적에 두려고 하였다. 이 때 중봉重峰 조헌趙憲이 "이순신이 군대를 다스린 것이 한 도道에서 제일이니, 비록 여러 진鎭을 모두 최하에 둘 수 있을지라도 이순신만은 깎아내리지 못할 것입니다."라고 항의하여 마침내 그쳤다.

1583 가을에는 좌수사 이용이 남병사南兵使가 되었는데, 3년 전 이순신을 모함하려고 했던 일을 뉘우치고 임금에게 아뢰어 군관軍官으로 임명시켰다. 이후 이용과는 남들보다 더 친한 관계가 되어 크고 작은 군사의 업무를 반드시 상의하였다.

임진년(1592) 4월 14일 고니시 유키나가小西行長부대는 부산포釜山浦를 침입하여 내륙 진입에 성공하였다. 경상우도부대는 함락되고 당황한 원균元均은 이순신에게 이영남李英男을 보내어 구원을 요청하였다. 5월 4일 새벽 이순신은 부하 장수들과 판옥선 24척, 협선挾船 15척, 포작선鮑作船 46척으로 출동하여 소비포所非浦에 도착하였다.

이때 원균의 전선 73척이 모두 격파되어 혼자 작은 배 한척으로 걸망포에 있었다. 원균부대와 함께 일제히 출발하여 옥포玉浦 앞바다에 도착하니, 사도첨사 김완과 여도권관 김인영이 신기전神機箭을 쏘아 적이 있음을 알렸다.

신이 거느린 장수들은 일심으로 분발하여 모두 죽을 힘을 다하니, 배안에 있는 병졸들도 그 뜻을 본받아 분발하고 죽기를 기약하며 바람과 우레같이 총포와 활을 쏘았습니다. 적들이 총과 활을 쏘다가 기운이 다하고 화살에 맞은 자가 수를 헤아릴 수 없었고, 바위 언덕으로 기어오르며 앞을 다투어 도망갔습니다

- 『임진장초』, 〈옥포파왜병장(玉浦破倭兵狀)〉 -

왜적들과 결사적인 싸움을 벌인 결과 왜선 30여척 중 26척을 분멸함으로써 첫 승리를 거두었다(옥포해전). 원균부대를 지원하여 불리해진 형세를 만회하기까지 이순신은 결사적으로 싸웠다. 이러한 정신력은 7년간의 전쟁 동안 계속 유지되었다. 손무는 "용병用兵의 법은 장수가 임금의 명령을 받아 군중을 모아 정비하고 적과 마주하여 대치하는데, 전쟁보다 더 어려운 것이 없다."고 하였다(『손자』「군쟁」). 임진왜란 중 이순신에게는 그 어려운 전쟁을 치르는 일이 일상적이었다.

2) 끝내 역전함

임진년 겨울은 전쟁에 추위까지 덮친 암담한 상황이었다. 이순신은 국난극복을 위해 이때를 이용하여 왜적을 소탕하고자 하였으나, 한겨울에 작전수행이 쉽지가 않았다. 이에 이순신은 북쪽을 바라보고 통곡하며 간담肝膽이 찢어지는 듯한 아픔을 호소하였다. 왜적이 삼경(三京, 한양, 개성, 평양)을 함락하여 백성은 도탄에 빠지고 연안의 장졸들은 달아나니, 적들이 온통 석권席捲하는 형세가 되었으며, 선조는 서쪽으로 피난가고 국가는 폐허가 된 상황이었다. 이듬해 웅포熊浦 해전을 치룬 뒤 4월 6일에 올린 〈적을 토벌하고 올린 장계〉를 보면, 다음과 같다.

배의 격군格軍이 번갈아 농사지으려고 해도 교대할 사람이 없는 데다 전염병이 성하여 사망하는 이가 연이어집니다. 명나라 병사들이 남쪽으로 내려온 날에 이 병들고 굶주린 병사들을 거느리고 달아나는 적들을 막아 싸우기에는 어려움이 있습니다. 우선 번갈아 농사짓게 하고 병든 병졸을 간호하며 무기와 식량을 정비하여 명나라 병사의 소식에 따라 기회를 이용해서 적을 막아야겠습니다.

- 『임진장초』, 〈토적장(討賊狀)〉 -

이순신은 조선수군이 피폐한 상황에서 명나라의 지원을 기다리며 후속책을 마련하였다. 하지만 명나라 장수 이여송은 벽제관碧蹄館 전투에서 패배하여 평양으로 후퇴하였고, 그 이후 내륙에서 화의和議에 나설 뿐 적극적으로 싸우려고 하지 않았다. 그러나 이순신은 해상에서 더욱 왜적에 대한 토벌작전에 주력하여 7차례의 웅포熊浦 해전에서 모두 승리를 거두었다.

한편 이순신은 전쟁 중 병사들에게 줄 식량문제로 항상 고심하였다. 이때 적의 형세는 영남의 변방 진영을 모두 소굴로 삼고 있었으므로 긴장이 더욱 고조되었다. 그들이 만약 바다와 육지를 합세하여 한꺼번에 공격해오면, 피폐해진 수군으로써는 방어하기가 어려운데다 군량을 이어대기도 매우 곤란한 상황이었다. 급기야 갑오년(1594) 정월 식량조달을 위한 계책으로 둔전屯田 운영에 대한 계획을 〈흥양목관의 체직을 청하는 장계〉에 적어 보고하였다.

예로부터 전쟁이 일어나 해를 넘기면 식량을 이어가는 것이 가장 어려웠습니다. 노약老弱한 군사를 제대시켜서 지세의 형편에 따라 둔전屯田을 경작케하여 내륙에서 공급하는 고충을 덜고 병사들을 직접 먹게 하는 것이 원대한 계책입니다. 전쟁은 그치지 않고 군량의 모자람은 어디든 다 있는 것이니, 둔전에서 식량을 얻는 일은 조금도 소홀히 할 수 없습니다.

– 『임진장초』, 〈청개차흥양목관장請改差興陽牧官狀〉 –

이순신은 육지에서 바다로 식량을 공급하기가 어려움을 알고 식량조달이 편리한 바다와 가까운 곳에 각각 둔전을 설치하는 방안을 보고

하였다. 전쟁에서 식량조달이 중요함을 인식하고 대책마련에 주력한 것이다. 손무는 "군대에 식량이 없으면 망한다[無糧食則亡]."고 하였고(『손자』「군쟁」), 제갈량은 "군대에서는 식량을 근본으로 여겨야 한다[軍以糧食爲本]."고 하였다(『편의십육책』「기정」).

이순신은 진영에서 항시 전쟁에 대한 걱정으로 위경련과 복통, 두통 같은 증상을 자주 앓았다. 갑오년 당항포唐項浦 해전을 끝낸 3월 8일자 일기에는 "병세는 별다른 차이가 없었고, 기운이 축이 나서 종일 고통스러웠다."하였다. 4월 26일에는 "통증이 너무 심하여 거의 정신을 차릴 수가 없었다."고 하였고, 5월 16일에는 "저녁에 큰비가 내려 밤새도록 배의 지붕이 새어 모든 게 다 젖었다. 각 배의 병사들이 거처하는데 괴로울까 매우 걱정이 되었다."고 하였다. 열악한 상황에서 연이은 전쟁에 시달린 나머지 자신의 몸은 나을 새가 없었다. 더욱이 자신의 몸보다는 부하들에 대한 걱정이 먼저 앞섰다.

당시 왜적은 매번 저돌적으로 공격해오고 수군은 전염병으로 사망하는 이가 속출한데다, 명나라 장수들이 철수하여 수비할 방도가 없어 항시 불안한 상태였다. 을미년 7월 1일자를 보면, "나라의 정세를 생각하니, 위태롭기가 아침 이슬과 같다. 종묘사직이 마침내 어떻게 될 것인지 알지 못하겠다. 마음이 어지러워서 하루 내내 뒤척거렸다."고 하였다. 휴전기간 중에도 나라에 대한 걱정은 그치지 않은 것이다.

이순신은 일본장수 요시라要時羅의 간계로 감옥에 갇혔다가 백의종군白衣從軍하라는 명을 받고, 경남 합천에 있는 권율의 진영에 가기 위해 65일간의 백의종군 여정에 올랐다. 그 과정에서 모친의 상喪을

죄인의 몸이 된 모습(현충사 소장

당했지만, 비통함을 참고 오로지 자신에게 주어진 임무를 다하기에
최선을 다하였다. 마지막 종착지점을 앞두고 경남 합천陜川 초계草溪
의 기암절벽을 이룬 개연(介硯, 개비리)을 지나게 되었다.

개연介硯으로 걸어오는데 기암절벽이 천 길이나 되고 강물은 굽어
흐르고 깊었으며, 길에는 또한 건너지른 다리[棧道]가 높았다. 만일
이 험요險要한 곳을 눌러 지킨다면, 만 명의 적군도 지나가기 어려울
것이다.

- 『정유일기』 6월 4일 -

개연의 절벽은 깎아지른 곳으로 전쟁에 유리한 요새지要塞地였다. 이순신은 삼도수군통제사직에서 파직을 당한 뒤 온갖 고난과 역경 속에서도 어느 누구를 원망하지 않고 결코 좌절하지도 않았다. 오직 몇 달 후 맞게 되는 명량해전을 대비하기 위해 만전을 기하였다. 이러한 상황 속에서 단련된 강인한 정신력을 지니게 된 이순신은, 마침내 역전하여 수군을 재건할 수 있었다. 이러한 결과는 인간으로서 해내기 어려운 불가능한 상황에서 인간의 한계를 뛰어넘는 용기와 지혜로 이루어 낸 것이다. 절체절명의 위기를 승리로 이끈 점에서 역시 그는 지혜로운 장수였다.

|함께 생각하기|

오랫동안 인고忍苦의 정신을 많이 길러 온 사람은 그간의 경험으로 어려운 일을 잘 극복할 수 있다. 이점에서 고생이 당장은 힘들어도 결코 나쁜 일만은 아닌 것이다. 지혜로운 사람은 자신에게 주어진 고난과 역경을 인생을 반전시킬 수 있는 계기로 생각할 것이다. 때로는 어렵고 힘든 일도 솔선해야 한다. 보통사람들은 감당하기 어려워하며 매우 괴로워 할 것이다. 그러나 그럴 때일수록 고생이 약이 된다는 생각을 하면 잘 이겨낼 수 있다. 평안한 상태에서도 항상 불안한 상태를 염두에 두고 경계해야 하듯이, 고생이 꼭 걱정할 일만은 아니다. 자신이 시도한 일이 실패해도 결코 좌절해서는 안될 것이다. 실패로 괴로워 할 때 그 가운데에는 또 다른 희망이 있는 법이다.

인생에서의 성공전략은 무엇보다 자신이 하는 분야에서 뛰어난 실력을 인정받는 것이다. 그런데 뛰어나고 강직하면 남에게 시기와 모함을 받을 수도 있다. 그러한 때를 대비해서 인내심으로 실력을 쌓고 지혜를 키울 필요가 있다. 자신의 지혜와 실력으로 정성을 들이면 반드시 자신을 돕는 귀인이 따를 것이고, 처음에 자신을 괴롭혔던 이도 돌아서서 은인이 될 것이다. 남의 위급한 상황을 보면 적극적으로 도와라. 언젠가는 그도 나를 도울 것이다.

현재 자신이 벼랑 끝의 막다른 상황에 놓였어도, 포기하지 않고 지혜를 내어 대비책을 강구해야 한다. 사회에서 내가 무엇을 해야 중요한 역할을 할 수 있는지부터 생각해야 한다. 일상생활에서는 어떤 경우든 의식주衣食住의 문제가 가장 중요하다. 사회생활을 위한 스스로의 노력과 도전은 계속되어야 한다. 연속되는 고난과 역경은 머지않아 나에게 지혜를 안겨줄 스승이 될 것이다. 인간의 한계를 뛰어넘는 지혜로써 위기를 극복하고 목표를 달성한다면, 진정한 인생의 승리자가 될 것이다.

3. 자아실현을 위해 불복종할 때가 있다

올바른 사회로 나아가기 위해서는 먼저 개인의 역할이 얼마나 중요한가를 생각해야 한다. 개인의 역할이 사회에 미치는 영향이 매우 크기 때문이다. 저마다 자신의 목표를 달성하기 위해 열심히 노력함으로써 혼연일체渾然一體가 되어 화합과 조화를 이룬다면, 사회의 미래는 더욱 밝아질 것이다. 이를 위해서는 그 사회의 규정에 적극적으로 따라야 한다. 단, 여기에는 반드시 누구나 공감할 수 있는 합리성이 있어야 한다.

황석공은 "명령이 마음과 어긋나면 실행되지 않고, 앞뒤의 명령이 다르면 명령이 훼손된다[令與心乖者廢, 後令謬前者毀]."고 하였다(『소서』「준의」). 합리성이 없는 명령과 지시는 이미 유명무실有名無實한 것이다. 이때 자신이 그 문제점을 인식하고 다른 해결방법을 갖고 있다면, 과감하게 주장을 펴 나갈 필요가 있다. 특히 전쟁 중에는 장수가 국가원수의 제한을 받지 않는다. 『장원』에는 "군중의 일은 임금의 명령을 따르지 않고 모두 장수에게서 나오니, 위에 하늘이 없고 아래에 땅이 없으며 앞에는 적이 없고 뒤에는 군주가 없다. 지혜로운 자는 이를 위해 도모한다[軍中事, 不由君命, 皆由將出. 若此則無天於上, 無地於下, 無敵於前, 無主於後. 是以智者爲之慮]."고 하였다(「출사」).

군사의 작전권한은 오직 장수에게 있는 것이다.

오기는 "장수는 깃발과 북을 전적으로 주관하고 난리에 임하여 의혹을 결단하며, 병사와 무기를 지휘하는 것이 장수의 일이다. 칼 한 자루의 임무만이 장수의 일이 아니다[將專主旗鼓爾, 臨難決疑, 揮兵指刃, 此將事也. 一劍之任, 非將事也]."라 하였다(『위료자』「무의」). 장수의 업무란, 싸움에만 치중하는 것이 아니라 상황판단과 작전지휘도 잘하는 것이다. 황석공은 "출정하고 군대를 동원할 때는 장수가 단독으로 행해야 한다. 진퇴에 조정이 견제하면 공을 이루기 어렵다[出軍行師, 將在自專, 進退內御, 則功難成]."고 하였다(『삼략』「중략」). 전쟁 시에는 장수가 재량하여 명령하되 조정이 간섭하면 전쟁에 지장을 받게 된다. 손무는 "전쟁의 형세가 반드시 이길 수 있으면 임금이 싸우지 말라고 명령해도 반드시 싸우는 것이 옳고, 전쟁의 형세가 이길 수 없으면 임금이 반드시 싸우라고 명령해도 싸우지 않는 것이 옳다[戰道必勝, 主曰無戰, 必戰可也. 戰道不勝, 主曰必戰, 無戰可也.]."고 하였다(『손자』「지형」). 장수는 전쟁의 형세에 따라 단독으로 재량하여 전쟁할 것을 판단해야 한다. 전세가 이롭지 못하면 임금이 명령해도 출동하지 않는 것이다. 항상 다수의 반대 속에서 옳은 일을 실천할 때 더욱 위대해진다. 이순신은 급한 상황에서 상관에게 보고하지 않고 출동하였는데, 절차를 어긴 것이나 그의 동기는 항상 대의大義를 위한 것이었다. 왕의 명령이 잘못되었으면 반드시 상소하여 시정요구를 하였고, 적의 계략임을 알면 왕이 명령해도 출동하지 않았다.

1) 강하면 지나쳐 보임

이순신은 어려서부터 타고난 강직한 성품 때문에, 남에게 아부하거나 굽실거리는 것을 좋아하지 않았다. 남의 잘못된 행위를 보면 반드시 굴복시키고야 말았다. 심지어는 동네에서 마음에 들지 않는 이를 보면 그의 눈에 활을 쏘려고까지 하여 어른들도 그를 두려워 하였다. 과격한 행동을 하는 악동惡童의 기질도 보였지만, 미성숙한 의협심이 충만한 무인의 기질에서 나온 행동이었다. 평소 돌아다니는 것을 좋아하지 않았고 한양에서 나고 자랐는데, 오직 동네 친구인 유성룡만이 장수감이라고 알아주었다. 이순신의 26살 때의 모습을 성대중成大中은 다음과 같이 기록하였다.

"유성룡이 홍문관弘文館 수찬(修撰, 정6품)에 재직 시(29세) 고향에 가려고 한강을 건너는데 많은 사람들이 배에 다투어 오르느라 소란스러웠다. 이때 외모가 무인武人과 같은 어떤 길손이 혼자 말을 끌고 배에 올랐는데, 한 취객이 뒤따라 올라가더니 그가 자기보다 앞서갔다고 화를 내며 욕을 해댔다. 배안에 있던 이들이 모두 분해하며 그를 대신하여 싸우려고 하였다. 길손은 머리를 숙이고 채찍을 늘어뜨린 채 다 건널 때까지 못들은 척 하였다. 유성룡도 그를 나약하다고 여겼다. 배가 정박하자 길손은 말을 몰아 먼저 내리고 뱃대끈을 묶고 있었다. 그 취객은 여전히 욕설을 해대며 따라 내렸다. 이에 길손은 왼손으로 말고삐를 잡고 오른손은 취객을 움켜잡는데 맹호가 토끼를 공격하듯 날렵하였다. 그리고는 칼을 뽑아 목을 베어 강에 던지고는 낯빛이 조금도 변하지 않은 채 말에 올라 바로 가버려 어느새 보이지 않았다. 나루터에서 이를 본 이들은 모두 놀라 넋을 잃었는데 유성룡은 유독 기이하게 여겨 '이 사람은 대장감이다'라고 감탄하였다. 항상 속으로 그를 기억하고 있다가 훗날 군영에서 만나니 그가 바로 충무공이었다."

- 『청성잡기靑城雜記』, 〈성언醒言〉 -

이순신이 취객에게 처음에는 무반응이었지만, 집요하게 시비를 거는 행위에 격분한 나머지 그의 목을 벤 것이다. 이순신의 이 극단적인 행동은 매우 경악할 일이지만, 잘못된 일을 보고 바로 대처한 용기에 유성룡은 대장감이라고 감탄하였다. 이순신은 혈기 왕성한 젊은 시절에 의협심이 가득차서, 잘못된 행위를 결코 용납하지 않았다. 자신이 하고자 하는 일은 거침없이 하고야 마는 강한 집념은 역시 무인다운 기질이었다.

1583년 7월 함경도 남병사 이용李庸戈의 군관軍官이 되었을 때이다.(39세) 남병사가 행군을 거행하여 북쪽으로 가려고 하였는데, 이순신은 군관으로서 서문西門으로 나가게 하였다. 이에 병사가 크게 노하여 말하기를, "나는 서문으로 가라고 하지 않았는데 그대가 서문을 통해 나가게 한 것은 어째서요?"하였다. 이순신은 "서쪽은 금金의 방향으로 절기로는 가을에 속하고 가을은 숙살(肅殺, 찬 기운이 초목을 죽임)을 주관하므로 서쪽에서 나온 것입니다."라고 하자, 남병사가

여진족을 물리친 모습(현충사 소장)

크게 기뻐하였다. 이순신은 상관에게 미리 보고하지 않고 일정을 마음대로 변경하였다. 이는 상관으로 하여금 몹시 화가 나게 할 일이다. 그러나 가을 계절에 맞게 행동한 것이라고 설명해주자 남병사가 놀랐다. 평소의 해박한 지식으로 행동하여 상대를 공감하게 한 것이다.

이해 겨울 11월 건원(乾原, 함북 경원군慶源郡) 권관權管에 재직 시 여진족 울지내(鬱只乃, 니탕개泥蕩介)가 북방에 침입하여 큰 난리를 일으켰다. 조정에서 근심하던 차에 이순신이 군사를 잠복시켜 울지내鬱只乃를 사로잡았다. 그러나 병사 김우서金禹瑞는 이순신이 혼자 큰 공로를 세운 것을 시기하여 '주장主將에게 보고하지 않고 큰 일을 마음대로 거행했다.'고 탄핵 보고서를 올렸다. 이에 조정에서는 큰 상을 내

려주려던 차에 상 주기를 중지하였다. 당연히 상관에게 보고를 해야
하지만 당시 김우서는 어떤 대책도 내놓지 못했고, 이순신도 급한 상
황이라 부득이 보고하지 못한 것이다. 큰 공로를 세웠지만, 이런 이유
로 공로를 인정받지 못한 것은 아쉬운 일이다.

임진왜란 중 이순신은 선조에게 명령을 취소시켜달라고 요청을 하
기도 하였다. 병사들의 집안에게 부역을 금지하라는 명령이 잘못되었
다는 것이다. 공자孔子는 임금을 섬기는 방법에 대해 "속이지 말고, 면
전에서도 간언諫言하라[勿欺也, 而犯之.]."고 하였다(『논어』「헌문」). 임
금을 섬김에는 범하는 일이 있어도 숨김이 없어야 한다[事君有犯而
無隱](『예기』「단궁」). 임금에게 국가의 발전을 위해서는 직언直言을 서
슴없이 해야 한다. 임진년 12월 10일〈일족의 징발금지 명령을 취소
해 주기를 청하는 장계〉를 올렸는데 내용은 다음과 같다.

지난해 명령서에, '도망한 군사들이라도 그 친족이나 이웃에게 징
용하는 것을 일체 면제하라.'는 것은 성스런 뜻이 간절하여 매우 감격
하였습니다. 그러나 징용하지 말라는 명령을 듣고는 모두 면제 받으려
고만 합니다. 지난 달 파견된 10명이 이번 달에는 서너 명이 되고, 어
제 10명이 오늘은 4, 5명도 안되니, 몇 달도 안되어 변방 수비가 날로
비게 되어 진영의 장수들은 속수무책束手無策입니다. 만약 전례를 따
라 징용하면 성상聖上의 분부를 어기는 것이고 명령대로 따르면 변방
을 지킬 사람이 없을 것입니다.

- 『임진장초』,〈청반한일족물침지명장請反汗一族勿侵之命狀〉 -

선조가 전쟁 중 병사들의 일족에게 병역을 부과하지 말도록 한 결과, 오히려 너도 나도 면제만을 받으려고 하는 폐해가 발생하였다. 이런 상황에서 임의대로 전례를 따라 징용하면 왕명을 거역하는 것이 되고, 왕명을 따르면 모두 면제를 받으려고만 할 것이다. 많은 병력이 필요한 때 그러한 조치는 도움이 되지 않았다. 왕이 명령했어도 잘못된 것이기에 철회를 요구한 것이다.

전쟁의 피폐한 상황에서 대부분이 군역을 면제받기를 원하므로, 병사의 일족에 대한 징발문제가 근본적으로 해결되기가 어려웠다. 그 후 이순신은 이 문제점을 해결하기 위해 재차 명령을 철회해줄 것을 요구하였다. 갑오년 정월 5일 다시 〈일족에게 징발을 금지한 명령을 취소해 주기를 청하는 장계〉를 올린다.

근년 이래로 도망한 자가 더욱 심하고 수군 1호구 4명의 장정 중에 모두 남아 있는 자는 백에 하나 둘도 없고, 혹은 4명이 모두 도망하거나 혹은 2, 3명씩 도망하여 결원이 매우 많습니다. (…) 광해군의 분부와 순찰사의 문서에 '수군의 친족과 이웃에게 일체 징용하지 말고 면제하라.'고 하니, 10명의 병사가 오늘은 2, 3명 미만으로 줄 것입니다. 큰 적과 대항하는 때에 온갖 생각을 해봐도 병사를 징용하는 일은 조정할 길이 전혀 없습니다. 아직 그대로 형편에 따라 징집해야만 백성을 보살피고 적을 막는 일이 둘 다 편할 것입니다."

-『임진장초』, 〈갱청반한일족물침지장(更請反汗一族勿侵之命狀)〉-

해가 갈수록 전쟁 중에는 변방의 수비와 징용, 식량조달 문제로 한가한 날이 없었고, 도망자도 속출하였다. 이러한 때에 조정에서 병사의 친족과 이웃에게 군역을 면제하라고 한 조치는 현실성이 없는 대책이었다. 이에 이순신은 당장 전쟁을 치러야 하는 상황에서 다소 무리가 따르기는 해도 군사를 징용하는 것만이 최선책임을 주장하였다. 속사정을 살피지 않고 일시적인 편의만을 고려한 정책은 근본적인 해결책이 될 수 없고, 오히려 그로 인하여 더 심각한 문제가 발생하게 되는 것이다.

2) 왕명도 거역함

병신년(1576)년 정월 이순신은 군대를 소집하여 정비할 일로 잠시 진영을 떠나 있었다. 그런데 마침 일본장수 가토 기요마사[加藤淸正]가 큰 비바람이 불 때를 이용하여 바다를 건너왔는데, 미처 이 사실을 모르고 있었으므로 조정에서 이순신을 더욱 비난하였다. 이해 겨울 일본 장수 고니시 유키나가[小西行長]가 거짓으로 조선과 수호修好를 맺을 것을 청하고 포로로 잡아간 왕자王子를 돌려보내왔다. 그리고는 이순신을 모함하기 위해 자신의 부하인 요시라要時羅를 시켜 흉계를 꾸미고 도원수都元帥 권율權慄에게 다음과 같이 통보하였다.

유키나가가 가토 기요마사[加藤淸正]와 사이가 안좋아 반드시 죽이려고 하는데 지금 일본에 있는 기요마사가 곧 다시 올 것이다. 내가 날짜를 알아서 기요마사의 배를 찾아 알려주겠다. 조선이 통제사 이순신으로 하여금 수군을 거느리고 바다에 가서 요격하게 하면 수군의 백승百勝하는 위세로 반드시 사로잡아 참수斬首할 수 있을 것이다. 그러면 조선의 원수를 갚고 유키나가도 통쾌할 것이다.

- 이분, 『충무공행록』 -

요시라는 진실해 보이는 척하면서 간절히 권하였다. 조정에서는 이 사실을 알고 기요마사의 머리를 베어올 수 있는 절호의 기회로 여기고는, 이순신에게 요시라의 계책대로 하기를 명령하였다. 왜군이 이순신을 모함하려고 꾸민 계략인 점은 전혀 몰랐던 것이다.

정유년 정월 윤근수尹根壽는 이순신에게 기회를 놓쳐서는 안 된다고 재촉했는데, 윤근수는 원균과 인척관계였다. 도원수 권율權慄도 진격할 것을 권하였다. 그러나 이순신은 적의 말이 거짓임을 알고는 동요하지 않고 왕에게 글을 올렸다.

한산도에서 부산까지 가다보면 반드시 적진賊陣을 경유하게 되는데, 필연적으로 우리의 형세를 간파하게 되어 적들이 우리를 깔보게 될 것이며, 또 부산에 가면 바람을 등지고 적을 맞아 이롭지 못합니다. 그러니 어찌 적의 말을 믿고 전쟁을 시험삼아 해볼 수 있겠습니까.

- 윤휴, 「충무공유사」 -

이순신은 끝내 명령을 따르지 않았다. 며칠 뒤 요시라가 찾아와서 기요마사가 이미 지나갔다며 왜 기회를 놓쳤냐고 반문하였다. 이에 대간(臺諫, 사헌부)에서 적을 놓쳤다는 이유로 이순신을 탄핵하고 선비 박성朴惺은 풍문을 듣고 상소하여 '이순신을 참수해야 한다.'고 하였다. 절친한 유성룡은 감히 고집하여 다툴 수 없어 병을 핑계로 조정에 나가지 않았고, 이원익李元翼이 상소하여 "수군이 믿는 사람은 순신이니, 순신을 움직이면 안 되고, 원균을 써서는 안됩니다."라고 하였으나, 선조는 듣지 않았다. 결국 정유년(1597) 2월에 이순신이 체포되고 한양으로 압송되었다.

3월 4일 감옥에 들어가게 되었다. 혹자가 "주상께서 매우 노하여 일이 어찌될지 모른다."고 하자, 이순신은 "죽고 사는 것이 명에 달렸으니, 죽게 되면 죽는 것이오[死生有命, 死當死矣]."라고 하였다. 이때 선조는 어사御史 남이신南以信을 한산도에 파견하여 실정을 조사해 오게 하였다. 어사 또한 원균의 편이어서 "기요마사가 건너오다가 7일간 섬에 걸려 움직이지 못하고 있었는데, 이순신이 토벌하지 않았다."고 거짓 보고를 하였다. 그러나 김명원金命元이 "왜적은 배에 익숙하여 섬에 7일간 걸려 있었다는 것은 거짓이다."라고 하자, 선조도 이 말에 동의하였다.

3월 12일 문초를 받았는데, 서울에 사는 수군 장수들의 친척들은 이순신이 다른 장수들에게 죄를 돌릴 것을 걱정했다. 그러나 이순신은 일의 전말만 말했을 뿐, 조금도 끌어들이는 말을 하지 않아 모두 탄복하였다. 이순신의 경우처럼 예로부터 장수는 왕이 명령해도 전쟁의 형세에 맞지 않으면 따르지 않았다. 손무는 "상황에 따라 임금의 명령을 받아들이지 않을 때가 있다[君命有所不受]."고 하였다(『손자』「구변」). 설사 국가의 위압이 있을지라도, 장수의 옳은 판단은 꺾을 수 없는 것이다.

1597년 7월 16일 원균이 칠천량漆川梁 해전에서 패배한 후 조정에서는 수군에게 더 이상 가망이 없다고 판단하여 육지에서 싸우기를 명령했다. 하지만 이순신은 수군의 우수성을 들어 수군폐지를 반대하는 상소문을 올렸다.

임진년부터 5, 6년 동안 왜적이 충청과 전라를 바로 돌진하지 못한 것은 수군이 그 길목을 막았기 때문입니다. 이제 신에게는 전선이 아직도 12척이 있는데 죽을힘을 내어 항거하여 싸우면 그래도 해낼 수 있습니다[今臣戰船尙有十二, 出死力拒戰, 則猶可爲也]. 이제 수군을 완전히 폐지한다면 왜적은 다행으로 여길 것이며, 충청도를 거쳐 한강에 도달할 것이니 이는 신이 두려워하는 바입니다. 전선이 비록 적지만 미천한 신하가 죽지 않는다면 왜적이 감히 우리를 업신여기지 못할 것입니다.

- 이분, 『충무공행록』 -

임진왜란 이후부터 지금까지 호남과 충청을 지켜온 것은 수군이 있었기 때문이었다. 그간 5, 6년간 지켜온 해상 제해권制海權을 칠천량 패전 이후 모두 상실했지만, 다시 회복하여 나라를 지키는 데에는 수군의 역할이 절대적으로 필요하였다. 더욱이 남해에 주둔한 왜적들의 북상을 차단해야 하는 중대한 임무가 남았기에, 수군의 우수성을 더욱 강조한 것이다. 임금이 명령해도 전쟁 상황이 불리하면 장수가 그것에 따를 수는 없다. 더욱이 국가의 안위安危가 달린 중요한 상황에서는, 항상 냉철한 판단력으로 명령복종여부를 신중히 결정해야 할 것이다.

|함께 생각하기|

각자의 자아실현은 개인의 발전 뿐만 아니라 국가의 발전에도 도움이 되는 일이다. 저마다 사명감을 갖고 자신의 역할을 다하며 서로 단결하고 화합을 이루어야 한다. 개인의 노력이 모이면, 사회는 공동체로서 더욱 발전하게 될 것이다. 그런데 사회를 운영하는 제도와 규정에 문제가 있다면 반드시 재검토를 해야 한다. 효율적 방법으로 운용되어야 하는데, 아무리 좋은 금과옥조金科玉條라도 누구나 공감할 수 있는 합리성이 없다면 유명무실한 것이다. 또한 그 제도로 인해 피해가 발생한다면, 이는 현실성이 없는 것이므로 반드시 시정되어야 한다. 올바른 판단력을 가진 사람이라면 누구든 문제개선을 요구할 수 있다. 간혹 개인의 주장과 의견이 타인에게 인정을 받지 못할지라도, 그것이 대의를 위한 옳은 일이라면 반드시 관철시킬 필요가 있다.

위급한 상황에 대처할 경우 부득이 상관에게 보고하지 못하고 처리해야 할 때가 있다. 그런 때에는 일을 마친 뒤 그 행위에 타당한 명분과 이유를 상관에게 말하여 부득이한 사정이었음을 설명해야 한다. 그러나 시기와 모함 앞에서는 자신의 정당성을 인정받기 어렵고, 오히려 또 다른 문제가 발생할 수도 있다. 이때는 상황의 변화와 추이에 따라 여유를 갖고 대처할 필요가 있다. 어떠한 경우든 비합리적인 제도의 운영에 대해서는 타당한 근거를 제시하여 시정을 요구할 수 있는 것이다. 오히려 방치해두는 것이 사태를 악화시켜 망하게 한다. 그것이 전체조직의 존망存亡이 달린 중대한 일이라면, 보다 더 합리적으로 설명하고 해결방법을 강구해야 한다. 잘못된 중론을 바로잡고 혼자의 올바른 주장을 관철시키기 위해서는, 남다른 선견지명先見之明과 지혜가 있어야 한다. 시비를 분명히 가려 상관과 주변인들을 설득하기 위해서는 논리적인 분석력도 필요하다. 특히 경쟁관계에서 상대의 전략에 말려들 경우에는 치명적인 위험이 따른다. 오직 지혜로운 사람만이 난관을 극복하고 자신의 올바른 주장을 관철시킴으로써 자아실현을 이룰 수 있는 것이다.

4. 전쟁의 기만은 정당한 전략이다

일상생활에서 언행言行을 바르게 하는 일은 매우 중요하다. 자신과 남을 속이지 않고, 말한 것은 반드시 실천하는 습관을 길러야 한다. 남을 진실하게 대하면 신뢰가 쌓이게 되어 더욱 좋은 관계를 유지할 수 있다. 신뢰유지를 위해 남을 속이는 일이 없어야 하는데, 남이 먼저 나를 속일 것이라고 경계하는 행위도 지양止揚해야 한다. 공자孔子는 "남이 속일까 짐작하지 않고, 남이 불신할까 억측하지 않는다. 그러나 먼저 깨닫는 자는 현명한 것이다[不逆詐, 不億不信. 抑亦先覺者, 是賢乎]."라고 하였다(『논어』「헌문」). 남을 속이는 것이나 남을 불신하는 것은 모두 바람직하지 않은 행동이다. 그러나 승리를 위한 전쟁에서는 경우가 다르다. 상대가 부당하게 침해를 가했을 때는 국가와 사회의 안전을 지키기 위해 임시방편의 기만책도 필요한 때가 있다.

손무는 "전쟁이란 기만책이다. 때문에 능하면서도 불능한 것처럼 보이고, 사용하면서 사용하지 않는 것처럼 해야 한다[兵者, 詭道也. 故能而示之不能, 用而示之不用]."고 하였다(『손자』「시계」). 전쟁이란 기만책으로 자신을 위장함으로써 승리로 이끄는 것이다. 오기는 "추격할 때는 따라잡지 못하는 척하고 이로움을 보고도 짐짓 못 본 척하니, 이와 같은 장수는 지혜로운 장수이다[其追北佯爲不及, 其見利佯

爲不知, 如此將者, 名爲智將].”라고 하였다(『오자』「논장」). 작전 중에는
적이 아군에 대해 오판하도록 해야 한다. 승리를 위해서는 기만책도
유용한 것이다.

　당나라 태종이 기만책을 안쓰면 어떠냐고 묻자, 이정은 “기만책을
쓰는 것이 적을 예측하는 방법이니, 폐하여 쓰지 않으면 기만이 더욱
심해진다[存之所以能度之也, 若廢而不用, 詭愈甚矣].”고 하였다.(『이위
공문대』) 내가 기만책을 쓰지 않으면 오히려 적이 더 쓰게 된다는 것
이다. 또 이정은 “기만책은 따르게 하되 알게 해서는 안된다[詭道可
使由之, 不可使知之].”고 하였다. 기만책은 전쟁에서 임시방편의 목적
으로만 사용하되, 깊이 연구할 대상은 아니라는 것이다. 이순신은 평
소 일상생활에서는 남을 속이는 일은 절대 하지 않았다. 그러나 전쟁
에서는 조국을 침탈한 왜적을 물리치기 위해 임시방편의 기만책을
사용하여 상황을 승리로 이끌기도 하였다.

1) 기만책이 불가피함

　이순신은 평소 단아한 선비의 모습을 하고 있었지만, 지략도 남달
라서 갑작스런 상황 대처에 능하였다. 그러한 기질이 어릴 때부터 보
였는데, 성격이 대범하고 활달하면서 총명하고 지혜로워 남에게 기만
欺瞞을 당하지 않았다(「충무공유사」). 하루는 소경아이와 동아서리를
가기로 해놓고 소경아이가 혼자 제집에서 박을 따게 한 일이 있었다.

그 일화의 내용은 다음과 같다.

공(公, 이순신)이 어릴 때 이웃집에 소경아이가 있었다. 그가 매번 공에게 와서 부탁하기를, "아무개 집에 동아(東瓜, 박 일종)를 많이 심어 열매가 매우 많이 열었다고 하니, 밤에 서리하러 가자."고 하였다. 공이 승낙하였다. 어느 날 밤에 공이 소경아이의 손을 잡고 세 바퀴를 돌고서 거짓으로 동아가 있는 집으로 가는 척 하다가 소경아이의 집으로 돌아와서 말하기를, "여기가 바로 그 집이다."라 하였다. 그러자 소경 아이가 급히 지붕에 올라가서 동아를 모두 따버렸다. 공은 그 아이를 버리고 혼자 돌아왔다. 소경아이의 어미가 동아를 서리당한 것을 알아채고 횃불을 켜들고 나가보니, 자기 아들이 지붕 위에 온전히 앉아 있었다[公爲兒時, 隣家有瞽兒, 每來請公曰, 某人家多種東瓜結子甚盛云, 乘夜偸之可也. 公諾之. 一日夜, 公携瞽手, 周回三匝, 伴爲向瓜者家, 然而還到瞽人之家曰, 是其家也. 瞽人亟乘之而盡摘之, 公棄而獨歸. 瞽人之母覺其盜瓜也, 擧火出見則其子完坐屋上矣].

이순신이 소경아이와 함께 동아서리를 하러 같이 가게 되었는데, 동아가 많이 연 집으로 가지 않고 그 아이의 집으로 가서 여기가 바로 그 집이라고 거짓말을 하였다. 아이는 앞을 볼 수 없으니 믿을 수 밖에 없었다. 아이가 동아를 다 따고나니 집주인에게 들켰다. 집주인은 바로 아이의 어머니이고 동아 서리한 사람은 바로 자기의 아들이었다. 이순신이 비록 아이와 약속은 어겼지만, 자기 집의 동아를 서리하게 함으로써 아무런 문제가 되지 않게 하였다. 이순신이 개구쟁이의 장난을 치면서도 남에게 피해가 가지 않도록 한 행위는, 역시 어려서도 규범을 중시한 모습이다.

이순신은 항상 자신의 몸가짐을 엄격히 하여 남의 사소한 잘못도 그냥 지나치지 않았다. 1579년 10월 충청병사忠淸兵使의 군관軍官 재직시(35세) 하루는 상관인 병사가 술에 취하여 부하 군관의 집에 찾아가려고 하였다. 물론 병사가 그와는 평소에 친분이 있고 자신이 데려와서 군관을 시켜준 사이지만, 대장이 군관에게 사적으로 찾아가는 것은 복무규정에 어긋나는 일이었다. 그래서 이순신은 자신도 거짓 술에 취한 척하며 병사의 손을 잡고는, "사또 어디로 가려고 하시오?"하며 만류하였다. 그러자, 병사는 깨닫고 주저앉으며 "내가 취했군. 취했어."라고 하였다. 이순신이 상관의 잘못된 행동을 자신도 취한 척하며 취기醉氣를 빌려 일깨워주었던 것이다.

임진년 6월 2일 당포唐浦 앞바다에서 적선 21척을 만났는데, 그중 제일 큰 배위의 높은 다락[層樓]에 왜장이 앉아 싸움을 지휘하였다. 조선 수군이 편전(片箭, 짧은 화살)을 난사亂射하니 왜장이 다락 아래로 떨어지고 다른 적들도 화살에 맞아 무수히 거꾸러져 마침내 모두 섬멸되었다. 전쟁이 끝나고 한낮에 여러 장수들이 막 쉬려는데 갑자기 적이 온다고 보고되었다. 이순신은 거짓으로 못들은 척하였다. 다시 급히 "적이 수없이 옵니다."라고 보고하였다. 이순신은 화를 내며 "적이 오면 싸울 뿐이다"라고 하였다. 그때 장사와 병졸들이 모두 싸움에 지치고 기력이 떨어진 나머지, 너무 당황하여 헛본 것이었다. 이순신은 이를 먼저 파악하고 있었기에 보고를 무시한 채 자기할 일만 하였다.

이순신은 왜적에게 혼선을 주기위해 허위 글을 작성하여 유포시키기도 하였다. 6월 14일 본영에 있으면서, "신은 이제 전선戰船 수만 척을 거느리고 비장군飛將軍 선거이宣居怡를 선봉先鋒으로 삼아 곧장 일본국日本國을 치러 아무 달 아무 날에 출발할 것이다."라고 거짓장계 두 통을 작성하고서 군관을 보내어 이를 가지고 가서 서울 가는 길에 떨어뜨려 적으로 하여금 보게 하였다(『충무공행록』).

7월 8일 이순신은 한산도해전 때에 작전수행 중 적을 좁은 해협에서 유인해내기 위해 기만책을 사용하였다. 왜적이 양산梁山에서부터 호남湖南을 향해 온다는 첩보를 듣고 이억기李億祺, 원균元均과 함께 고성固城 견내량見乃梁에 출동하였다. 과연 적선 30여 척이 오고 그 뒤로 왜선들이 바다를 무수히 뒤덮고 있었다. 이순신은 이 때 당시의 상황을 〈견내량에서 왜병을 격파하고 올린 장계〉에 적어 조정에 보고하였다.

왜군의 대선大船 36척, 중선中船 24척, 소선小船 13척이 조선수군을 포진하였는데, 견내량의 지형이 매우 좁고 암초가 많아서 판옥선板屋船이 서로 부딪히게 되어 싸움하기 어려운데다 적이 불리해지면 육지로 올라갈 것이니, 한산도閑山島 바다 가운데로 적을 유인해 내어 완전히 소탕할 계획을 세웠습니다. 한산도는 사방으로 갇혀 왜적이 육지로 올라가도 굶어죽을 것이므로 먼저 판옥선 5, 6척을 보내어 습격

수조도(충렬사 소장)

할 기세를 보이자, 왜선들이 쫓아오기에 아군의 전선이 거짓 후퇴하
는 척하며 돌아오니 적들이 계속 추격해 왔습니다. 바다 한 가운데로
나와 여러 장수들에게 학익진鶴翼陣을 벌여 각자 지자地字, 현자玄字,
승자勝字 등의 총통을 쏘게 하여 먼저 2, 3척을 격파하자, 여러 왜선
들이 달아났습니다.

ㅡ『임진장초』,〈견내량파왜병장見乃梁破倭兵狀〉ㅡ

이순신은 견내량의 좁은 해협에서 왜적과 교전하기가 불리함을 알
고, 우선 거짓 달아나는 척하며 한산도의 넓은 바다로 적을 유인해

내었다. 조선수군들은 58척의 배로 반전시킬 기회를 이용하여 역습하여 순식간에 적선 70여 척을 불태우고 많은 적들을 사살하였다. 최유해는 "당시 왜적이 수군을 무서워했는데 우키다 히데이에[平秀家, 宇喜多秀家]라는 자가 제가 해결하겠다고 장담하더니, 그대로 여기서 패하였다."고 하였다(「충무공행장」). 이때 왜적의 사망자는 9천 여 명이나 되었다. 견내량의 좁은 해협을 벗어나기 위해 기만책으로 왜군을 유인하여 한산도대첩을 이룬 것이다.

패전을 거듭한 왜군도 전쟁을 위해 기회만 생기면 기만책을 사용하였다. 그러나 철두철미하게 대비한 이순신에 의해 매번 계획대로 실행되지 못하였다. 한산대첩이후, 이순신이 진영에서 더욱 경계를 강화하였다. 하루는 달 밝은 밤에 여러 장수들을 불러 놓고 "적들이 기만책을 많이 사용하여 달이 없을 때에 물론 공격해오지만 달이 밝을 때도 쳐들어 올 것이니, 신중히 대비하라."고 하였다. 마침내 호각을 불어 모든 배에 닻을 올리게 하니, 얼마 후 탐후선이 적이 온다고 보고하였다. 중군中軍이 대포大砲를 발사하며 고함을 지르면 여러 배들이 모두 응하니 적들은 아군의 방비가 잘 되어 있음을 알고 함부로 침범하지 못하였다. 모든 장수들은 이순신을 신神이라고 일컬었다(「충무공신도비」).

이순신이 이원익李元翼에게 보낸 편지〈上體察使完平李公元翼書〉를 보면, "교활한 적이 속임수가 많고 온갖 꾀를 다 내니 한 모퉁이에 모여 있는 것이 어찌 괜히 있는 일이겠습니까. 또 다시 저돌猪突적으로 쳐들어오면 어버이를 굶주린 범의 입안에 넣는 것처럼 매우 위급한 상황이 될 것이므로, 철수하지 못하고 오늘까지도 지키고 있습니다."
라고 하였다. 항상 불시에 저돌적으로 습격해 오는 왜적을 대비하는
이순신의 철저한 모습을 엿볼 수 있는 내용이다.

전쟁이 아닌 일상생활에서 개인의 기만행위는 경계의 대상이다. 계
사년 5월 14일 이순신이 우수사 이억기와 배안에서 대화하는데 원균
元均이 와서 술주정을 부렸다. 배안의 모든 장병들은 그의 거짓된 짓
에 놀라고 분개하였다. 21일에는 원균이 거짓 내용으로 공문을 보내
어 대군大軍을 동요하게 했다. 이순신은 그의 군중軍中을 속인 흉패한
행태는 이루다 말할 수 없다고 하였다. 원균은 평소 자신이 선배로서
이순신의 아래에 있는 것을 수치로 여기고 조정의 대신들과 관계를
맺고 이순신에 대해 온갖 무고誣告를 하였다. 이에 일본장수 요시라要
時羅의 간계까지 함께 작용하여 결국 원균이 그간 맺힌 한을 풀고 삼
도수군통제사직을 맡게 되었으나, 정유년(1597) 7월 16일 원균부대가
칠천량漆川梁 해전에서 참패를 당하였다.

다시 재기한 이순신이 9월 15일 명량해전鳴梁海戰 당일 중과부적衆
寡不敵한 상황에서 왜적과 결사적인 전투를 벌인다. 이때 넓은 바다에
서 싸우기가 어려움을 감안하여 진도珍島 명량의 좁은 목으로 왜적
을 유인하였다. 이때 전라 남해에는 수많은 사대부들의 피난선이 이
순신에게 모여들었다. 이순신이 피난민들에게 "큰 적들이 바다를 뒤
덮었는데 그대들은 어쩌자고 여기에 있는 것인가?"라고 하자, 그들은
"저희들은 오직 나으리만 바라보고 여기에 있는 것입니다."라고 대답
하였다. 피난민들이 피난선에서 식량과 옷, 군수품을 걷어다가 13척

명량대첩의 모습(현충사 소장)

의 수군에게 지원하였다. 이순신은 피난선을 조선 수군의 배 뒤에 배
치시켜 배후세력으로 보이게 하였다.

명량해전에서 이순신이 여러 피난선으로 하여금 먼 바다에 늘어서
서 위장술[疑兵]로 지원하게 하고, 이순신이 앞에서 싸웠기에 적이
크게 패하였다. 적들은 아군이 성대한 것으로 생각하여 감히 다시 침
범하지 못하였다.   - 이분,『충무공행록』-

피난선 수백 척을 이용하여 왜적들에게 마치 수군의 성대한 대열인
것처럼 보이게 함으로써 기세를 제압한 것이다. 이것이 바로 위장전

팔사품 사진(충렬사 소장)

술이다. 이에 대해 최유해는 "피난선으로 후원하는 의병疑兵을 만들었다."고 하였고(『충무공행장』), 조경남趙慶男은 "아군이 거짓으로 포위 안에 들어가는 척하니, 적들은 아군이 겁낸다고 좋아했다"고 하였다(『난중잡록』). 피난선의 지지 하에 왜적들에게 기만책을 사용하여 조선수군의 의도를 오판하게 함으로써, 왜적들의 형세를 불리하게 만들었다. 이순신은 그 순간 좁은 명량의 순류順流를 이용하여 대포를 연발하여 적들을 격퇴시켰다. 손무는 "군대는 속임수로 착각하게 하고 이익으로 적을 움직이게 하고 분산과 집합으로 변화를 만든다[兵以詐立, 以利動, 以分合爲變者也]."고 하였다(『손자』「군쟁」). 기만책으로 적을 교란시키고 이로운 것으로 유혹하여 변화하는 방법으로 대처하는 것이다. 오기는 "지혜로운 장수는 이로움을 보고도 못 본 척한다."고 하였다(『오자』「논장」). 이순신은 전쟁에서 지형적인 이점을 충분히 이용하였고, 때로는 달아나는 척하고 나약한 척하면서 강하게 공격하였으며, 적은 수의 아군 세력을 성대하게 보이는 등의 위장전술을 전개하여 승리를 거두었다.

|함께 생각하기|

원만한 대인관계를 위해서는 항상 진실한 마음으로 상대를 대해야 한다. 마음을 진실하게 하려면 무엇보다 속이는 일이 없어야 한다. 이유없이 남을 속여서도 안되고, 남을 불신해서도 안 된다. 이러한 자세는 항상 남으로부터 신뢰를 얻게 한다. 그러나 인간사에서 항상 남과 좋은 관계를 유지할 수 있는 것만은 아니다. 뜻밖에 심각한 침해를 받아 위기를 극복해야 하는 때도 있다. 더욱이 경쟁상대로부터 공격을 받아 위기상황에서 절박하게 호소할 때도 있을 것이다. 이러한 때에는 전쟁처럼 임시방편의 기만책을 쓰기도 해야 한다. 침해를 가한 상대를 교란시키고 우리의 상황을 오판하게 만드는 지혜도 필요하다. 위기극복을 위해서는 불가피한 것이다.

그러나 기만책은 매우 위급한 상황에서 임시방편의 목적으로만 사용해야 하므로, 깊이 연구할 일은 절대 아니다. 보통의 일상에서는 기만행위가 없어야 하는데, 잘못을 시정하기 위한 정의로운 기만책은 악의惡意가 있는 기만행위와는 성격이 다르다. 친한 사람에게 습관적인 잘못이 있는 경우 깨우쳐주기 위해서라면, 거짓말을 해서라도 바로잡아주어야 한다. 간혹 주변사람이 어떤 일을 착각하여 잘못된 정보를 알려주며 응해주길 요구한다면, 나는 기만을 써서라도 응하지 않아야 한다. 또 스스로 상대가 사용할 기만책에도 항상 대비해야 한다. 어려운 위기상황에서도 자신의 정체성을 잃지 않고 꿋꿋이 지켜나가면, 많은 이들이 지지해줄 것이다. 그 지지의 힘을 배후에 두고 상대와 경쟁한다면, 상대는 기선제압으로 먼저 위축될 것이다. 진정으로 지혜로운 자는 겉으로는 약해보이나 강한 힘을 발휘하며, 그때그때의 변화에 잘 대응하여 목표를 달성할 것이다.

5. 지피지기(知彼知己)가 승리의 길이다

전쟁에서는 서로의 정보를 정확히 파악하는 것이 중요하다. 그것이 승패의 관건이기 때문이다. 먼저 상대를 알아야 대응준비를 잘 할 수 있다. 공자孔子는 "사람의 행동과 동기, 결과를 보면 그 사람에 대해 알 수 있다[視其所以, 觀其所由, 察其所安. 人焉廋哉]."고 하였다(『논어』「위정」). 사람의 동향을 파악하면 그 사람에 대해 알 수 있는 것이다. 제갈량은 "밖에서 안을 모르는 것을 근심할 것이 아니라, 오직 안에서 밖을 모르는 것을 근심하라[不患外不知內, 惟患內不知外]."고 하였다(『편의십육책』「찰의」). 경쟁관계에서 상대를 먼저 파악하는 것이 중요하다. 손무는 "적을 알고 나를 알면 백 번 싸워도 위태롭지 않고, 적을 모르고 나를 알면 한번 이기고 한번 진다. 적을 모르고 나도 모르면 매번 싸울 때마다 반드시 위태로울 것이다[知彼知己, 百戰不殆. 不知彼而知己, 一勝一負. 不知彼不知己, 每戰必殆]."라 하였다(『손자』「모공」). 상대를 아는 것과 함께 나 자신도 잘 파악하는 것이 승리의 길이다. 이정은 "손무가 말한 '먼저 적이 이길 수 없는 상황을 만드는 것'이 지기知己이고, '적을 이길 수 있는 상황을 기다리는 것'이 지피知彼이다[孫武所謂先爲不可勝者, 知己者也. 以待敵之可勝者, 知彼者也.]."라 하였다(『이위공문대』). 자신을 막강하게 만드는 것이 나를 아는 길이고, 상대가 불리한 때를 노리는 것이 상대를 아는 길이다.

위료자는 "세상의 장수 중 군법을 모르는 자는 명령을 함부로 하여 행하고, 먼저 공격함을 용기있다고 하니 반드시 패할 것이다[世將不知法者, 專命而行, 先擊而勇, 無不敗者也]."라고 하였다(「늑졸령」). 멋대로 명령을 내리고 만용을 부리면, 반드시 패할 것이다. 손무는 "지형이란 전쟁을 돕는 것이다. 적을 헤아려 승리를 이루고 험난하고 평탄한 것, 멀고 가까운 것을 계량함은 최상의 장수가 해야 할 도리이다[夫地形者, 兵之助也. 料敵制勝, 計險阨遠近, 上將之道也]."라고 하였다(『손자』「지형」). 오기는 "지형의 이점을 모르면 나가도 반드시 패한다[地利若不悉知, 往必敗矣]."고 하였다(『통전』「병전」). 전쟁에서 지형의 이점을 파악하는 것이 중요하다. 황석공은 "널리 배우고 간절히 묻는 것이 널리 아는 방법이다[博學切問所以廣知]."라 하였다(『소서』「구인지지」). 제대로 정보를 얻으려면 주변을 이용해서 배우고 물어야 한다. 이순신은 평소 근신하는 자세로 일에 임하여 실수한 적이 없었다. 항상 전쟁 중에 하루를 점검하며 앞일을 예견하였고, 적과 아군의 상황을 파악하는데 주력하였다. 또한 지형적인 이점을 충분히 이용하기 위해 정보정찰을 소홀히 하지 않았다.

1) 허점을 공략함

이순신은 태어날 때부터 총명하고 민첩하여 어른들을 놀라게 한 일이 많았다. 부친 이정李貞이 유독 총애하여 어릴 때 지혜를 자주 시험하였다. 이정이 이순신의 나이 4, 5세 때 지혜를 시험한 일화가 있다.

하루는 부친 이정이 방房에 앉아서 이순신에게 "네가 나를 마루로 나가게 할 수 있겠느냐?"고 물었다. 이순신은 "아버지께서 방안에 계시니 마루로 나오게 하는 것은 지극히 어려워 방도가 없소만, 만일에 마루에 계시다면 방으로 가게 함은 쉬울 듯 하오니, 쉬운 문제부터 시험하소서."라고 대답하였다. 이정이 껄껄 웃으며 이순신의 말대로 마루로 나와 앉으며 "그러면 네가 쉽다는 문제를 내보라."고 하자, 이순신은 박장대소拍掌大笑하며 "아버지가 마루에 나와 앉으시니 저의 계교가 이루어졌나이다."하고 즐거워하였다.

- 김기환, 『이순신공세가(李舜臣公世家)』 -

부친 이정이 이순신에게 방안에 있는 자신을 마루로 나오게 해보라고 내기를 했다. 그러자 이순신은 그 문제는 어렵고 마루에서 방으로 들어가게 함이 쉽다며 쉬운 문제부터 내달라고 하였다. 이 말을 듣고 이정이 마루로 나온 순간 이미 이순신이 내기에서 이긴 것이다. 전혀 의심하지 않을 말을 하여 부친을 움직이게 하였다. 어릴 때부터 지혜가 뛰어나서 사람의 심리를 이용할 줄도 알았던 것이다.

임진왜란 발생 후 이순신은 왜적의 세력이 약해지고 무기도 다할 때를 기다렸다가 제압하려고 하였다. 적선이 5백 여척이나 되는 상황에서 반드시 적의 동향에 맞추어 엄습할 태세로 기선제압 작전을 계획하였다. 조선 수군과 왜적간의 긴장이 고조된 상황에서 정보정찰을 더욱 철저히 하였다. 왜적을 궁지로 몰아서 기동작전으로 협공을 한 경우도 있었다. 당포唐浦 해전을 치르고 올린 〈당포에서 왜병을 격파한 장계〉를 보면 그에 대한 내용이 있다.

신臣의 망령된 생각으로는 적들이 배를 버리고 육지에 오르면, 모두 섬멸하지 못할까 염려됩니다. "우리들이 후퇴하는 척하여 포위를 풀고 퇴각하면, 저들이 필시 틈을 이용하여 배를 이동할 것이니, 그때 좌우에서 후미後尾를 공격하면 모두 섬멸할 수 있습니다.

– 『임진장초』, 〈당포파왜병장唐浦破倭兵狀〉 –

왜적들이 육지로 흩어지면 일망타진의 계획에 차질이 생길 것을 염려하여 이동하도록 유도한 다음 공격한 것이다. 잠시 공격을 유보하고 후퇴했다가 다시 역공하는 작전을 실시한 결과, 승리할 수 있었다. 강태공은 "전쟁의 승리방법은 적의 기밀을 살피고 신속히 이로운 때를 이용하여 생각하지 못할 때 공격하는 것이다[兵勝之術, 密察敵人之機, 而速乘其利, 復疾擊其不意]."라고 하였다(『육도』「병도」).

이순신이 율곡栗谷 이이李珥를 처음 만났을 때 율곡이 전쟁 중 위급할 때를 대처하기 위한 방법을 한시로 알려주었다. 그 내용은 다음의 야담에서 볼 수 있다.

율곡이 같은 집안의 정의에 대한 회포를 푼 뒤 이윽고 "당시唐詩에 '독을 품은 용이 잠긴 곳에 물이 유난히 맑다'고 한 시구를 숙독하여 잊지 말라."고 하였다. 공은 마음으로 새겨들었다. 임진왜란에 이르러 여러 장수들을 거느리고 노량露梁 아래에 머무는데 하루는 여러 장수들에게 "저 곳의 물빛이 매우 맑아 그 아래에 필시 적이 있을 것이니, 모든 장수들은 방심하지 말라."고 하였다. 그러나 장졸들은 믿지 않았다. 밤이 깊자 장졸들에게 갑옷을 벗지 말고 칼을 갖고 뱃머리를 치게 하고 사방에서 노래를 부르게 하였다. 다시 장검으로 배 밑을 휘둘러 치게 하였다. 얼마 후 배 밑에 구멍이 나서 물이 들어오니, 공이 여러 장수들에게 나무못을 가져다가 구멍에 끼우게 했다. 이튿날 아침에 보니 적의 손가락이 강위에 가득히 떠있고 물빛이 온통 붉은 색이었다. 이는 바로 적이 손으로 배 밑을 뚫으려고 하다가 충무공의 대비로 크게 패한 것이니, 충무공이 신기한 분이라고 말할 수 있다.[李忠武公舜臣初謁栗谷, 栗谷敍同宗之誼後, 乃曰唐詩有毒龍潛處水偏淸之句, 是可熟讀而不可忘也, 公心聽而已. 至壬辰之亂, 率諸將留于露梁下, 一日語諸將曰, 彼處水色甚淸, 下必有賊, 諸軍勿放心也. 將卒不信之, 夜深使將卒, 不脫介冑, 持刀創打船頭, 四面而唱歌. 又曰以長劒揮打船下, 無何船底穴穿水痕犯入, 公使諸軍持來木釘, 隨穴塞之. 翌朝見之, 則賊之手指遍于江上, 水色通紅, 乃是賊以手穿其船底而被忠武之豫備, 致此大敗, 忠武公可謂神奇也.]

– 『계압만록鷄鴨漫錄』 –

율곡 이이가 당부한 말을 늘 기억하고 있다가 실제 전쟁에 사용하여 위기를 면하였다. 물이 매우 맑은 곳은 적이 침입해 올만한 곳이었기에 미리 장수들에게 경고를 해두었다. 적들이 배 밑에 침투하려고 했지만, 배밑을 휘둘러 치는 장검에 손이 찔리고 잘린 것이다. 이는 이순신이 율곡의 예견에 따라서 위기를 지혜롭게 잘 극복한 일화이다. 여기서 일의 형세를 간파하고 철저하게 대비한 이순신의 유비무환有備無患 정신을 알 수 있다. 율곡이 알려준 시구는 원래 중국 중당中唐 시인 노륜盧綸이 지은 〈밤에 풍덕사에 투숙하여 해상인을 배알하다[夜投丰德寺谒海上人]〉시의 "야학이 깃든 가에는 소나무가 제일 늙었고(野鶴巢邊松最老), 독룡이 숨어 있는 곳에는 물이 유난히 맑네(毒龍藏處水偏清)"에서 인용한 것이다.

이순신은 아무리 급한 상황이라도 바로 출동하는 것을 경계하였다. 임진년 6월 5일 당항포唐項浦 해전에서는 정탐선을 이용하여 적의 동향을 사전에 충분히 파악한 후 출동시켰다. 원균과 이억기와 함께 왜선 26척과 교전할때, 후퇴하는 척하며 진격해올 때 협공挾攻으로 격퇴시켰다. 7월 견내량의 해로가 좁아 한산도의 넓은 바다로 적을 유인할 때도 원균은 이에 반대하고 진격하려고 했으나, 이순신은 "공은 전쟁을 잘 모르오. 그것이 패하는 길이오."라고 경계하고 만류하였다. 경솔한 출동은 바로 패전하게 될 수도 있는 매우 위험한 일이다. 이처럼 이순신은 원균이 적의 상황을 제대로 파악하지 않은 채 경솔하게 싸우려는 행동을 보고 항상 우려하였다.

원균은 칠천량 해전에서 남해의 지형 조건을 모른 채 출동하였다.

소위원포 사진(현충사 소장)

왜적들은 이미 원균부대가 한산도에서 바다를 건넌다는 정보를 먼저 입수한 상태였다. 마침내 절영도絕影島에서 교전하는데, 적들이 후퇴하는 척하며 유인작전을 벌여 아군을 피로하게 만들었다. 바다 가운데 배만 띄워놓고 종일 교전하지 않아 가덕도로 후퇴하였는데, 굶주림과 갈증에 허덕일 때 적들이 습격하여 아군 4백여 명을 잃었다. 다시 칠천도漆川島로 옮겨 정박했다가 적의 추격을 받고 바다 가운데서 싸웠으나 크게 패하였다. 원균은 배에서 내려 언덕으로 올라가 도주하려다가 적에게 잡혀 죽었다. 원균 자신도 반드시 패할 줄 알고 싸우다가 끝내 패한 것이라고 하는데, 이 모두가 원균이 멀리서 잘못 지휘했기 때문이었다(「충무공유사」).

손무는 "적을 알고 나를 알면 백 번 싸워도 위태롭지 않다[知彼知己, 百戰不殆]."고 하였다(「모공」). 이순신은 『난중일기』 갑오년 11월

28일 이후에 이 글에서 '백전불태'를 '백전백승百戰百勝'으로 고쳐 적고, "이는 만고에 변함없는 이론이다."라고 하였다. 손무의 이 글을 항상 자신의 경계로 삼았다. 원균의 경우는 아군과 적의 상황을 모른 상태에서 싸우다가 패망한 사례인 것이다.

2) 길잡이의 이용

이순신은 전쟁 중에 항상 정찰활동을 통한 정보수집에 주력하고, 남해일대의 지형적인 이점을 충분히 활용하고자 하였다. 해전에서의 승리는 해상의 지형과 조수潮水상황을 잘 파악하는데 달려있다. 처음 전라좌수사에 부임했을 당시에는 그 지역의 해상 지형에 대해 잘 파악하지 못했는데, 물길을 익히는데 지역민들이 많은 도움을 주었다. 이에 대하여 영, 정조 때 학자 성대중成大中은 다음과 같이 기록하였다.

이순신이 처음 전라좌수사에 임명되었을 때 왜적에 대한 경계에 한창 다급했다. 왜적을 막는 것이 바다에 달렸으나, 바다를 방비할 좁고 험한 곳을 잘 몰랐다. 그래서 이순신은 날마다 포구의 남녀 백성들을 뜰에 모아놓고 저녁부터 새벽까지 짚신을 삼고 길쌈하기를 마음대로 하게 하면서 밤마다 술과 음식을 대접하였다. 이순신은 평복 차림으로 그들과 친하게 지내어 그들이 말을 걸어올 정도였다. 처음에는 매우 두려워했으나 오래될수록 친해져 웃으면서 농담도 하였는데, 하는 얘기마다 모두 고기 잡고 조개 캔 일들이었다. 그들이 '어느 항구는 물이 소용돌이쳐서 들어가면 반드시 배가 뒤집히고, 어느 여울은 암초가 숨어 있어 그곳을 지나면 반드시 배가 부서진다.'고 하면, 이순신은 일일이 기록했다가 이튿날 아침 직접 나가 보았다. 먼 곳은 부하 장수가 가서 살폈는데, 과연 얘기한 대로였다. 그 후 왜군과 전투를 하게 되었을 때 항상 배를 끌고 선회하면서 적들을 험한 데로 유인해 몰아 넣었는데, 왜선들은 반드시 부서져 힘들여 싸우지 않고도 승리하였다. 우암 송시열宋時烈이 이 사실을 객客에게 들려주면서 "오직 장수만 그래야 하는 것이 아니라 재상도 마땅히 이처럼 해야 한다."고 하였다. 그러나 충무공이 바닷길에 익숙했던 것은 포구의 백성에게 들어서만이 아니라, 또한 물길의 험한 곳을 잘 알았던 부하 어영담魚泳潭이 공을 많이 도왔기 때문이다. 견내량見乃梁과 명량鳴梁의 해전은 오로지 지형의 이점을 이용해서 승리를 거둔 것이다.

- 『청성잡기靑城雜記』 5권, 〈성언醒言〉 -

처음 전라좌수사에 부임하여 바다의 지형을 익히는데, 전라지역의 해상지리를 잘 아는 지역민들과 가까이 지내면서 그들에게서 상세한 정보를 얻었다. 또한 부하 어영담에게서도 많은 도움을 받았다. 항구와 여울의 위험한 지점을 기억해두었다가 훗날 전쟁 중에 이곳으로 왜적을 유인하여 쉽게 격침시킬 수 있었다. 해상경계를 담당한 장수로서 지역민들과 부하를 길잡이로 삼아 해상지형의 요새에 대한 정보를 얻어 전쟁에서 승리하는데 유리하게 이용하였다. 이처럼 지역의 길잡이가 제공한 요새정보를 작전에 활용하는 전술은, 전쟁에서 매우 중요한 것이다. 손무는 "고을의 길잡이[鄕導]를 이용하지 않으면 지리의 이점을 얻지 못한다[不用鄕導者, 不能得地利]."고 하였다(『손자』「군쟁」). 제갈량은 "군사가 보루에 갈 때는 먼저 심복心腹과 길잡이 [鄕導]에게 자세히 살피게 해야 한다[凡軍行營壘, 先使腹心及鄕導前 戰審知]."고 하였다(『제갈량집』「병요」).

| 함께 생각하기 |

상대를 모르고 경쟁하는 사람보다 더 무모한 사람은 없다. 경쟁관계에서는 상대를 정확히 알고 대응해야 승리할 수 있는 것이다. 미래를 예측하기 어려운 위기상황에서는 우선 상대의 상황과 동향을 면밀하게 관찰해야 한다. 아무리 급해도 무모한 도전과 성급한 만용蠻勇은 금해야 하고, 급한 상황일수록 한 걸음 늦춰가는 자세를 가져야 한다. 설사 자신감이 있어도 다시 한번 점검하고 확인하는 자세가 필요하다. 침착한 자세로 치밀하게 준비하면 실수를 줄이고, 위기극복에 더욱 만전을 기할 수 있는 것이다. 그런 점에서 미래를 밝게 관망할 수 있는 안목과 통찰력이 있어야 한다.

승리를 가늠하기 어려운 상황에서는, 상대는 물론 나에게도 대응 준비가 잘 되어 있는지 점검해야 한다. 상대와 나의 상황을 정확히 파악하는 것은 위기극복을 위해 매우 중요한 일이다. 상대와 나를 올바로 알게 되면, 어떠한 위기 상황에 놓여도 위태롭지 않을 것이다. 이는 효율적인 상황대처를 위한 유비무환의 자세이다. 손무가 말한 "상대를 알고 나를 알면 백전불태百戰不殆이다."라는 말은 만고의 진리이다. 이순신은 "상대와 나를 알면 백전백승百戰百勝한다."라고까지 말하며 승리를 장담했다.

자신의 내실을 다지기 위해서는 자신의 주변여건을 충분히 활용해야 하는데, 우선 나를 이끌어 줄 문제해결의 길잡이를 찾아야 한다. 현실 타개와 자구책을 마련하는 일은 단순한 의욕만 가지고 되는 것이 아니며, 고학력자나 권력자가 도움을 줄 수 있는 것도 아니다. 오직 해당분야에 오랜 실무경험을 쌓아온 전문가라야 정확한 정보를 줄 수 있다. 능숙한 경험자의 정보는 앞으로 나아갈 방향에 지침이 되어준다. 나 자신은 그것으로 자신에게는 유리하고 상대에게는 불리한 상황을 만들어 가야한다. 주변의 정보와 경험을 토대로 능숙한 전략을 세워 대응해 나간다면, 자신이 항상 유리한 상황에서 승리의 기회를 얻을 수 있을 것이다.

신信

5. 신의
실천

1. 믿음이 상생(相生)의 힘이다

진실성이 있으면 굳이 많은 설명을 안해도 몇 마디 말에 남들이 믿어준다. 신의를 실천하는 데에는 진실성을 보이는 것이 매우 중요하다. 진실성이 없는 신의信義는 무의미한 것이다. 『설문해자』를 보면, 신信은 진실[誠]의 뜻이다. 인人과 언言이 조합된 글자로 사람들이 말하면 믿기 때문에 신信자가 된 것이다. 신信은 성誠과 뜻이 통하여 함께 쓰이기도 한다. 사람을 진실하게 대하면 서로 믿고 따르게 되어 원만한 관계를 이루게 된다.

공자는 "말은 성실하고 믿음직하며, 행동은 독실하고 공경스럽게 해야 한다[言忠信, 行篤敬]."고 하였다(『논어』「위령공」). 언행은 어디에서나 항상 진실하게 해야 한다. 또 공자는 "사람으로서 신의가 없으면 어디에 쓰일 수 있을지 모르겠다. 큰 수레에 예輗가 없고 작은 수레에 월軏이 없으면, 어떻게 갈 수 있겠는가?[人而無信, 不知其可也. 大車無輗, 小車無軏, 其何以行之哉]."하였다(『논어』「위정」). 수레에 소를 연결시키는 기구인 마구리[輗]와 멍에막이[軏]가 없으면 수레가 갈 수 없듯이, 사람도 신의가 없으면 원만한 사회생활을 할 수 없다. 신의란 도덕성을 후하게 해주는 기능을 한다[信, 德之厚也](『공자가어』「제자행」). 신의가 모든 윤리 도덕을 실천하는데 밑바탕이 되어준다.

황석공은 "신의는 이견을 하나로 만든다[信足以一異]."고 하였다 (『소서』「정도」). 신의란 중론통합의 역할도 해준다. 『장원』에 "신의로써 독려하면 병사들은 모두 죽기를 각오할 것이다."라고 하였다(「여사」). 병사들에게 신의를 보여주면 모두 목숨을 바치려 한다. 제갈량은 "일을 약속하고 신용도를 살핀다[期之以事而觀其信]."고 하였다(『장원』「지인성」). 약속이행의 여부로 사람의 신용도를 평가할 수 있다. 사마양저는 "어진 마음이 있어도 신의가 없으면 도리어 자신을 망친다[有仁無信, 反敗厥身]."고 하였다(「정작」). 신의가 없는 행동은 인격에 치명적인 것이다. 황석공은 "스스로 의심하면 남을 믿지 말고 스스로 믿으면 남을 의심하지 말라[自疑不信人, 自信不疑人]."하였다(『소서』「안례」). 의심스러운 사람은 쓰지 말고 한번 채택했으면 의심하지 말아야 한다. 신의란, 마음을 숨기지 않는 것이고[不隱者](『육도』「육수」), 상호 동의를 중시하는 것이다[重然諾](『장원』「근후」). 이순신은 일상에서 한번 지킨 약속은 반드시 이행하였다. 전쟁 중에는 신의를 지켜 작전을 원만히 수행하였는데, 장수와 부하간의 상호 의견을 존중하여 신뢰를 쌓고, 화합으로 상생相生의 길을 열어 승리할 수 있었다.

1) 약속 엄수

임진왜란 초기 경상우도 진영이 점령되었을 때 조정은 원균의 보고를 받고 이순신에게 긴급 지원하라는 명령을 내렸다. 이순신은 전라

진영 수군들과 지원출동을 하자는 약속을 하고 바닷길과 전쟁 상황을 급히 알려달라고 통보하였다. 이에 원균은 경상우수영이 점령된데다 나날이 적의 형세가 치열해졌다며 전라좌도의 군대를 총 출동시켜 당포唐浦 앞바다로 급히 와달라고 요청하였다. 전라군은 당시 거의 다 육전에 나간 상태이고 무기도 적어 맨손의 병사들이 많았고 도주하는 자들도 속출하였다. 이순신은 긴급사태에 원균과 함께 왜적을 섬멸할 것을 약속하였다. 이 때 조정에 올린 장계는 다음과 같다.

신에게 소속된 전선은 모두 30척 미만으로 형세가 매우 외로우나 전라도 관찰사 이광이 이미 소속 수군에게 명하여 신의 뒤를 따라 힘을 모아 구원하도록 하고, 일이 급해도 지원선이 다 오기를 기다린 후에 약속하고 출발하여 바로 경상도로 달려갈 계획입니다. 흉악한 무리들이 서울을 육박하여 본도의 관찰사가 홀로 분발하여 3군을 거느리고 서울에 향할 계획을 세웠다고 하니, 신은 이 말을 듣고 흐르는 눈물을 참지 못하고 감탄하였습니다. 여러 장수들을 거느리고 서울로 달려가 먼저 수도에 있는 적을 꺾으려고 하나, 국경을 지키는 신으로서 맘대로 할 수 없어 분함을 참으며 조정의 지휘를 기다립니다. 신의 생각으로는 이제 적의 형세가 거세진 것은 모두 바다에서 대항하지 못했기 때문입니다.

- 『임진장초』, 〈부원경상도장赴援慶尙道狀〉-

전라진영의 수군들과 경상도 지원을 약속하고 대기한 중에 전라도 관찰사가 혼자서 수도방위를 위해 진격계획을 세웠다는 말을 듣고 감격하여 눈물을 흘렸다. 이순신도 당장 서울로 가고 싶지만, 왜적의 해상공격을 차단하는 일이 중요함을 인식하여 이에 먼저 주력할 것임을 보고하였다.

이순신은 당포해전 당시 긴박한 작전 수행 중에도 적에게 붙잡혀 간 포로를 구출하는 문제를 그냥 지나치지 않았다. 포로를 되찾아 오는 일이 왜적의 목을 베는 것과 같이 중요한 일이라고 여긴 것이다. 이에 부하들에게 "왜선을 불태울 때 각별히 포로를 찾아내어 함부로 죽이지 말라"고 거듭 당부하고 약속하였다. 이에 여러 장수들이 그 지시를 따라 포로가 되었던 남녀 6명을 되찾아 왔다.

전쟁에서의 전공은 적의 머리를 벤 수급首級의 수에 따라 평가된다. 그러나 급박한 전투상황에서는 적의 목을 베는 것보다는 적을 살상하는 데 주력하는 것이 더 효율적인 전투가 된다. 그래서 이순신은 소속 부하들과 살상 위주의 전투를 하기로 사전에 약속하였다.

신이 약속할 때 여러 장수와 군졸들이 공로와 이익을 탐하여 먼저 다투어 머리를 베려고 하다가 도리어 해를 입어 사상자가 많아지는 예가 있었기에, 사살시킨 후에 머리를 베지 못했어도 힘써 싸운 자를 제일의 공로자로 논하겠다고 거듭 명했습니다. 모두 4차례 접전했을 때 화살을 맞아 죽은 왜적이 매우 많았으나 머리를 벤 것은 많지 않았습니다. 그러나 원균은 접전한 다음날 협선挾船을 보내어 왜적의 시체를 거의 다 거두어 목을 베었고, 경상연해의 포작鮑作들이 죽은 왜

적의 목을 많이 베어 가지고 왔으나 신은 타도의 대장으로서 받는 것
이 온당치 않아서 원균에게 바치라고 보냈습니다. 원균과 이억기 등의
여러 장수들이 벤 머리가 거의 2백 급級이 되었습니다.

- 『임진장초』, 〈당포파왜왜장唐浦破倭兵狀〉 -

이순신은 적의 머리를 베는 일에 치중하지 않아서 왜적의 사상자는
많았으나 이에 비해 얻은 수급은 오히려 적었다. 하지만 결사적으로
힘써 싸운 장수에게는 약속한대로 머리를 벤 것에 준하여 공로를 인
정하였다. 반면 원균의 경우는 이와 달리 머리를 베는데 치중하고,
심지어 왜적의 시체를 거두어다가 목을 베기까지 하였다. 이에 이순
신은 포작이 가져온 왜적의 목을 원균에게 보내주었다. 여기서 부하
장수들과 약속을 지키면서 왜적소탕에 주력한 이순신의 믿음직한 모
습을 볼 수 있다.

계사년 2월 웅포해전熊浦海戰이 발생했을 때 이순신은 〈각 진영의
장졸과 약속하는 글〉을 지었다. 천고에도 듣지 못한 흉변에 개탄하
며 조속히 국난을 극복하기 위해 부하 장졸들과 더욱 전투에 분발할
것을 다짐하였다.

임금은 서쪽으로 피난가고 백성들은 살육을 당하며 종묘사직이 폐
허가 된 상황에서, 오직 우리 삼도의 수군이 의리를 떨쳐 모두 목숨
을 바치려 했지만 기회가 맞지 않아 뜻을 펴지 못했다. (…) 임금이 선
전관宣傳官을 보내어 "도망가는 적을 막아 죽이고 한 척의 배도 돌아

가지 못하게 하라."고 한 하교가 닷새 만에 두 번이나 내렸다. 한창 충성하여 몸을 잊을 때인데 어제 적을 만나 지휘할 때 교묘하게 피하고 주저한 모습이 많았던 것은 매우 통분할 일이다. 즉시 군법을 시행해야 하나 할 일이 많고 군령이 있으니 더욱 힘쓰도록 당부함은 전쟁의 좋은 대책이다. 우선 그 죄를 용서하고 적발하지 않을 것이니 약속한 사연대로 일일이 시행하라.

- 『난중일기』, 〈약속각영장사문約束各營將士文〉 -

이순신은 부하장졸들에게 전쟁의 위태로운 상황에서 모두 결사적인 자세로 임해야함을 강조하였다. 전쟁 중에 명령을 따르지 않은 장수와 병졸들이 있었지만, 위급한 때라서 바로 처벌하기 보다는 우선 경고하고 앞으로 더욱 분발하도록 하는 것이 전쟁의 최선책이었다. 이순신이 처벌해야 할 장졸에게 관용을 베풀어 더 좋은 성과를 내도록 기회를 준 대범한 처사에 장졸들은 더욱 그를 신뢰하고 분발하게 되었을 것이다.

2) 믿음으로 승리함

계사년 3월 왜적들이 임시 소굴을 만들고 나오지 않자, 이순신부대는 경남 통영 사량蛇梁에 머물면서 화선火船을 대기시켜 공격준비를 했다. 22일 전라·경상의 복병선들이 협력하여 정탐하던 왜인 2명을 당포 앞바다에서 생포하였다. 일본어를 잘하는 부하 공태원孔太元이 이들을 신문하였는데, 한 명은 27세 된 송고로宋古老였고, 다른 한 명은 44세된 요사여문要沙汝文이었다. 이순신은 이에 대해 〈적의 토벌을 아뢴 장계〉에 적었는데, 아래 글은 이들이 진술한 내용이다.

저희는 일본 이조문伊助門사람으로 이달 18일 작은 배를 타고 해상에서 고기를 낚던 중 바람을 만나 표류하다가 붙잡혀서 그 밖의 노략질한 소행에 대해서는 자세히 모르고, 본국과의 약속에 '2년 동안 오래 타국에 머물러 있어서 많은 살육을 당하였으니, 일이 되든 안 되든 3월 안으로 들어오라.'고 했으나 올라간 왜인들이 아직 내려오지 않기에, 일제히 내려오기를 기다렸다가 돌아갈 계획입니다.

– 『임진장초』, 〈토적장討賊狀〉 –

이순신은 교활하고 거짓을 반복하는 이들의 말을 믿을 수 없었다. 다시 상세히 바른대로 말하라고 엄하게 형벌을 가하며 끝까지 물었지만 다른 말을 하지 않았다. 지극히 흉악한 자들이라 이순신은 결국 이들에게 극형을 내려 머리를 베고 말았다. 평상시에는 포로로 잡혀온 왜인들에게 관대하게 대한 편이었지만, 이들에게는 관대하게 대할 수 없었다. 사실을 은폐하고 왜인들이 피해를 보았다는 황당한 말을 해대는 행태에 격분한 심정을 참을 수 없었던 것이다.

이순신은 전쟁 중에 떠도는 헛소문을 절대 그대로 믿지 않았다. 계사년 7월 8일 남해 사람 조붕趙鵬이 "적이 전남 광양光陽을 친다하여 광양 사람들이 이미 관청과 창고를 불질렀다는 말을 들었다."고 했다. 그러나 이순신은 해괴하다는 생각에 믿을 수 없어서 사도군관 김붕만金鵬萬을 시켜 다시 알아보게 했다. 이틀 후 김붕만金鵬萬이 두치豆恥에서 와서 "광양의 일은 사실입니다. 왜적 백여 명이 도탄陶灘에서 건너와 이미 광양을 침범했으나, 놈들이 총통을 한 번도 쏘지는 않았습니다" 하였다. 그러나 왜적이 포를 한 발도 쏘지 않을 리가 전혀 없다고 생각하여 역시 믿지 않았다.

8월 10일에 올린 〈왜적의 정황을 보고한 장계[陳倭情狀]〉를 보면, "'왜적들이 웅천의 세 곳과 거제의 세 곳에 성을 쌓는다.'는 말이 있는데, 이는 포로로 갔다가 온 제만춘諸萬春의 문초내용과 거의 일치하였다. 또 '왜적들이 본토에서 군량과 의복을 연속 실어온다'는 말이 있는데, 이들의 말을 다 믿을 수는 없지만 미루어 보면 적들이 겨울을 여기서 날 듯하니 더욱 비통하다."고 하였다. 이순신은 왜적의 정보와 주변의 상황을 비교한 다음에 그들의 동향을 판단하였다.

계사년 11월 13일 왜적에게 잡혀간 소년들을 구출하기 위해 작전을 세웠다. 그러나 창원昌原에서 생포된 소년들을 탈출시키려고 모의하다가 일이 발각되어 주동했던 소년이 참수 당했다. 또 12월 19일 웅천에서 생포된 소년들을 탈출시켜주기로 몰래 약속을 했다. 그런데 한 소년이 일본어를 할 줄 알아서 왜의 통역군에게 이간질을 하는 바람에 발각되어 그 뒤로 경계가 더욱 삼엄해졌다. 다시 소년의 탈출 작전을 시도했지만, 결국 무산되었다. 그 후 왜군에게 사로잡혔다가 도망쳐 나온 2명이 원균의 진영에서 와서 적의 정세를 상세히 말했지만, 이순신은 믿지 않았다(《피랍인이 고한 왜정을 듣고 올린 장계 [登聞被擄人所告倭情狀]》).

갑오년 5월 4일 경상우수사의 군관이 "왜적 3명이 탄 중선中船을 추도楸島에서 붙잡아 왔다."고 하여 심문 뒤에 압송하라고 하였다. 부하 공대원孔大元이 "왜적들이 배를 몰고 일본으로 가는 중 폭풍을 만나 떠다니다가 이 섬에 댄 것이라 한다."고 하였다. 그러나 이순신은 '간교한 놈들의 말'이라며 믿지 않았다. 그 당시 화친책에 대해서도 이순신은 왜적들이 꾸민 간계로 여겼기에 왜적에 대한 반감은 더욱 증폭되어 갔다. 이에 선유도사 담종인譚宗仁에게 "왜적은 신의가 없고 화친하려고 한다는 것은 거짓말이다."라고 강하게 반대하였다.

이해 겨울 명나라 파총把總 장홍유張鴻儒가 조선수군의 진영에 와서 위세를 보고 매우 탄복하였다. 내년 봄 산동山東, 천진天津 등에서 비호선飛唬船 1백 2십여 척을 거느리고 제주도로 갔다가 한산도에 와서 합세하여 함께 적들을 토벌할 계획이라고 하였다. 이에 대해 이순신은 "이 말은 비록 깊이 믿을 건 못되지만, 그 정황을 자세히 살펴보면 거짓은 아닌 것 같다."고 하였다(『갑오일기』 11월 28일 이후).

정유년 8월 18일 칠천량해전에서 조선 수군이 궤멸한 뒤 전남 회령포會寧浦에서 우수사右水使 김억추金億秋를 시켜 13척의 배를 모아 거북선 모양으로 장식하여 군대의 기세를 돕게 하였다. 이순신은 이 때 장수들과 약속하기를 "우리들이 임금님의 명령을 함께 받았으니, 의리상 함께 죽는 것이 마땅하다. 일이 이 지경에 이른 상황에서 한 번

정유일기 9월 15일자, "必死則生, 必生則死"(현충사 소장)

죽음으로 국가에 보답하는 것이 무엇이 아깝겠는가. 오직 죽고야 말
것이다."라고 하였다. 이에 모든 장수들이 감동하였다(『충무공행록』).

명량해전 하루 전 9월 15일에는 전라 우수영 앞바다에서 여러 장
수들을 불러 모아 놓고 다음과 같이 말하며 약속하였다.

"병법에 이르기를 '반드시 죽고자 하면 살고 살고자 하면 죽는다
[必死則生, 必生則死].'고 하였고,(『오자』「치병」), 또 '한 병사가 길목을
지키면 천 명도 두렵게 할 수 있다[一夫當逕, 足懼千夫].'고 했는데

(「여사」), 이는 오늘의 우리를 두고 이른 말이다. 너희 여러 장수들이 조금이라도 명령을 어긴다면 군율대로 다스리어 작은 일도 용서하지 않을 것이다.”하고 재삼 엄중히 경고했다.

- 『정유일기』 9월 15일 -

이순신은 국가의 최대 위기상황에서 부하 장수들과 결사적으로 싸우기를 다짐하였다. 그 결과 13척의 배로 133척의 왜선을 물리친 전공을 세울 수 있었다. 제갈량은 “신의로써 독려하면 병사들이 모두 죽기를 각오할 것이다.”라고 하였다.「여사」 부하들과 함께 결사적으로 싸운 결과 승리를 이루어냄으로써 신의信義를 지켜낸 것이다. 특히 이때 피난민들이 배를 이끌고 와서 이순신과 약속하고 13척의 수군 배 뒤에서 떠나지 않고 지원한 일은, 군민軍民이 서로 믿음으로써 승리를 이루어낸 일이다. 공자는 “신의로써 단결하면 백성이 배반하지 않는다[信以結之, 則民不倍].”고 하였다(『예기』「치의」).

| 함께 생각하기 |

도덕 실천에 기본이 되어 주는 신의란, 수레를 끌어주는 소의 멍에와도 같은 것이다. 신의가 없으면 남에게 신뢰를 얻지 못할 뿐 아니라, 인간생활에서 많은 어려움이 따를 것이다. 자신의 성공적인 삶을 위해 원대한 포부를 갖고 있다면, 어디에서든지 항상 신의를 실천해

야 한다. 또한 신의란 여러 사람들의 이견異見을 하나로 통합시켜주는 역할도 해준다. 사회생활에서 항상 신의를 지켜 행동한다면, 윗사람들에게 신임을 얻어 중책을 맡고 아랫사람들도 믿고 따르게 될 것이다. 또한 사람의 인격을 평가하는데도 기준이 되어 준다.

신의가 있고 성실한 사람은 우선적으로 등용하게 된다. 반면 신의가 없고 불성실한 사람은 사회에서 인정받지 못할 것이다. 남이 위급한 상황에 처했을 때 자신이 어려움에도 불구하고 도우려는 자세가 신의이다. 의협심과 정의심도 바로 이러한 마음가짐에서 비롯한다. 개인의 공로를 생색내기에 힘쓰기보다는, 사회생활에 헌신적으로 기여하는 것이 중요하다.

갑작스런 위기를 당했을 때는 지휘자와 부하간이 상호 신뢰로써 단결을 약속하고 위기극복을 위해 최선의 노력을 기울여야 한다. 부하들의 사소한 잘못은 용서하여 화합을 이루어야 한다. 남에게 치명적인 피해를 주고 기만하는 자는 반드시 징계하고 처벌해야 하며, 불성실하고 교활한 사람은 항상 경계해야 한다. 중요한 사건들에 대해서는 자신이 직접 확인한 후에 판단하는 자세를 가져야 한다. 소수의 인원일지라도 강한 정신력으로 단결하여 결사적인 자세로 일에 임하면, 반드시 목적을 이룰 수 있을 것이다. 각자 일당백一當百의 각오로 자신을 무장하면, 천 사람도 두렵지 않을 것이다. 동고동락同苦同樂하는 공동체 의식으로 대의大義를 위한 신의를 실천해 나간다면, 항상 믿음이 존재하게 되어 상생의 길이 절로 열릴 것이다.

2. 힘들수록 정성을 다해라

매사에 성실한 자세로 임하는 것이 중요하다. 일상생활에서 남이 보든 안보든 상관없이 항상 일관된 모습으로 성실하게 임하면, 남으로부터 두터운 신임을 얻을 것이다. 정성을 들여 진실성을 보이면 사람의 마음을 움직일 수 있는 것이다. 공자는 "선비는 금옥을 보배로 여기지 않고 성실과 신의를 보배로 여긴다."하였다(『예기』「유행」). 또 "성실이란 하늘의 도요, 성실하게 하는 것은 사람의 도이다[誠者, 天之道也. 誠之者, 人之道也]."라고 하였다(『중용』). 인간사회에서 성실이란 인간이 지켜야 할 행위이다. 또 그 방법에 대해 "성실하게 하는 것은 선을 가려서 굳게 지키는 것이다[誠之者, 擇善而固執之者也]."라 하였다. 선행을 관철할 때 성실은 실현된다.

강태공은 "정성은 천지에 통하고 신명에 통하는데, 하물며 사람에 있어서랴[夫誠暢於天地, 通於神明, 而況於人乎]."라 하였다(『육도』「상벌」). 정성된 마음은 천지신명에게도 감통하는데, 더욱이 사람에게 어떠한지는 말할 필요도 없는 것이다. 황석공은 "신묘함이란, 지극한 정성보다 더 신묘한 것이 없다[神莫神於至誠]."라 하였다(『소서』「본덕종도」). 지극한 정성은 무엇이든 이룰 수 있는 신묘한 작용을 한다. 위료자는 "장수는 마음이고 부하는 사지이다. 그 마음이 정성으로 움직

이면 사지는 따라서 힘쓰게 된다[將帥者心也, 群下者支節也. 其心動
以誠, 則支節必力]."하였다(「공권」). 장수와 부하는 긴밀한 관계이므
로, 장수가 정성을 들이면 부하들은 더욱 분발한다. 또 "정성은 신명
함에서 나온다[夫精誠在乎神明]."라 하였다(「전권」). 사물을 달관할
때 정성의 마음이 생긴다.

이정은 "충심으로 절개를 다 바치고 신의로 정성을 다하면, 능한
정탐자가 있어도 쓸모가 없게 된다[忠以盡節, 信以竭誠, 雖有善間,
安可用乎]."라 하였다(『이위공문대』). 장수와 부하가 충성과 신의로 임
무에 충실하여 군대가 강성해지면, 적국의 뛰어난 정탐자라도 손을
쓸 수 없게 된다. 제갈량은 "사람에게 있어서 충청심은 물고기에게
연못이 있는 것과 같다. 물고기는 물을 잃으면 죽고 사람은 충성심을
잃으면 흉해진다[人之忠也, 猶魚之有淵, 魚失水則死, 人失忠則凶]."
라고 하였다(『제갈량집』「병요」). 인간의 충성심은 물고기의 생명을 유지
하게 하는 물과도 같은 존재이다. 충성심이 없는 사람은 머지않아 재
앙을 당하게 될 것이다. 이순신은 어려운 역경 속에서도 자신의 뜻을
굽히지 않고, 오로지 국난극복을 위한 한결같은 정성으로 자신의 본
분을 지키며 전쟁임무를 충실히 수행하였다.

1) 중요한 일에 힘씀

임진년 왜군이 조선의 내륙 진입에 성공하고 마침내 서울에 육박

하게 되자, 이순신은 이에 대한 긴급대책 마련에 주력했다. 경상도 연해 군현의 군사시설이 미비한 것은 아니었지만, 군사들이 대비할 생각은 안하고 모두 도주하여 성곽이 거의 다 함락되었다. 임진 4월 30일 이에 대한 내용을 적어 조정에 보고하였다.

　　지난번 부산과 동래 연해의 여러 장수들이 배를 성대하게 정비하여 늘어선 진영에서 엄습할 위세를 보이고, 형세를 관망하며 진퇴에 적절한 방도를 세워 적을 육로에 오르지 못하게 했더라면, 나라를 욕되게 한 환란이 반드시 이 지경에 이르진 않았을 것입니다. 원컨대 한 번 죽을 것을 기약하고 범의 소굴을 공격하여 요망한 기운을 다 쓸어버리고 나라의 수치를 만분의 일이라도 씻고자 하는데, 성패는 신이 미리 헤아릴 수 없는 일입니다.

－『임진장초』,〈부원경상도장赴援慶尙道狀〉－

　　경상 수군들이 적의 침공에 신속하게 대처하지 못한 요인은 모두 해상경계의 실패에 있었다고 보았다. 현재 상황에서 성패를 장담할 수는 없지만, 조선부대의 무너진 기세를 만회하기 위해 결사적인 각오로 왜적을 소탕하여 나라의 치욕을 씻고자 하였다. 미래의 불확실한 상황에서도 해상경계 강화를 위해 정성을 다하는 노력이 엿보인다.

　　임진년 9월 부산포해전 이후 조선군대는 병사들의 식량문제로 어려움을 겪게 되었다. 이에 이순신은 부하들을 동원하여 식량비축에 주력하였고, 의주義州에서 피난 중인 선조宣祖에게 우선 식량을 보냈다. 동월 25일 이에 대한 내용을 보고하였다.

훈련원 봉사 정사준鄭思竣이 전쟁이 일어난 뒤 상중의 몸으로 나와서 충성심을 분발하여 요충지인 광양현光陽縣 전탄錢灘의 복병장으로서 파견된 뒤, 잠복하여 적을 방어하는데 특이한 계책을 내어 적을 경계지역에 접근하지 못하도록 하였으며, 의로운 선비 이의남李義男과 약속하고 각기 의곡義穀을 모아 모두 한 배에 싣고 행재소(行在所, 왕의 임시처소)를 향하였습니다.

－『임진장초』, 〈장송전곡장裝送戰穀狀〉」 －

부하들에게 임금에게 보낼 식량을 따로 비축해 두라고 각별히 당부하고, 순천부사 권준은 신호申浩와 어영담魚泳潭과 함께 다른 물품들도 마련하여 더불어 실어 보냈다. 국난 중에도 임금을 위해 식량을 보내는 이순신의 충성심을 볼 수 있다.

이순신은 전쟁 중에 왜적을 공격하는 일을 중요하게 여겼지만, 내륙을 수비하는 일에도 소홀하지 않았다. 성패를 가늠하기 어려운 상황에서도 먼저 전쟁의 요충지를 지키는 일에 주력하였다. 임진년 8, 9월에는 지방의 여러 사찰에 숨어 지내는 승려들과 병적兵籍에 이름이 누락된 이들을 모두 적발하여 전쟁에 징용하였다. 계사년 1월 26일 〈의승병을 분송하고 요충지 수비를 아뢰는 장계〉를 올려 이에 대해 보고하였다.

용기와 지략이 있는 순천의 승려 삼혜三惠를 시호별도장, 흥양의 승려 의능義能을 유격별도장, 광양의 승려 성휘性輝를 우돌격장, 광주의 신해信海를 좌돌격장으로• 임명하고, 진사 방처인房處仁, 광양 강희열, 순천 성응지 등이 분개하여 의기를 분발하여 고을사람들을 규합하고 각기 의병을 일으켰습니다. 적을 막아 소탕하고 병세를 강하게 하기 위해 성응지와 삼혜, 의능 등에게 전선을 나누어 주고 바다로 나가라고 명했습니다. — 『임진장초』, 〈분송의승파수요해장分送義僧把守要害狀〉 —

병력이 부족한 상황에서 승병과 의병을 모집하였다. 이들을 전남 구례의 석주石柱와 도탄陶灘, 두치豆恥 등의 일대에 나누어 수비하도록 하자, 한 달 동안 4백 여명이 모였다. 조선부대에 민간병력의 인원을 확충하여, 전쟁수행에 만전을 기하였다.

계사년 2차 견내량 해전 당시 왜적과 대치한 상황에서 유인책에 빠지지 않기 위해 왜군의 동향을 관찰하며 침착하게 대처하였다. 한 순간 오판했다면 적의 함정에 말려들 수도 있었던 상황이었다. 계사 7월 1일 이를 기록한 〈왜선을 쫓은 일을 보고한 장계〉를 올렸다.

지난 6월 26일 선봉 왜선 10여척이 바로 견내량으로 향하여 오다가 저희의 복병선에게 추격을 당하고는 다시 나오지 않았는데, 필시 우리 군사를 유인하여 좌우와 뒤를 포위할 계획이었습니다. 저의 생각으로는 요로를 굳게 지켜 편안히 있다가 피로해진 적을 기다려서 먼저 선봉을 부수면, 비록 백만의 무리도 기운을 잃고 마음이 꺾여 도망갈 것이며, 작년에 적이 섬멸당한 한산바다에서 진치고 그들의 움직임을 기다렸다가 한 마음으로 협력하여 공격하기를 죽음으로 맹세했습니다.　　　　　　　　　　－『임진장초』, 〈축왜선장(逐倭船狀)〉－

이순신은 그간의 전쟁경험으로 도주하는 왜선을 끝까지 추격하지 않았다. 오히려 협공의 기동작전으로 몰아넣으려는 왜군의 속셈을 알았기 때문이다. 이 당시 조선 수군은 100척이고 왜군은 10척이었는데, 수비를 강화하고 결사항전의 자세로 적을 기다렸다. 그러하니 적이 더 이상 오지 않았다. 앞뒤의 상황을 미루어 용의주도하게 적의 심리를 정확히 파악함으로써 위기를 극복한 것이다.

전쟁 기간 내에 병사들 중 무과시험을 봐야 할 사람들이 있었다. 이에 광해군光海君이 전쟁 중 무과시험을 시행하여 과거를 보게 할 예정이었다. 진영에 있는 병사들에게는 좋은 기회였지만, 그 계획에는 몇 가지 문제점이 있었다. 이에 계사년 11월 29일에 이순신은 〈진중에서 시험을 청하는 장계〉를 조정에 올려 보완책을 보고하였다.

동궁(광해군)께서 전주에 머무신 김에 12월 27일 전주부에서 과거 시험장을 설치하기를 명하였다고 하니, 해상 진중 병졸들이 모두 기꺼이 달려가려고 하였으나 물길이 멀어 기한에 도착하기 어렵고, 교전 중 공격입을 우려가 있어 일시에 보낼 수 없습니다. 수군 소속 군사들은 경상도의 예에 따라 진중에서 시험을 보아 그들의 마음을 위로하게 해주십시오.　　　－『임진장초』, 〈청어진중시재장請於陣中試才狀〉－

멀리 있는 병사들이 과거시험을 보려면, 진영에서 이동하기가 쉽지 않았다. 과거날짜에 맞게 가기가 어렵고, 또 한꺼번에 병사들을 이동시키면 작전수행에 지장을 받는데다 왜적의 공격을 받을 수도 있는 위험이 따랐다. 이에 이순신은 병사들의 편의를 위해 진중陣中에서 시험을 치르도록 해주기를 조정에 요청하였다. 갑오년 2월 4일 순찰사는 순천 무군사(撫軍司, 광해군의 행영)의 공문에 의거하여 "진중에서 과거시험을 설치하자고 장계한 것은 매우 잘못되었으니 심문하여 징계해야 한다."고 하였다.

그러나 이미 2월 7일 우부승지 이광정李光庭이 선조의 인가를 받아 장계를 보낸 내용을 시행하라는 명령이 내려졌다. 단, 말을 달리면서 활쏘는 것을 제외하고 편전片箭과 철전鐵箭으로 시험하여 백명 이내를 선발하라고 하였다. 마침내 4월 6일 무과 특별시험을 시행하였는데, 이순신과 이억기, 구사직이 시험을 감독하고, 황세득 외 3인이 참시관參試官으로 참여하였다. 이순신의 한결같은 정성과 노력으로 병사들을 위해 진중에서 과거를 치르도록 규정에도 없는 제도를 새로 만들어서 과거시험을 무사히 치룰 수 있었다.

이순신은 7년 동안 군중에 있으면서 항상 노심초사하며 근신하는 생활을 하였다. 그가 전공을 세우고 상으로 하사받은 물품들은 모두 흩어서 여러 장수들에게 나누어주고 사사로이 남겨둔 것이 없었다. 또 안민정책에 힘쓰고, 농사를 가르쳐 곡식을 저축하고, 어염漁鹽의 이익을 증대시켜 근본적인 군대제도를 마련하기에 힘썼다. 이 때문에 군량보급이 끊긴 적이 없었고, 남쪽 백성들조차 이에 의지하며 명맥

을 유지한 사람도 수만 가구에 이르렀다
(「충무공유사」).

홍두령패(충렬사 소장)

　이식은 "이순신이 평소에 아부하지 않는 성격 때문에 반평생을 불우하게 지냈다. 난리를 만나서 공로를 드러내고 그 정성精誠이 위아래를 감동하게 했건만 세상의 평론에 용납되지 못하고 옥에까지 갇히게 되었다."고 하였다(『시장』). 전쟁 중에 지극한 정성으로 공로를 세웠지만, 세상에 영합하려고 하지 않았기에 오히려 누명을 썼던 것이다. 남구만南九萬은 "이순신이 먼 앞날을 내다본 계책은 전쟁에서 승전 요인이 되었고 국가를 진작시키는 방법이 되었다."고 하였다(『고화도유허비』). 전쟁 중에 철저히 대비한 그의 원대한 계책은 항상 나라를 지키는 힘이 되었다.

| 함께 생각하기 |

　모든 일에 성실하게 임하면, 어려운 일도 순조롭게 해낼 수 있다. 성실이란 인간사회에서 인간의 삶을 원만하도록 이끌어 주는 힘이 있다. 성실한 마음은 사람은 물론, 신명과도 통할 수 있다. 지성至誠이면 감천感天이라 하였다. 정성으로 무장한 막강한 힘은 어떠한 일도

해낼 수 있다. 이처럼 성실의 힘이란 무한한 것이다. 일이란 한번 잘 못되면 돌이키기 어려운 것이지만, 이에 지극한 정성을 들이면 재기할 기반을 만들 수도 있다.

만약 이와 달리 수수방관袖手傍觀한다면 일은 더욱 심각해질 것이다. 전쟁에서는 군사력 유지에 식량이 중요하듯이, 현대사회에서는 삶에 필요한 물질적 기반이 중요하다. 위기극복을 위한 노력에는 남녀노소 구분할 것 없이 어느 누구나 동참하여 협력해야 한다. 많은 사람들의 관심과 정성으로 협력하면 강하고 큰 힘을 만들 수 있다. 경쟁관계에서 상대의 공격이 있을 경우에는, 침착하게 형세를 관망하며 대처해야 한다.

사회의 안정과 발전을 도모하기 위해 때로는 없는 제도를 새롭게 만들 수도 있다. 물론 거기에 문제점이 발생할 수도 있다. 제도의 효율적인 운영을 위해 상황에 따라서는 형편과 사정을 고려하여 제도의 내용을 보완하거나 변경해야 한다. 이 과정에서 물론 반대의 의견도 있다. 이때에는 타당한 이유로 상대를 설득해야 한다. 그 제도의 의의가 효율적인 성과와 편리한 이용에 있다고 강조한다면 쉽게 공감할 것이다. 일상의 편리를 도모함으로써 사기진작과 화합의 효과도 거둘 수 있는 것이다. 어떤 경우든 목표달성을 위해서는 상하간의 꾸준한 노력과 성실한 자세가 필요하다. 간혹 정성을 들여도 시기와 모함이 따를 수 있다. 이를 무시하고 강한 신념과 의지로 자기의 일을 주도해 나가야 한다. 항상 미래지향적인 원대한 계책을 세우고, 한결같은 정성으로 자신의 목표를 관철시킬 때 끝내 신의가 실현될 것이다.

3. 자신과 남을 속이지 말라

남을 속이는 행위는 반드시 지양해야 한다. 자신의 양심을 속이는 일이 될 뿐 아니라, 심신수양에도 도움이 되지 않기 때문이다. 자신을 속이는 행위는 남을 속이는 행위보다 더 심각한 것이다. 항상 자신을 수양할 수 있는 기반을 잃는 것과 다름이 없다. 『대학大學』에 이르기를, "마음을 정성되게 한다는 것은 자신을 속이지 않는 것이다[所謂誠其意者, 毋自欺也]."라고 하였다. 진실한 자세는 자신을 속이지 않는데에서 시작된다.

그러기 위해서는 혼자만 있을 때에도 삼가야 한다. 남이 보지 않는 곳에서도 항상 몸가짐을 바르게 해야 한다. 이러한 것이 군자의 행위인데, 소인은 이와 정반대이다. 공자는 "소인은 교활하게 남을 헐뜯고 기만을 생각함을 지혜로 여긴다[狡訐懷詐以爲智]."하였다(『공자가어』「안회」). 소인은 못하는 짓이 없으며 기만적인 행동을 한다. 인간의 내면에 있는 진실은 밖으로 드러나기 마련이다. 그러므로 누구나 신독愼獨을 해야 한다. 황석공은 "속으로는 탐하면서 겉으로는 청렴한 척하고, 거짓으로 명예를 얻고 나라의 재물을 훔쳐 은혜를 베풀며, 상하를 어둡게 만들고 몸을 꾸며 정직한 얼굴을 하여 높은 벼슬을 하는 것이 도적질의 시작이다[內貪外廉, 詐譽取名, 竊公爲恩, 令上下昏,

飾躬正顔, 以獲高官, 是謂盜端].”라 말하였다(「상략」). 위선적인 행동으로 권위를 얻었다면 그것은 위태로운 것이다.

제갈량은 “언행이 일치하지 않고 사적인 세력을 만들어 공무를 그르치고, 밖으로 무고하는 자와 연결하고 안으로 비방하는 것이 시정되지 않음을 패란이라 한다[言行不同, 竪私枉公, 外相連誣, 內相謗訕, 有此不去, 是謂敗亂].”고 하였다(『제갈량집』). 사욕과 기만, 모함으로 세력이 확장되면 부패와 혼란에 빠질 것이다. 위료자는 “선왕들의 명성이 전해지는 것은 정도에 맡기고 거짓을 없애며, 자애로운 마음을 지키고 과단성 있는 판결을 하기 때문이다[先王之所傳聞者, 任正去詐, 存其慈順, 決無留刑].”라 하였다(「전권」). 훌륭한 선왕들은 판단력과 자애심, 과단성이 남달랐던 것이다. 군대를 속인 병사는 참수하고, 성실하고 신의 있는 자를 등용하고 기만한 자는 버려야 한다[取誠信, 去詐僞](『육도』「상현」). 이순신은 평소 대쪽 같은 성격에 남을 속이거나 남에게 속임을 당한 적이 없었고, 남의 기만적인 행위에 대해서는 강하게 비판하였다. 특히 전쟁 중에는 기만 행위자에게 엄한 형벌을 적용하였다.

1) 기만을 경계함

이순신은 평소 몸가짐을 바르게 하기 위해 항상 근신하는 자세로 신독愼獨을 지켰다. 이러한 자기 관리가 가능했던 것은 매사에 성실한 마음으로 임했기 때문이다. 이러한 자세가 결국 사리를 판단하는 기준이 되었는데, 왜적의 기만에 빠지지 않고 사태를 파악하는데에도 크게 작용하였다. 임진왜란이 일어나기 전에는 왜적들이 거짓정보를 흘리기도 하였다. 부하 송희립宋希立이 순찰사와 도사都事의 편지를 가지고 와서 이순신에게 보고하였다.

> 순찰사의 편지에, "영남 관찰사 김수金睟가 '쓰시마 도주島主 종의지宗義智의 문서에, 「일찍이 배 한 척을 내어 보냈는데, 만약 조선에 도착하지 않았다면 틀림없이 바람에 부서진 것이다」라는 내용을 전했다'고 하였다. 그 말이 매우 음흉하고도 거짓되다. 동래東萊에서 서로 바라다 보이는 바다인데 그럴 리가 만무하다. 말을 그와 같이 꾸며대니, 그들의 기만임을 헤아리기 어렵다.
>
> - 임진일기 3월 24일 -

쓰시마 도주島主 종의지宗義智가 김수에게 전한 허위내용을 순찰사가 이순신에게 가져와 보고하였다. 동래에서 내다보면 배의 이동상황을 환히 볼 수 있는데 사실이 아닌 내용을 만들어 보낸 왜인의 기만적인 행태를 지적하였다. 이순신은 항상 정성된 마음으로 일에 임하였고 그것이 판단기준이 되었기에, 왜적의 기만행태를 바로 파악할 수 있었다.

임진왜란 중에는 각 지방의 관아에 관리의 비리와 허위보고 등의 문제가 종종 발생하였다. 전쟁의 혼란으로 감독하기 어려운 때를 이용하여 관리들이 멋대로 자행한 것이다. 계사년 전라도 옥과玉果의 향소(鄕所, 자문기관) 담당자가 임진년부터 군사관리를 부실하게 하여 결원을 많이 내었다. 결원이 거의 백여 명에 이르렀는데도 매양 거짓으로 보고하였다. 그래서 이순신은 담당자를 잡아다가 사형에 처하여 효시梟示하였다.(계사 6월 8일) 전쟁의 혼란 중에 기만한 죄를 지었으므로 극형에 처한 것이다.

이순신이 전선을 만드는데 동원되는 인원을 지방관아에서 허위로 조작하여 병사를 파견한 경우에도 문책하였다.

> 전선戰船을 흙더미에 얹어 만들기 시작하는데, 목수[耳匠]가 214명이다. 물건 나르는 일은 본영에서 72명, 방답에서 35명, 사도에서 25명, 녹도에서 15명, 발포에서 12명, 여도에서 15명, 순천에서 10명, 낙안에서 5명, 흥양과 보성에서 각 10명이 했다. 방답에서 처음에 15명을 보냈기에 군관과 색리(色吏, 아전)를 논죄하였는데, 그 정상이 몹시 기만적이었다. 제2 지휘선의 무상(無上, 사공) 손걸孫乞을 본영으로 돌려보냈는데, 맘대로 일을 많이 저질러서 구금되었다고 한다. 그래서 붙잡아 오라고 하였더니, 이미 들어와서 인사하므로 제 맘대로 드나든 죄를 문책하였다.
>
> - 『계사일기』, 6월 22일 -

각 고을에서 군역에 동원되는 목수와 인부들을 파견하는데 인원의 명수를 속여서 줄여 보낸 것은 비양심적인 행위이다. 임의대로 출입하며 무단 이탈을 한 손걸孫乞이 규정을 어겼기에 문책하였다.

전쟁 중 적에 대한 정보 파악에 주력하였지만, 간혹 사실과 다른 보고가 들어오기도 하였다. 경남 거제도巨濟島에서 왜적에게 포로가 되었다가 되돌아온 자가 말하기를, "적들이 조선 전선의 위세를 보고 후퇴하여 돌아갈 것이며, 진주가 이미 함락되어 왜군들이 전라도까지 넘어 가지는 않을 것이다."고 하였다. 그러나 이 말은 당시 상황에 맞지 않은 거짓말이므로 이순신은 믿지 않았다.(계사 7월 7일)

이순신은 삼도수군통제사에 임명된 뒤부터 원균과의 갈등에 빠졌다. 원균은 이순신이 자기보다 높은 지위에 있는 것을 원망하며 그가 자기를 밀어냈다고 생각했다. 사람을 만날 때마다 눈물을 흘리며 그 사연을 말하고 출동 명령에도 따르지 않았다. 심지어 거짓 협조공문 [移文]을 돌려 대군을 동요케 하는가 하면(계사 5월 21일), 허위 사실을 적은 답서를 보내기도 하였다. 이순신은 이를 보고, "기망欺罔하는 말들은 무엇으로도 형상하기 어려우니, 천지 사이에 이 원균처럼 흉패하고 망령된 이가 없을 것이다."라고 하였다 (『을미일기』11월 1일).

원균의 이러한 행태는 모두 이순신에 대한 질투심에서 나온 것이다. 공로로는 이순신과 함께 1등 공신이지만, 이항복은 "원균元均의 경우는 다만 남을 의지해서 일을 성취한 자이므로, 진

귀도 사진(충렬사 소장)

실로 이순신과는 공을 겨룰 수가 없다."고 평가했다(『백사별집』). 또 당포唐浦의 어부 두 명이 왜적이 왔다고 거짓말을 하고는 피난민의 소 2마리를 훔쳐간 사건이 있었다. 이를 알게 된 이순신은 당장 그들을 잡아다 목을 베어 순회하게 하였다(정유 8월 25일). 전쟁 중에 기만하여 백성에게 해를 끼친 행위에 대해서는 극형으로 엄하게 다스렸다.

2) 처벌의 원칙

임진왜란 중에는 승병들이 수군의 작전을 지원하는 등 많은 활약을 하였다. 특히 휴정休靜 서산대사西山大師의 제자들이 적극 동참하였다. 그런데 간혹 의외의 문제가 따르기도 했는데, 갑오년 1월 승병僧兵들의 문서 위조 사건이 발생하였다. 이에 이순신은 〈승장의 위조문서를 봉진한 장계〉를 조정에 보고하였다.

전라좌도의 승려 처영處英이 순천 송광사에서 부역 면제와 천민賤民 면제의 조건으로 공문을 마음대로 만들어 주면서 군량을 바치기를 독촉하여 어리석은 백성을 속이는 것이 이 지경에 이르렀으니 매우 경악할 일입니다. 승려 유정惟晶은 의능宜能의 신분을 면천免賤한다는 공문을 체찰사 윤두수가 작성한 것처럼 만들어 보내니, 양식이 규격에 맞지 않고 서명도 달라 위조한 것이 명백합니다. 면역과 면천을 위해 임의대로 문서를 위조한 것은 지극히 잘못된 행위입니다. 징계하

지 않으면 필시 막기 어려운 폐단이 생길 것이니 살펴서 처치해 주십
시오.

- 『임진장초』, 〈봉진승장위첩장封進僧將僞帖狀〉 -

승려 처영處英은 부당한 조건을 내세워 군역을 면하고 천민신분을 면
하는 허위문서를 만들었고, 유정 사명당泗溟堂도 의능의 천민신분을
면하는 허위문서를 만들었다. 이들은 모두 서산西山 대사의 제자들로
서, 처영은 승병 천명을 거느리고 호남에서 일어났고, 유정은 7백명
을 거느리고 관동關東에서 일어나 전쟁을 지원한 공로가 있었다. 그러
나 이순신은 이들이 공로자이긴 하나 잘못된 점이 있는 것에 대해서
는 조정에 보고하여 조치해주기를 요청하였다. 잘못을 처벌하는 데
는 기존의 공로자라고 해서 예외가 없었다. 이것이 그의 처벌 원칙이
었다.

하루는 정탐선이 한산도에서 명나라 장수의 통첩을 가져왔는데,
'경남 하동군 두치豆恥에 머문 왜적이 명군明軍에 몰려 달아났다.'고
거짓말을 한 내용이었다(계사 7월 20일). 이순신은 상국의 장수로서
어떻게 그럴 수 있는지 몹시 개탄스러워했다. 여기서 전공을 탐하는
명나라 장수의 모습을 볼 수 있다.

임란 당시 암행어사였던 유몽인柳夢寅이 허위 문서를 작성한 것에
대해서도 비판하였다. 흥양 현감이 그의 비밀 장계초안을 가져 오자,
이순신은 이에 대해 다음과 같이 일기에 적었다.

임실현감[이몽상李夢祥], 무장현감[이충길李忠吉], 영암군수[김성헌金聲憲], 낙안군수[신호申浩]를 파면하고, 순천부사는 탐관오리라고 으뜸으로 거론하고, 기타 담양[이경로李景老], 진원[조공근趙公瑾], 나주[이순용李用純], 장성[이귀李貴], 창평[백유항白惟恒] 등의 수령은 악행을 덮어 주고 포상할 것을 고하였다. 임금을 속임이 이 지경에 이르렀으니, 나랏일이 이러고서야 싸움이 평정될 리가 만무하여 천장만 쳐다보게 될 뿐이다. 암행어사 유몽인은 나라의 위급한 난리는 생각하지 않고 다만 눈앞의 임시방편에만 힘쓰며, 남쪽 지방의 억울하다고 변명하는 말만 들으니, 나라를 그르치는 그의 교활하고 간사한 말은 진회秦檜가 무목武穆을 대하는 것과 다를 바가 없다. 나라를 위한 비통함이 더욱 심하다.

- 『갑오일기』 2월 16일 -

나라의 급한 실정은 돌아보지 않고 무고한 지방 관리들을 파면시키고 탐관오리들을 포상하게 한 유몽인의 처사는 중국의 남송南宋의 충신 악비岳飛를 억울하게 죽게 한 간신奸臣 진회秦檜의 경우와 같다고 비판하였다. 사실과 다르게 허위 문서를 작성하여 보고한 것은 임금을 속인 행위라는 생각에 이순신은 더욱 비통하였다.

이순신은 일찍이 "배를 부린 몇 해의 계획은 다만 성군을 속인 것이 되었네[倚船經歲策, 獨作聖君欺]"라는 시를 읊은 적이 있다(동년 11월 28일 이후). 큰 공로를 세우고도 겸허한 자세로 자신을 반성하고 성찰하였다. 부하 중에도 문서를 위조한 일이 있었다. 부하 정사립鄭

思立이 와서 "경상수사 권준權俊이 모함하는 말을 거짓으로 꾸며 임의대로 작성하고, 문서가 완성되면 오로지 남에게 전해지지 않게 했다."고 하였다. 이에 이순신은 "권수사權水使의 사람됨이 어찌하여 그처럼 거짓되고 망령된 것인가."라고 개탄하였다(을미, 10월 21일). 정사립과 권준의 사이가 좋은 관계는 아니었지만, 남을 모함하고 거짓으로 문서를 조작한 행위는 용납할 수 없었다.

| 함께 생각하기 |

신망信望을 얻기 위해서는 남에게 항상 진실한 마음으로 대해야 한다. 진실한 마음이란, 자신을 속이지 않는 신독愼獨의 경지에서 시작된다. 인격수양을 위해서는 보이지 않는 곳에서도 항상 근신하여 몸가짐을 바르게 해야 한다. 소인들은 남을 교묘하게 속이는 행위를 일삼는다. 위선僞善적인 행동으로 분수에 맞지 않는 지위와 명성을 얻으면 오히려 위태로운 것이다. 세상의 사리사욕私利私慾과 기만欺瞞을 일삼는 현상은 사회발전에 저해되는 병폐이다. 올바른 사회를 이루기 위해서는 저마다 옳고 그름을 바르게 가릴 줄 알아야 한다. 평소 일상에서 자기관리를 철저히 하면 사리를 구분할 수 있는 안목도 생긴다. 이는 지휘자로서의 역할을 하는데도 반드시 필요하며, 남의 기만 행위도 막아준다.

이상적인 사회생활을 하기 위해서는 항상 규정을 준수하는 자세가 필요하다. 엄격한 자세와 밝은 안목으로 주변을 자세히 살펴, 부정과 허위사실을 색출해야 한다. 자신이 올바른 일을 실행하는데 방해하는 자는 반드시 응징해야 한다. 옳고 그름에 대해서는 남의 평가가 있을 것이다. 아무리 공로를 세운 자라도 사심을 갖고 부정 행위를 저질렀다면, 반드시 잘못을 문책하고 처벌해야 한다. 사실을 은폐하거나 조작하여 상벌賞罰을 불공평하게 하는 행위에 대해서도 반드시 징벌해야 한다. 공공의 질서를 문란하게 하는 행위는 결국 사회기강을 무너뜨리는 일이므로, 반드시 엄하게 다스려야 사회에 대한 신의가 회복될 것이다.

4. 신상필벌(信賞必罰)의 원칙을 지켜라

사회생활을 하는데 올바른 감정으로 사람을 대해야 원만한 대인관계가 이루어진다. 좋고 나쁜 감정에 대한 표현방법은 항상 공정하게 해야 한다. 수양된 사람은 상대에 대한 감정 표현이 보통사람과는 남다르다. 좋아해도 잘못을 덮어주면 안되고, 미워해도 잘한 점은 인정해야한다. 공자는 "오직 어진 자라야 사람을 사랑할 줄 알고, 미워할 줄도 안다[唯仁者, 能好人, 能惡人]."고 하였다(『논어』「이인」). 인격완성자는 항상 남을 공평하게 대한다. 또 공자는 "칭찬하는 경우는 그럴 만한 이유가 있다. 이 백성은 삼대동안 바른 도를 행해 왔기 때문이다[如有所譽者, 其有所試矣. 斯民也, 三代之所以直道而行也.]."고 하였다(『논어』「위령공」). 칭찬을 받을 때는 바른 도리를 실천한 이유가 있는 것이다.

제갈량은 "상을 남발하면 수고한 신하가 원망하고, 벌을 함부로 주면 곧은 선비가 한탄한다[賞虛施則勞臣怨, 罰妄加則直士恨]."고 하였다(『편의십육책』「상벌」). 상벌이 공정하게 시행되어야 반발이 없을 것이다. 강태공은 "미운 사람도 공이 있으면 반드시 상을 주고, 아끼는 사람도 죄가 있으면 반드시 벌을 주어야 한다[所憎者, 有功必賞, 所愛者, 有罪必罰]."라 하였다(『육도』「영허」). 이것이 바로 상벌賞罰의 공정한 원칙이다. 공자는 "도덕규범이 없이 형벌만 쓰면 백성이 떠돌고 나라가 반드시 망한다[無德法而用刑, 民必流, 國必亡]."고 하였다(『공자가어』「집비」). 도덕이 바탕을 이룬 상태에서 형벌을 시행해야 제대로 다스려질 것이다.

황석공은 "선한 자에게 상주고 악한 자에게 벌을 주어서 공을 세우고 일을 이루도록 한다[賞善罰惡以立功立事]."고 하였다(『소서』「원시」). 상벌은 효율적인 성과를 이루는데 도움되는 일이다. 『장원』에 "상벌을 단행하면 신의를 알게 되고, 권하고 경계함이 없으면 상벌의 절도를 잃게 된다[決之以賞罰, 故人知信, 無勸戒則賞罰失度]."고 하였다(「선장」). 상벌을 단행하여 신의를 보이고 권선징악하도록 해야 한다. 신의로써 상을 주고 단행하여 벌을 주는 것이 바로 신상필벌信賞必罰이다.

강태공은 "귀와 눈으로 듣고 보는 데서 신상필벌하면, 직접 듣고 보지 못한 자도 반드시 자신도 모르게 감화된다[賞信罰必於耳目之所聞見, 則不聞見者莫不陰化矣]."고 하였다(『육도』「상벌」). 상벌을 분명하게 행하면 다른 사람도 감화되어 분발하게 된다. 제갈량은 "상을 받은 사람과 벌을 받은 사람은 각자 세워야 할 공을 살핀다[賞罰者省功]."라 하였다(『편의십육책』「음찰」). 상을 받은 사람은 더 큰 공로를 위해 분발하고, 벌을 받은 사람은 죄를 면하기 위해 힘쓸 것이다. 이순신은 전쟁 중에 장졸들이 공로를 세운 경우에는 반드시 포상하여 장려하였고, 군법을 어긴 경우에는 반드시 처벌하여 경계하도록 하였다. 상벌의 기준은 귀천, 친소親疏관계에 상관없이 항상 공정하게 하였다.

1) 공로를 인정함

이순신은 옥포해전에서 승리한 후 부하들과 함께 계속 승전의 기세를 몰아갔다. 탁월한 지휘력에 부하들이 잘 따라주어 매번 승리를 거듭할 수 있었는데, 그때마다 부하들의 전공에 대한 포상을 시행하여 사기를 북돋아 더욱 분발하게 하였다. 특히 격전을 벌인 장수들에게 논공論功하는 일은 때를 넘기지 않고 바로 조정에 보고서를 올렸다.(임진 6월 14일)

> 여러 장교와 군사들이 앞을 다투어 적진으로 돌진한 경우 논공하여 포상하는 일은, 격렬한 적이 물러가지 않은 상황에서 상을 주어야 할 시기를 넘겨서는 안됩니다. 군사들의 사정을 위로하고 격려하여 당면한 일에 힘쓰도록 하기 위해 우선 공로를 참작하여 1, 2, 3등으로 나누어 별지에 자세히 기록했습니다. 당초 약속할 때 비록 목을 베지 못해도 역전한 자에게 제일의 공로자로 논한다고 하였기에, 힘써 싸운 장졸들은 신이 직접 등급을 결정하여 1등으로 기록하였습니다.
>
> — 『임진장초』, 〈당포파왜병장唐浦破倭兵狀〉 —

왜적의 목을 베지 않아도 힘써 싸운 자에게는 1등 공로로 인정한다는 약속에 따라 포상하기를 조정에 요청하였다. 승전 이후 바로 논공을 시행하는 것은 수고한 군사들을 위로하고 격려하기 위한 것이며, 부하들에게 신의를 보임으로써 앞으로 치를 전쟁에 더욱 분발하게 하려는 것이다. 제갈량은 "포상은 시기를 넘기지 않고 형벌은 권력자라고 가리지 않으니, 이가 바로 신의 있는 장수다[賞不逾時, 刑不擇貴, 此之謂信將]."라 하였다(『장원』「장재」).

전사자와 부상자의 조치에 대한 문제도 소홀히 하지 않았다. 9월 1일 부산포해전에서 승리를 거두었지만, 총탄을 무릅쓰고 격전을 벌이다가 전라좌수군의 전사자가 7명, 부상자가 25명 발생하였다. 이순신은 전사자의 시신을 배에 싣고 장사를 치르게 하였고, 그들의 처자妻子들은 위로하는 은전恩典을 내리도록 조정에 보고하였다. 부상자들에게는 약품을 나누어주고 각별히 구호해주도록 당부하였다. 왜적들의 전리품 중에서 쌀과 포목布木, 의복 등은 군사들에게 상품으로 나누어 주기도 하였다. 전라도 태인현泰仁縣에 사는 무예 교생校生 송여종宋汝悰은 낙안군수 신호申浩의 군관軍官으로서 네 차례의 교전에서 매번 충성을 다해 솔선하였고, 결사적인 각오로 역전하여 왜군의 머리를 베었다. 그의 앞 뒤의 전공은 모두 1등에 해당하였다.

부산포해전에서 전공을 세운 부하 방답첨사 이순신李純信의 이름이 포상자 명단에 누락되어 있자, 이순신이 이를 조정에 보고하여 시정해주기를 요청하였다.(임진 9월 11일)

이순신李純信은 변방수비에 힘을 다하고 변란 발생이후 더욱 부지런히 힘써 네 번 적을 무찌를 때에 반드시 앞장서서 공격하였으며, 당항포 접전 때는 왜장을 쏘아 목을 베어 그 공로가 월등했고, 목 베는 일에 힘쓰지 않고 사살하는 데만 전력한 연유를 들어 각별히 포상 장계를 올렸는데, 이번 포상의 문서에 유독 이순신李純信의 이름만이 들어 있지 않아 군사들이 괴이하게 여겼습니다. 권준權俊 이하 여러 장수들은 모두 당상堂上으로 승진되었으나 오직 이순신만이 임금의 은혜를 입지 못하였기에 조정의 포상 명령을 기다립니다.

— 『임진장초』, 〈청정운추배이대원사장請鄭運追配李大源祠狀〉 —

이순신李純信이 왜적의 목을 베고 격전을 벌여 우수한 전공을 세웠지만, 보고하는 과정에서 이름이 누락된 것을 바로잡았다. 부하들을 자상하게 돌보며 포상에 대해 한 치도 소홀하지 않게 하려는 이순신의 자상한 마음을 엿볼 수 있다. 황석공은 「군사비기」를 인용하여, "맛좋은 미끼 아래는 반드시 걸린 물고기가 있고, 후한 포상 아래에는 반드시 용사가 있다[香餌之下, 必有死魚. 重賞之下, 必有勇夫]."고 하였다(『삼략』). 후한 대우를 하면 용기있는 병사들이 모여드는 것이다.

계사년 8월 이순신이 왜적의 조총보다 더 우수한 총통을 개발하였는데, 이 제조를 감독한 군관 정사준鄭思竣과 대장장이 이필종李必從에게 포상하기를 조정에 요청하였다. 제조 담당자들에게 포상을 우선 내리게 한 것은 일의 능률을 올리기 위해서이다. 전쟁 중에 철의 생산과 보급은 무기를 제조하는데 매우 중요한 일이다. 이를 담당할 기술자를 확보하는 것도 시급한 일이었다. 그러하기에 이순신은 이들에게 우선 특별한 혜택을 줘야 된다고 조정에 보고하였다.(계사 윤11월 17일)

또 이순신은 각 고을에서 쇠를 바치고 병역을 면제받으려고 한다는 소문을 듣고, 조정에 보고하였다. 철물의 무게에 따라 직책을 상으로 주고 혹은 천민에게 벼슬을 허가하고 군역을 면제하거나 천민 신분을 면하게 하는 공문을 보내달라고 요청하였다. 이러한 조건으로 철을 만드는 인력을 확보하면, 전쟁에서 중요한 무기를 만들 수 있다고 설명을 덧붙였다(《납철 공문을 내리기를 청하는 공문》).

전쟁에서 모병募兵에 응하는 것도 중요한 일이지만, 자발적으로 참전하거나 지원한 경우는 그것을 공로로 인정해야 할 일이다. 갑오년 3월 2차 당항포해전 당시 민간인들이 전쟁에 자발적으로 대거 참여하였다. 이순신은 이러한 사실을 조정에 보고하였다.(갑오 3월 10일)

수군을 자진해서 모집한 의병장 순천교생順天校生 성응지成應祉와 승장僧將 수인守仁, 의능義能 등이 이 난리통에 안일을 생각하지 않고 의기를 발휘하여 군병들을 모집하여 각각 3백여 명을 거느리고 나라의 치욕을 씻으려고 하였으니, 매우 칭찬할 일입니다. 수군의 진중에서 2년 동안 스스로 군량을 마련하여 곳곳에 나누어 주고 어렵게 양식을 이어 대었고, 그 부지런하고 수고하는 모습은 군관들보다 배나 더 하였는데, 지금까지도 부지런히 할 따름입니다. 일찍이 전쟁할 때 공로를 세워 그들의 나라를 위해 분발한 마음은 시종 변치 않으니 매우 칭찬할 일입니다. 성응지, 승장 수인, 의능 등을 조정에서 각별히 표창하여 뒷사람을 장려해야 합니다.

−『임진장초』, 〈청상의병제장장請賞義兵諸將狀〉−

민간인 유생儒生 성응지가 승병들과 함께 자발적으로 의병운동을 전개하여 참전하였다. 성응지는 의능과 함께 전라도 본영일대를 수비하면서 이순신에게 식량 보급을 하며 전쟁을 지원하였다. 이에 이순신은 성응지를 비롯하여 함께 참전한 이들의 공로를 평가하여 포상을 내려야한다고 보고하였다. 유공자에 대한 포상은 각 지방의 민간인들에게도 의병운동을 장려하는 효과도 있는 것이다.

2) 경중(輕重)을 헤아림

전쟁 중에는 근무지에서 몰래 이탈하거나 도주하는 병사들이 속출하였다. 이순신은 작전수행 중 담당 병사가 없게 되면 작전에 지장을 받게 되므로, 지휘자로서 그들을 엄하게 처벌하였다. 이에 〈경상도 지원을 간다고 한 장계〉를 조정에 보고하였다.(임진 4월 30일)

항상 복무하던 자들이 전쟁 소식을 듣고는 가족을 끌고 연이어 떠났으며, 혹은 밤을 이용하여 도망가고 기회를 엿보고 이사를 가는데 본영의 수비를 맡은 병사와 토착민 중에도 그런 무리들이 있었습니다. 신은 그 길목에 포망장(捕亡將, 감시 장수)을 보내어 도망자 2명을 적발하여 먼저 그 머리를 베고 군영에서 효시(梟示, 목을 내걺)하여 군사들의 마음을 진정시켰습니다.

- 『임진장초』, 〈조원경상도장赴援慶尙道狀〉-

경상도와 전라도의 각 지방 관리들이 무방비한 상태로 있다가 전쟁 급보에 모두 달아나기 시작하였다. 그 지방에 오래 있던 담당 병사들마저도 도주하였다. 이에 이순신은 이를 체포하기 위해 포망장을 보내어 도주자를 적발하여 효시하였다. 극형에 처함으로써 군사들을 경계시킨 것이다.

이순신은 지방 관리가 운영을 부실하게 하거나 허위보고를 한 경우에도 처벌하였다. 계사년 6월 8일 전남 옥과玉果의 향소鄕所에 병사의 결원이 많이 발생한 사건이 있었다. 임진년부터 거의 백여 명에 이르렀는데도 매번 거짓으로 보고한 사실을 알고 이순신이 담당자를 효시梟示하였다. 이듬해 갑오년 1월 이에 대한 조사를 확대하였다. 그 결과를 조정에 보고하였는데, 해당 지역의 결원이 남원이 1856명, 남평이 591명, 옥과가 313명이었다.

군관을 보내어 남원부사 조의趙誼와 옥과현감 안곡安鵠, 남평현감 박지효朴之孝 등을 잡아오게 하였으나, 조의는 순찰사 이정암에게 보고하고, 안곡은 차사원이라고 핑계대고, 박지효는 병으로 오지 않으니, 엄중한 군령이 아이들 장난처럼 되어 큰 적을 대한 때에 호령할 방법이 없어 매우 놀랐습니다. 남평과 옥과의 유위장留衛將, 향소 색리 및 남원의 도병방 등은 죄의 경중에 따라 처벌했고, 평소의 결원이 10명 이상이면 해당 수령을 파면하는 것이 규정인데 더욱이 전시에 결원수가 많게는 1800명, 적게는 4, 5백명이 되니 그들의 태만하고 소홀한 태도는 당연히 처벌해야 합니다.

담당 관리가 각기 핑계를 대어 소환에 불응하므로, 대신 해당 관청의 관리들을 모두 처벌하였다. 권력을 이용하여 단속을 피하려는 행태에 지휘감찰하기 어려운 현실을 개탄하며, 지방 관리들의 방만한 운영실태를 상세히 기록하여 보고한 것이다.

이순신은 그 당시 공정하지 못한 형벌제도에 대해서도 비판하였다. 평안북도 박천군博川郡에서 온 유해柳海가 이순신에게 찾아와 한산도에 가서 공을 세우겠다고 하였다. 그러면서 그는 이순신에게 당시의 불공정한 형벌문제를 말하였다.

유해가 말하기를, "중한 죄수 이덕룡李德龍을 고소한 사람이 옥에 갇혀 세 차례나 형장을 맞고 다 죽어간다."고 하니 매우 놀랄 일이다. 또 과천의 좌수座首 안홍제安弘濟가 이상공李尙公에게 말과 스무살 난 계집종을 바치고 풀려나 돌아갔다고 했다. 안安은 본디 죽을 죄도 아닌데 여러 번 매를 맞아 거의 죽게 되었다가 물건을 바치고서 석방이 되었다는 것이다. 안팎이 모두 바친 물건의 많고 적음에 따라 죄의 경중을 결정한다니, 결말이 어떻게 될지 모르겠다. 이것이 이른 바 '일백 냥으로 죽은 사람의 넋도 찾아온다[一陌金錢便返魂]'는 것이리라.

- 『정유일기』 5월 21일 -

유해가 이순신에게 피해자가 도리어 처벌을 받고, 경범죄에 해당한

정유일기 5월 21일 사진(현충사 소장)

사람이 억울하게 중죄를 받은 사건을 전했다. 이에 이순신은 형벌이 공정하지 못한 판결로 잘못 시행되어가는 세태를 개탄하였다. 형벌이 권력과 금전에 따라 좌우된다면, '돈만 있으면 죽은 사람도 살린다.'고 하듯이 사회기강이 더욱 문란해질 것을 우려하였다. 이처럼 형벌이 적중하지 못할 경우에는, 공자는 "백성이 발붙일 곳이 없게 된다[刑罰不中, 則民無所錯手足]."하였고(『논어』「자로」), 제갈량은 "여러 죄악을 다스리지 못하게 되어 나라가 망한다[衆惡不理, 其國亡]."고 하였다(『편의십육책』「희노」).

이순신은 통제사가 되던 날 처벌해야 할 죄인이 있었다. 이순신의 아들이 곁에서 "이 사람은 죄가 중하니 가볍게 하지 마소서."하였다. 이순신이 말하기를 "형벌에는 타당한 법도가 있으니, 사람을 가지고 경중輕重을 말해서는 안 되느니라. 자식된 자로서의 도리는 마땅히 살 길로 구원하려고 해야지 중형을 주라고 청해서는 안 되느니라."하였다(홍익현, 『충무공행록』). 비록 죄인이라도 아들이 처벌에 대해 함부로 말하는 것을 경계시킨 것이다. 형벌이란 해당 법규에 따라 공정하게 해야 하며, 개인적인 생각으로 함부로 판단해서는 안 될 일이다. 또한 아들에게는 법규보다는 도리를 중시하는 생각부터 가져야 한다는 가르침을 주었다.

| 함께 생각하기 |

인격자는 항상 실수없이 대인관계를 원만하게 유지해나간다. 누구나 공감할 수 있는 의식과 가치관으로 상호 신뢰할 수 있는 행동을 하기 때문이다. 항상 이러한 자세로 시비是非를 올바르게 가릴 줄 아는 사람은 친하든 안친하든 상벌을 시행하는데 있어서 항상 공정하다. 이처럼 공정한 기준으로 상벌을 엄격히 하는 것이 바로 신상필벌信賞必罰이다. 이러한 방식으로 상벌賞罰을 행하면 불만이 없을 것이다. 여기에는 선을 권하고 악을 징계하는[勸善懲惡] 감화력도 있다. 주변에서 선행자의 표창을 보면 따라 하고 싶은 마음이 생기고, 범죄자의 처벌을 보면 경계하는 마음이 들 것이다.

그러므로 상벌賞罰이란 대상자에게 신속하게 행할수록 그 효과가 빨라진다. 선행자에게 포상하는 것은 격려와 함께 사기진작士氣振作도 되고, 범죄자를 처벌하는 것은 경고와 함께 개과천선改過遷善의 효과도 있게 된다. 이점에서 국가와 사회발전에 공헌한 이에게는 반드시 포상과 예우를 해야 한다. 그러나 반대로 침해를 가한 이에게는 반드시 처벌과 징계를 해야 한다. 긴박한 위기상황에서 자발적인 참여로 공헌한 자에게는 남다른 공로를 인정하고, 반대로 고의적인 방해로 침해를 가한 자에게는 혹독한 문책을 해야 한다.

방만한 운영과 직무유기 및 허위보고 행위 등은 모두 징계대상이다. 죄를 짓고도 권력과 돈으로 교묘하게 법망을 피해가려는 자는 사회로부터 지탄을 받아야 한다. 포상과 형벌이 적중하지 않으면 결국 사회가 파탄되어 국가가 위태로울 것이다. 정의 사회를 구현하기 위해서는 항상 하늘의 눈을 대신하는 민중民衆들의 바른 눈을 빌려, 사회의 부조리한 현상이 발생하지 않도록 단속하고 예방해야 한다. 그럼으로써 진정한 신의가 지켜지면 나라의 기강이 바르게 설 것이다.

5. 초심(初心)을 잃지 말라

시작하기는 쉬우나 끝을 맺기는 어렵다. 먼저 시작할 때 끝을 맺을 수 있는지부터 가늠해보고 착수하는 것이, 실패가 적고 효율적인 일이 될 것이다. 시작이 반이란 말이 있다. 물론 강한 의욕을 갖고 시작부터 하고 보려는 사람도 있을 것이다. 공자는 "처음을 신중히 하지 않으면 나중을 후회한다[不愼其初, 而悔其後]."고 말하였다(『공자가어』「육본」). 첫 단추를 잘못 꿰면 나머지도 따라서 잘못되므로, 처음을 신중히 해야 한다.

처음의 시작은 웬만큼 노력하면 누구나 다 할 수 있지만, 마지막 끝맺음까지 가기란 결코 쉽지 않다. 공자는 『시경』「탕蕩」시를 인용하여 "처음은 누구나 시작할 수 있지만, 끝까지 잘 마치는 경우는 드물다[靡不有初, 鮮克有終]."고 하였다(『공자가어』「제자행」). 처음 시작할 때 먹은 마음을 초심初心이라고 한다. 이 초심을 갖고 끝까지 일을 관철시키기란 매우 어려운 일이다. 공자는 "나의 도는 하나로 관철되어 있다[吾道一以貫之]."라 하였다(『논어』「이인」). 그 하나란 절대 불멸의 진리로서 인仁을 말한다. 공자는 한평생 변함없이 인을 실현하기 위해 노력하였다.

황석공은 "병폐는 한결같지 않은 것보다 더 큰 병폐가 없다[病莫

病於無常]."라 하였다(『소서』「본덕종도」). 일상에서 한결같지 않은 모습이 가장 안 좋은 것이다. 손무는 "장졸들에게 일정한 규제가 없고, 군대 배치를 맘대로 하는 것을 혼란이라 한다[吏卒無常, 陳兵縱橫日亂]."하였다(『손자』「지형」). 장졸이 마음대로 행하고 군대에 기강이 없다면 그 자체가 혼란인 것이다. 황석공은 "장수의 계획이 세밀하면 간악한 마음이 없어지고 병사의 무리가 한결같으면 군사의 마음이 단결한다[將謀密, 則姦心閉. 士衆一, 則軍心結]."고 하였다(「상략」). 군대의 원만한 운영을 위해 세밀한 계획과 한결같은 마음의 자세가 중요하다.

강태공은 "한 사람이 두 마음을 가지면 그 내부가 반드시 쇠망한다[一人兩心, 其中必衰]."고 하였다(『육도』「문벌」). 군대에서는 두 마음을 가지면 서로 이반하여 망하게 된다. 또 "상도常道를 따라 보살피면 백성이 편안하다[因其常而視之, 則民安]."라 하였다(『육도』「수국」). 일정한 방법으로 변함없이 보살피면 민생이 안정된다. 이정은 "무리를 동원하는 것은 마음을 한결같이 하는데 달렸고, 마음을 한결같이 함은 미신을 금지하고 의혹을 제거함에 달렸다[用衆在乎心一, 心一在乎禁祥去疑]."라 하였다(『이위공문대』). 지휘자의 마음이 한결같아야 많은 군사를 부릴 수 있고, 현실적인 자세는 한결같은 마음을 갖는데 도움이 된다. 이순신은 평소에 강직한 선비정신으로 생활하였고, 전쟁 중에는 아무리 어려운 상황에서도 좌절하지 않고 오로지 국난극복을 위해 한결같은 신념과 의지로 전쟁임무에 임하였다.

1) 옛 정을 생각함

이순신은 어려서부터 성격이 곧고 반듯하여 큰 기상을 지녔다[挺
挺有大氣岸](「시장」). 평소의 생활에서 사적인 말을 잘하지 않았고 출
세를 위해 남에게 아부하지 않았다. 32세 때 과거에 급제하고는 권력
있는 귀족들을 찾아다니지 않아 추천해준 사람도 없었다. 그래서 낮
은 관직에서 어려운 생활을 오래 해왔다.

이순신이 건원보乾原堡 권관權管에 있으면서 훈련원의 임기가 다 찼
기에 참군(參軍, 정7품)으로 승진하였다. 이순신이 비록 명성이 자자
하였으나, 벼슬을 위해 높은 벼슬아치를 찾아다니는 것[奔競]을 좋아
하지 않아서 마음대로 벼슬에 나가지 못하니, 논하는 자들은 이를 애
석하게 여겼다.

- 이분, 『충무공행록』 -

북방의 오랑캐 울지내 정벌에 공을 세웠지만, 상관인 김우서金禹瑞의
시기로 포상이 무산되고 겨우 훈련원의 참군으로 승진되었다. 낮은
지위에 오래 있으면서도 자신의 뜻을 굽혀가며 남을 따르려고 하지
않았다. 또한 상관에게 직언하는 성격이라 벼슬길이 순탄치 못할 수
밖에 없었다. 설사 억울한 일을 당해도 자신의 할 일에만 몰두하며
초심初心을 잃지 않았다.

이순신은 전쟁 중에 물품을 보내준 지인知人들에게는 반드시 감사하다는 답례의 편지를 보냈다. 1593년 7월 안골포安骨浦에서 왜선 40여 척을 격퇴시켜 한산대첩을 이룬 후 진영을 한산도로 옮긴 다음날,(16일) 인척인 현덕승玄德升에게 편지를 보냈다.

난리로 혼란스런 나머지 그리운 마음 한창 간절했는데, 이제 홀연히 사령을 보내시어 월초에 띄운 편지를 받고는 급히 펼쳐보니, 위안이 되기가 예전보다 배나 간절했습니다. 하물며 편지에 가득한 말의 뜻이 정중한 것에 있어서는 어떠하겠습니까. (…) 난리 중에도 옛 정의를 잊지 않고 멀리서 위문편지를 보내시고 아울러 각종 물품도 받으니, 모두 진중陣中의 진귀한 물건으로 깊이 감사하여 마지 않습니다. 잘 모르겠지만 어느 날에야 전쟁을 끝마치고 평소 종유從遊하던 회포를 실컷 풀 수 있겠습니까. 편지를 쓰려하니 슬픈 마음만이 간절할 뿐입니다.

- 1593년 7월 16일 척하戚下 이순신 올림 -

이때 당시 이순신은 전쟁으로 인해 심신이 몹시 지친 상태였다. 그러나 마침 자신도 현덕승의 안부가 궁금하던 차에 편지와 물품을 받고 매우 반가웠다. 옛정을 잊지 않고 보내준 성의에 고마워하였다. 평온했던 예전처럼 만나서 회포를 풀고 싶은 심정을 담았는데, 여기서 하루빨리 전쟁을 끝마치고 태평시대가 되기를 바라는 염원을 느낄 수 있다.

또 1598년 2월 전쟁을 준비하는 작전 중에 물품을 보내온 전남 영암靈巖사람인 현건玄健에게도 감사의 말을 전하는 편지를 보냈다. 현건도 이순신과는 인척관계이다.

어제 고금도로 진영을 옮겼는데, 순천의 왜적들이 백리 사이로 포진하고 있으니 그 우려되는 형상을 어찌 다 말할 수 있겠습니까. 지난 신묘년(1591) 옥주(沃州, 진도)에 군수로 나갈 때 도중에 형님 댁에 이르렀는데, 그 후로 매번 서호(西湖, 영암 승지) 월악산(月岳山, 월출산)의 구름과 수죽樹竹의 경치를 그리워하여 마음이 내달리지 않은 적이 없었습니다. 병란 중에도 세의世誼의 돈독한 정을 잊지 않으시고 오로지 사령을 통해 안부편지와 아울러 각가지 물품을 보내셨으니, 이는 모두 진중陣中에서 보기 드문 것들입니다.

- 무술년(1598) 2월 19일 척제 순신 올림 -

고금도 해전을 앞두고 매우 긴장되는 상황에서 현건이 보내준 물품과 편지는 매우 위안이 되었다. 지난날 진도군수 부임을 받고 영광에 있는 현건의 집을 지날 때 주변의 아름다운 경치를 보고난 후, 이를 생각할 때면 매번 깊은 회상에 잠겼다. 전쟁의 고단함도 잠시 잊은 채 마음을 위로할 수 있었다. 항상 현건을 그리워하던 차에 옛 정을 잊지 않고 물품을 보내준 성의와 뛰어난 문장의 편지에 더욱 고마움을 느꼈다. 현씨들과 선대先代를 이어가며 사이좋게 지내는 가운데 돈독한 마음을 느낄 수가 있다.

2) 결사의 각오

이순신은 임진왜란 기간 내내 전쟁 수행이 어려운 긴급한 상황에 자주 봉착하였다. 그럴 때마다 강한 의지로써 온갖 대처방법을 강구하였다. 나라를 위해서라면 항상 자기 한 목숨도 버리는 것을 아깝게 여기지 않고 전쟁에 임했다. 이항복李恒福은 다음과 같이 말했다.

임진왜란 초기를 생각해보면, 이순신이 전라좌수영에 있을 때 관직 업무에 한계가 있었지만, 나라의 피해를 깊은 수치로 여기고 이웃의 재앙을 자기의 근심으로 여겨, 남쪽 바다를 건너 왜적의 지대에 나아갔다. 옥포와 노량, 당포, 율포, 한산 수많은 해전 등에서 적선 2백 2십여 척을 분멸하고 머리를 5백 9십여 급을 베고 큰 전공을 세웠다. 적들은 소리도 못 내며 공의 진영 아래에 가까이 오지 못하였고, 한산도에 진을 쳐서 적의 침입을 막았다. "공公 같은 사람은 죽음으로써 일에 힘써서 큰 환난을 막아낸 분이 아니겠는가"

- 〈전라좌수영대첩비〉 -

이순신은 전쟁의 한계 상황에서도 결코 좌절하지 않고 보다 더 적극적인 자세로 전쟁임무를 수행하였다. 그 결과, 옥포해전을 시작으로 수십여 차례의 해전에서 항상 승리할 수 있었다. 그것은 국난극복에 대한 한결같은 염원과 남다른 희생정신이 있었기 때문에 가능했던 것이다.

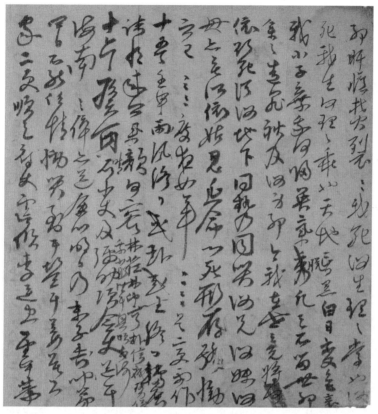

정유일기 10월 14일 사진(현충사 소장)

　정유년(1597) 4월에는 억울한 옥살이를 마치고 백의종군白衣從軍하
는 중에 모친의 상喪을 당하는 등 참담한 상황이 연속되었다. 이러한
파란만장한 삶을 겪으면서도 그는 결코 좌절하지 않았다. 명량대첩
을 불패의 신화로 만든 이후 그에게는 또 다른 시련이 닥쳐왔다. 바
로 셋째아들 면葂의 전사戰死 사건이다. 아산 집을 습격한 왜적에게
저항하다가 죽음을 맞게 되었다.

내가 죽고 네가 사는 것이 이치에 맞거늘, 네가 죽고 내가 살았으니, 이런 어긋난 이치가 어디 있으랴. 천지가 캄캄하고 밝은해조차도 빛이 바랬구나. 슬프다, 내 아들아! 나를 버리고 어디로 갔느냐. 영특한 기질이 남달라서 하늘이 데려간 것이냐. 내가 지은 죄 때문에 화가 네 몸에 미친 것이냐. 내가 살아 있은들 누구를 의지하겠느냐. 너를 따라 죽어 지하에서 함께 지내며 함께 울고 싶건만, 네 형, 네 누이, 네 어미가 의지할 곳이 없어 아직은 참고 연명한다마는, 내 마음은 죽고 형체만 남은 채 부르짖어 통곡할 따름이다.

- 『정유일기』10월 14일 -

이순신은 셋째아들의 죽음소식을 듣고도 작전을 수행하느라 마음놓고 통곡조차 못했다. 반복되는 악순환의 상황에서도 전쟁업무에 소홀히 하지 않았고, 여전히 나라를 위한 초심을 지켰다. 19일에는 이순신이 혼잣말로 '죽은 어머니의 혼령이 불효자가 이러한 극한 상황에 이르게 된 것을 몰라주시니, 가슴 찢어지는 비통한 심정을 억누를 수가 없다.'고 하였다.(『정유일기』10월 19일).

같은 해 12월 5일 도원수 권율의 군관이 왕의 명령서[有旨]를 가지고 왔다. 이순신이 모친의 상중喪中에 소식素食만 하여 기력을 회복하지 못한다고 권도權道를 따르라는 것이다. 권도란, 변통의 의미로 상중喪中에 육식하는 것을 말한다. 상중에 소식하는 것이 자식의 도리이지만, 전쟁을 수행해야 하는 상황이므로 육식으로 기력을 회복하여 잘 싸우라는 것이다. 이것을 따르는 것도 나라를 위한 도리이다.

충성과 효도가 모두 중요한 것이지만, 이순신에게는 효도가 더 절실하게 느껴졌을 것이다. 나랏일을 우선하고 자식의 도리를 뒤로 해야 하는 상황에서 죄스러운 마음을 이기지 못한 채 고기음식을 대하고 매우 비통해 하였다. 이처럼 이순신은 인간이 감내하기 어려운 상황에서도 인간의 근본적인 도리를 다하고자 했던 것이다.

무술년(1598) 11월 13일 이순신은 진린陳璘과 함께 장도(獐島, 해남 송지면)에서 왜선 10척을 격퇴하였다. 17일 고니시 유키나가[小西行長]가 남해의 왜군들에게 구원을 요청하여, 곤양昆陽과 사천泗川의 왜군들이 노량露梁으로 집결하였다. 특히 사천의 왜군은 일본 살마주薩摩州의 군대로서 대적하기 어려운 막강한 위력을 갖고 있었는데, 이때 유키나가를 구출하기 위해 총출동하였다. 18일 밤 삼경三更에 이순신은 배 위에서 무릎을 꿇고 하늘에 기도하였다.

"이 원수를 제거할 수 있다면 죽어도 여한이 없겠습니다(此讐若除, 死亦無憾)." 이 말을 하자 홀연히 큰 별이 바다 가운데로 떨어졌는데 보는 이들이 신기함에 놀랐다. 이튿날 새벽에 적을 만나서 교전하여 아침에 이르러 크게 격파하니 2백 여척을 분멸하였다. 남해 경계까지 추격하여 직접 화살과 포탄을 무릅쓰고 독전하다가 날아온 탄환에 맞았다. 좌우에서 이순신을 부축하고 장막에 들어갔다. 이순신은 "전쟁이 한창 다급하니 나의 죽음을 말하지 말라"고 말하고는 세상을 마쳤다.

- 김육, 「신도비명」 -

노량해전도(현충사 소장)

노량露梁 관음포觀音浦에서 왜군과 최후의 격전을 벌인 결과, 이순신은 왜선 200척을 분멸시키는 전공을 세웠다. 위의 '직접 무릅쓰고 독전했다.'는 표현에서 최후까지 선봉장으로서의 역할을 다했음을 알 수 있다. 숙종 때 이민서(李民敍, 1633~1688)는 「김장군전金將軍傳」에서 "김덕령장군이 억울하게 죽게 되자, 곽재우는 피신하고 이순신은 한창 적과 싸울 때 투구를 벗어[免胄] 스스로 탄환을 맞고 죽었다[方戰免胄, 自中丸以死]."고 하였다. 김덕령의 죽음이 동기가 되어 곽재와 이순신도 극단적인 행동을 보였다는 것이다. 여기서 면주免胄란 장수가 최후에 투구를 벗고 결사적으로 싸우는 모습을 형용하는 관용적인 표현이다. 이순신은 마지막 최후까지 화살과 탄환을 무릅쓰며 긴박한 상황에서도 국난극복을 위해 장수로서 책임을 다해야 한다는 초심을 잃지 않았다. 끝내 결사적으로 싸워 승리를 이루고 전사한 것은, 자신을 희생함으로써 나라에 충성하여 진정한 살신성인殺身成仁의 정신을 보여 준 것이다.

|함께 생각하기|

신중한 결정은 일의 효율성을 높여준다. 한번 결정한 일은 반드시 관철하여 유종有終의 미를 거두어야 한다. 중도 포기하는 것은 시작을 안하는 것만 못한 일이다. 저마다 추구하는 목표달성을 위해서는 항상 한결같은 마음의 자세를 갖는 것이 중요하다. 사람들에게 신임을 얻으면 믿고 따르는 사람들이 생길 것이다. 그러나 마음이 자주 변하고 진실성이 떨어지면, 남들이 떠나고 하는 일에도 어려움이 따르게 된다. 올바른 삶을 위해서는 항상 굳은 신념과 의지로 초심初心을 지켜나가야 한다. 그러기 위해 저마다 타고난 자질을 살려서 인격 형성에 밑거름이 되게 해야 한다. 인간의 잠재된 역량은 무한한 것이어서, 개인의 노력여하에 따라 무한히 발전할 수 있다. 그러므로 항상 자기관리를 철저히 하여 옳은 일은 반드시 관철하여 실행해 나가야 한다.

인간사에서는 간혹 예기치 못한 사건들이 발생한다. 그럴 때면 일의 형세를 정확히 살펴서 해결책을 모색해야 한다. 어려울 때 도와준

이들은 반드시 감사의 표시를 하라. 이것이 대인관계의 좋은 방법이다. 서로를 배려하는 마음은 어려울 때 위안이 돼 주므로 더욱 돈독한 관계로 발전할 것이다. 인간으로서 능력의 한계를 느끼는 어려운 위기상황에서는 뚜렷한 목적의식을 갖고 믿음직한 행동으로 목표를 향해 끊임없이 나아가야 한다. 때로는 목표달성을 위해 변통變通할 줄 아는 융통성도 필요하다. 오직 목표를 향해 어떤 경우에도 포기하지 않고 초심을 한결같이 지켜 나가야 한다. 대의大義를 이룬 충성심은, 고결한 희생정신으로 도덕에 대한 신의를 지킨 것이다. 이순신의 그 숭고한 정신은 후대에 길이 귀감이 될 것이다.

부록

이순신의 편지글

1) 서간첩
2) 그 외 편지
3) 추정작품

1. 서간첩

국보 76호 『난중일기』부록 서간첩은 현재 현충사에 소장되어 있다. 이순신이 쓴 편지 7통과 아들 이회李薈 쓴 편지 1통, 이순신의 10세손 이규대李奎大가 쓴 글이 1편 들어 있다. 여기서는 본래의 편지 순서를 보기 쉽도록 수신자와 날짜 순으로 바꾸어 편집하였다. 이은상李殷相의 『완역 이충무공전서』(1989, 성문각)과 졸고 『이순신의 난중일기 완역본』을 참고하되 미비한 점을 보충하여 새롭게 번역하였다.

1) 조카에게 보낸 편지
2) 현건玄健에게 보낸 편지
　① 부친 상중에
　② 현감역[현건] 여탑에
　③ 현감역[현건] 댁에
3) 현덕승玄德升에게 보낸 편지.
　① 현정랑玄正郎[현덕승] 댁에
　② 현정랑 여탑旅榻에
　③ 현지평玄持平 정안靜案에
4) 이회李薈가 현감역玄監役에게 보낸 편지
5) 이규대李奎大가 이순신의 유묵에 대해 쓴 글.

1) 조카에게 보낸 편지1)

　서쪽과 남쪽이 멀리 떨어져 있어서 늘 원통한 생각이 더해가던 중, 오늘 조카 온溫2)을 만나고 또 너의 편지를 보니 비통함이 더 심해지는구나. 네 형들은 고향에 돌아오려고 하지 않더냐? 내 비록 천식이 좀 있는 듯해도 명나라 장수들이 누차 와서 찾는 일이 많아 일일이 응답을 못했으니 어찌하겠느냐. 너는 고향에서 어떻게 지내느냐? 모름지기 속히 내려오는 것이 좋겠다. 타고 올 것이 없으면 회薈의 말을 상의해서 타고 오면 될 것이니 이 편지를 회薈에게도 보여주도록 해라. 남은 할 말을 다하지 못하였다. 팔월 초6일 삼촌이.

[西南遠隔 每增悵痛 今見薀姪 又見汝書 悲慟尤極 汝兄等不欲還鄕耶 吾雖似粗喘 天將疊到 求索煩多 未能一一應答 奈何奈何 汝在故土 何以爲度 須速下來 爲可爲可 無可騎 則薈處馬相議騎來 爲可爲可 此書示于薈處可可 餘不盡 八月 初六日 叔]

[해설] 임진왜란 중 이순신이 남쪽 땅에 있을 때 자신의 조카에게 보낸 편지이다. 명나라 장수들이 자주 찾아오고 전쟁 업무로 바빠서 조카에게 일일이 답장을 보내지 못한 아쉬움을 토로하였다. 삼촌이 전쟁 중이라서 이동하기가 쉽지 않으므로 조카에게 속히 내려오라고

---

1) 이 편지는 『이충무공전서(李忠武公全書)』 1권, 『잡저(襍著)』에 「여모질서(與某姪書)」란 제목으로 실려 있다.

2) 이순신의 조카 이온李薀이란 이름인데, 『덕수이씨족보』에는 실려 있지 않은 인물이다.

당부하였다. 여기서 이순신이 조카에게도 자식처럼 사랑했던 마음을 엿볼 수 있다.

2) 현건(玄健)에게 보낸 편지

1) 부친 상중에

인사말씀 줄이옵니다.[3] 복중 죄인이 되고 병으로 눈도 침침해져서 인사를 끊었으니, 예사로운 편지조차 본래부터 폐해 버렸습니다. 더욱이 천리나 떨어진 곳에서 소식을 들을 수 없으니, 한 생각만이 늘 매여 있어 오직 홀로 가슴 속에서 슬픈 감회만 느낄 뿐입니다.

뜻밖에 사령使令이 와서 별지別紙의 위문을 받들고 거듭 사연을 읽어 보니 직접 뵌 것 같아 위로가 되는 마음 마땅히 어떠하겠습니까. 또한 몇 년 사이 정양靜養하시는 체후가 더욱 좋아졌다고 하시니, 기쁜 마음 이루 형언할 수 없습니다. 부의賻儀로 여러 가지 이처럼 넉넉히 도와주시니 그 은덕에 감사한 마음이 깊어서 어찌 보답해야 할지 모르겠습니다. 저는 우매한 목숨을 구차하게 이어가다가 해가 바뀌니 천지에 울부짖고 오직 홀로 피눈물을 흘릴 뿐입니다. 장사 모신 산소가 가까이 있어 심정은 조금 놓이니, 이제는 죽어도 여한이 없을 것입니다.

---

3) "성식省式"은 상중에 있는 사람이 격식을 생략한다는 뜻으로 편지에 사용하는 말이다.

남쪽을 바라보면 아득하기만 하여 어디에 호소할 길이 없는데, 이 생애에 언제 다시 만날 수 있을지 모르겠습니다. 생각할수록 슬픔과 근심만이 가득하고 병이 심하여 글쓰기조차 어려워 이만 줄입니다. 다만 존체를 잘 보전하시어 멀리서 바라는 소망에 부응하시기 바랍니다. 삼가 살펴주십시요. 정신이 혼미하여 두서없이 썼습니다.

을유년(1585) 정월 13일 죄인罪人[4] 이순신 올림.

[省式 罪疚病瘁 屛絶人事 尋常書尺 固已廢矣 況地隔千里 信問無憑 一念尙係 只自哀感于中 料外伻來 伏承別紙慰問 披復辭意 如獲面晤 慰浣當如何 且審年來 靜養益勝 欣聳尤不可勝喩 賻儀各種若是優助 感德良深 莫知所報 舜臣冥頑 苟延歲改 叫号天地 只自血泣而已 葬山 便近 情理粗愜 自此死口可以無恨矣 南望杳然 無由号訴 未知此生其 有再逢於何時耶 思之哀悒萬萬 病甚艱草不備 只祝崇護以副遠望 伏 惟尊照荒迷不次 玄監役座前 乙酉正月 十三日 罪人李舜臣 疏]

[해설] 이 편지는 이순신이 부친 상喪을 당하고 고향에서 복상服喪중 일 때(41세) 멀리서 조문품을 보내온 인척 현건玄健[5]에게 보낸 글이다. 현건은 이순신의 모친 변卞씨와 집안사람으로 이순신과는 선대

---

4) 부모의 상중에는 자식이 자신을 죄를 지은 사람이란 뜻으로 "죄인"이라고 한다.

5) 현건(玄健, 1572~1656) : 자字는 여강汝强. 전남 영암사람. 행실이 매우 의로워 비변사에서 천거하여 군자감軍資監 주부主簿에 제수되었다. 집을 영암 내동內洞에 짓고 '재간在澗'이라는 현액을 걸어 놓고 산수山水를 즐기며 유유자적한 생활을 하였다. 『영암군지靈岩郡誌』「누정편 樓亭篇」을 보면, "회사정會社亭이 영암읍 서쪽 20리 지점에 있는데 현건玄健·조행립曹行立 등이 향약을 설치하여 봄 가을로 모임을 갖고 신의信義를 강명한 곳이다."고 하였다.

때부터 매우 돈독한 관계를 맺어온 사이다. 현건은 그 당시 토목일을 맡아보는 선공감繕工監의 감역監役을 맡고 있었으므로, 그를 현감역이라 했다. 이순신은 상중에 현건의 위문을 받고 매우 위안이 되었다고 감사의 뜻을 전하였다. 멀리서 상사喪事를 돕고자 각종 물품을 보내온 현건의 따뜻한 정이 이순신에게는 고맙기 그지 없었다. 이순신 자신은 병이 심한 상태이지만 멀리서나마 현건의 건강을 빈다는 말로 끝을 맺었다.

2) 현감역 여탑에

현감역 여탑에(객지)에 즉시 전하시오.

아침의 서신이 위로가 되었습니다. 그동안 객지에 계신 체후가 편안하셨는지요. 순영(巡營, 감영)에서 존형이 저의 관아에 머물러 계신다는 말을 듣고 편지를 보내왔으니, 일찌감치 오셔서 답장해주심이 어떠하겠습니까. 남은 할 말은 만나서 하기로 하고 이만 줄이겠습니다. 순신 아우 올림.

[玄監役 旅榻 卽傳

朝書爲慰 俄間旅履安重 巡營聞尊兄留鄙衙 有此書問 須卽早臨 以爲答送如何 餘在握敍 姑不宣 卽舜弟拜]

보내온 물품. 삼·무명 각 3필, 장지壯紙·백지白紙 각 3묶음, 황촉 1쌍, 전복 2접·건수어·민어 각 10마리가 부탁한대로 왔습니다. 그런데 귤100개는 보내긴 했어도 오지 않았으니 아마도 짐이 무거워서 그런

것 같습니다. 지역이 멀어 알 수 없기에 편지를 보냅니다. [을유년에 쓴 충무공의 수필手筆]6)

[下惠麻綿各三匹 壯白各三束 黃燭一雙 大鰒二帖 乾首魚民魚各十尾 依到 而黃橘百枚 有送無來 或者卜重而然歟 地遠莫知故 祥書以及耳 (乙酉忠武公手蹟)]

[해설] 현건이 객지에서 순행하던 중 이순신의 관아에 머물렀다는 소식을 감영의 관찰사가 이순신에게 전하였다. 이때 이순신은 출행 중이어서 관아에 없었던 것으로 보인다. 이순신은 현건의 소식을 듣고 반가운 나머지 조속히 답장을 달라고 편지를 보냈다. 편지 아래 글은 현건이 보낸 음식물품에 대하여 별도로 적은 내용이다.

3) 현감역 댁에

현감역 댁에 답장합니다.

어제 비로소 여기(전남 완도)에 부임했습니다. 형님이 계시는 고을 (영암)과는 거리가 그다지 멀지 않아 혹 소식을 들을 길이 있을 것이라고 생각했더니, 먼저 보내신 안부편지를 받아보게 되었습니다. 편지를 낸지 비록 오래된 것이긴 하나 그리운 마음은 더욱 새로운데, 하물며 화창한 봄 날씨에 체후를 정양靜養하여 잘 지내신다는 것에는 어떠하겠습니까.

---

6) 을유년 충무공의 수필手筆乙酉忠武公手蹟 : 후대인이 하단 여백에 기입해 놓은 것이다.

저戚弟는 오랫동안 군영에 있어 수염과 머리가 모두 새었으니 훗날 서로 만나도 지난 날의 제 모습을 알아보지 못할 것입니다. 어제 고금도로 진영을 옮겼습니다만,7) 순천의 왜적들이 백리 사이로 포진하고 있으니 그 우려되는 형상을 어찌 다 말할 수 있겠습니까.

지난 신묘년(1591) 옥주(沃州, 진도)에 군수로 나갈 때8) 도중에 형님 댁에 이르렀는데, 그 후로 매번 서호(西湖, 영암 승지) 월악산(月岳山, 월출산)의 구름과 수죽樹竹의 경치를 그리워하여 마음이 내달리지 않은 적이 없었습니다. 병란 중에도 세의世誼의 돈독한 정을 잊지 않으시고 오로지 사령을 통해 안부편지와 아울러 여러 가지 물품을 보내셨으니, 이는 모두 진중陣中에서 보기 드문 것들입니다. 물론 그 정이 물건에 있는 것은 아니고, 존형의 평소 학문의 공력을 이제 이것으로 볼 수 있으니 깊이 감사할 따름입니다. 일이 매우 번잡하여 대강 여기에 적습니다. 사례를 베풀지 못했습니다.

무술년(1598) 2월 19일 척제 순신 올림.

[玄監役宅 回納

昨纔莅此 貴州不甚相遠 想或有嗣音之道矣 際承先施之問 書出雖久 懷仰益新 況審春和靜養動止珍重者乎 戚弟久在兵間 鬚髮盡白 異日 相對 不辨前日之某耳 昨日移陣于古今島 順天之倭賊 間百里而陣 其 所憂慮之狀 何可盡旣 去辛卯出宰沃州時 路至仙庄 每想西湖月岳煙

---

7) 선조31년(1598) 봄에 진을 고금도古今島로 옮겼다(『잠곡유고』13권·〈이충무공 신도비명〉).

8) 신묘년(1591) 진도 군수珍島郡守에 제수되어 부임하러 가던 도중을 말한다. 그러나 이에 미처 부임하기 전에 전라 좌수사全羅左水使에 발탁되었다. 옥주沃州는 진도의 옛 이름임.

雲樹竹之勝 未嘗不馳神 兵亂之中 不忘世好之篤 專价書問兼送各種
此皆陣中之罕有 情非在物 尊兄平昔學力之功 今此可見 深感而已 極
撓草此 不宣謝例 戊戌二月十九日 戚弟舜臣拜]

[해설] 1598년 2월 18일 이순신은 진영을 전남 완도군에 있는 고금
도古今島로 옮겼다. 마침 이곳은 평소 절친했던 현건이 사는 영암靈巖
과 아주 가까웠다. 너무나도 반가운 나머지 현건의 편지를 받은 지
는 오래됐지만, 늦게나마 이튿날 현건에게 답장부터 보냈다. 이순신은
전쟁업무에 시달린 자신의 쇠락한 모습을 적어보이며 그리운 심정을
전하였다. 임진왜란 이전에 이순신이 진도군수로 부임하여 나아갈 때
보았던 현건의 빼어난 집 주변 경치는 항시 깊은 추억으로 남아 있
었다. 전쟁 중에도 현건이 세의世誼를 잊지 않고 위문편지와 귀한 물
품을 보내준 정은 매우 남다른 것이었다. 늘 그를 그리워 하던 차에
편지를 받고 그의 문장력을 감상할 수 있는 기회를 얻게 된 것만도
이순신에게는 매우 감사한 일이었다.

3) 현덕승(玄德升)에게 보낸 편지

1) 현정랑 댁에

현정랑玄正郎[현덕승]9) 댁에서 받으시오. 정읍현감10)이 편지를 올림.

남쪽으로 내려 온 뒤로 소식이 오랫동안 두절되니 만나서 글 읊고 싶은 생각이 마음속에서 배나 간절했습니다. 흰 이슬이 서리가 되고 국화꽃잎 떨어지는 이 때에, 정양하시는 체후를 신명이 호위하여 만안하시기를 간절히 바랍니다. 저는 날마다 공무를 일삼아 눈살을 펼 겨를조차 없으니 스스로 가엽게 여긴들 어찌하겠습니까.

이곳에 부임한 후 바로 체후를 여쭙고자 했으나 관직에 있는 사람으로서 동분서주하느라 이제야 비로소 문안드리니 부끄럽고 개탄스런 마음 심할 뿐입니다. 집사(執事, 형님)께서는 청복淸福을 누리고 계셔서 반드시 속된 관리들의 으레 있는 행태라고 꾸짖을 것이니 좋은 웃음거리입니다. 변씨卞氏가 관아에 와서 인편이 있는 것을 귀 기울여 듣고 편지를 보내니 열어보시면 응당 위안이 될 것입니다. 길이 멀지

---

9) 현덕승(玄德升, 1564~1627) : 호號는 희암希庵. 문과로 급제하여 선조 때 지평持平과 사예司藝를 지내고 문장과 필법이 탁월하였다. 충무공 이순신과 왕래한 편지가 현재 아산 현충사에 보관되어 있다. 희암집希巖集이 있으며 천안天安 육현사六賢祠에 배향되었다. 난중일기 8책 끝에 이순신의 10대손 이규대李奎大의 조부가 영암에 군수로 나갔을 때 충무공의 유묵이 본군의 현씨玄氏 집안에 있다는 것을 듣고서 보기를 원했다는 기록이 있다. 이대규는 기문記文에서 현씨와 이순신은 도의지교道義之交며 척의戚誼가 있는 관계라고 했는데, 이로써 인척 관계를 맺은 막역한 사이였던 사실을 알 수 있다.

10) 선조 22년(1589)에 이순신이 선전관宣傳官으로서 정읍 현감井邑縣監에 제수되었다.

않으니 혹 왕림해주시어 산더미 같이 쌓인 회포를 풀어보지 않으시 겠습니까. 의자를 청소하고 기다리겠습니다. 남은 할 말은 많으나 후 일의 서신으로 미루고 이만 줄입니다. 형님이 살펴주십시오. 삼가 문 후하는 글을 올립니다.

기축년(1589)년 9월[菊月] 19일 척하戚下 이순신 올림.

(玄正郎宅 入納 井邑宰 上候狀

南下之後 聲問久阻 瞻詠瞻瞻之懷 倍切于中 白露成霜 黃花落英 伏 惟靜養動止 神衛萬重 仰傃區區之至 戚下日事公務 無暇展眉 自憐奈 何 茲此之後 卽欲探問起居之節 而仕宦之人 東西奔遑 今纔修候 還 切愧歎耳 執事坐享淸福 必責以俗吏之例態 好呵好呵 卞從到衙 屬耳 聞便 折簡開緘 當慰浣也 道途不遐 或屈高駕 以闊山積耶 掃榻企企 耳 餘萬續候 姑不備 伏惟尊下照 謹候狀

己丑菊月十九日 戚下 李舜臣拜手)

[이충무공 순신舜臣은 자가 여해汝諧, 본관은 덕수德水이다. 가정嘉靖 을사년(1545)에 태어나 병자년(1576) 무과에 급제하고 수군통제사水軍 統制使가 되어[11] 임진왜란 때 왜적을 토벌하였다. 무술년(1598) 11월 19일 날아온 화살에 맞고 졸하다.] 편지지 59폭·홍하(紅霞, 술잔) 2개

---

11) 1592년 6월 공이 한산도로 진을 옮겨 전라·경상도 두 도를 제압하게 하기를 청하자, 조정에 서 허락하여 마침내 수군통제사水軍統制使의 제도를 두어 공으로 하여금 겸하여 거느리게 하니, 통영統營의 제도가 이로부터 시작되게 되었다.(『잠곡유고』·이충무공신도비명)

[鐥]·약포藥脯12) 1개13)

〈후대인의 기록〉

부친은 정貞, 조부는 백록百祿[생원, 참봉參奉], 증조부는 거据[문과 급제, 병조참의], 고조부는 효조孝祖[봉례奉禮], 외조부는 변수림卞守琳, 아내는 방수진方守震이다. 장남은 회薈이고 그의 아들은 지백之白[첨정僉正], 지석之晳이다. 차남은 열筬이고 그의 양자는 지석之晳[정랑正郎]이다. 셋째아들은 면葂이다[정묘년 적을 만나 아산에서 죽음].

지백之白의 양자 광윤光胤의 아들은 홍의弘毅·홍저弘著·홍서弘緒·홍건弘健·홍유弘猷·홍무弘茂이다. 지석之晳의 장남은 광윤光胤이고 차남은 광헌光憲으로 그의 양자는 홍유弘猷이다. 셋째 아들은 광진光震으로 그의 서자庶子는 홍수弘樹이다. 넷째 아들은 광보光輔이고 그의 아들은 홍규弘規·홍구弘矩이다. 장남은 광우光宇이고 차남은 광주光冑로 그 아들은 홍택弘澤·홍협弘協이다. 홍의弘毅의 아들은 만상萬祥·언상彦祥이다. 홍저弘著의 아들은 봉상鳳祥이고 그 아들은 한필漢弼·한익漢翊이다. 홍서弘緒의 아들은 운상雲祥·두상斗祥이다.14)

[해설] 1589년 이순신이 정읍현감에 재직하고 있을 때 인척인 현덕승에게 보낸 편지이다. 그런데 편지 쓴 날짜를 보면 9월 19일로 되어

---

12) 약포藥脯 : 고기를 얇게 저미고 생강으로 양념하여 만든 육포.

13) 필사본에는 "一口"로 양사量詞에 해당하는 글자가 빠져 있다.

14) 후대 사람이 이순신이 쓴 편지의 여백에 추가 기입해 놓은 것으로 보인다.

있다. 이 때는 실제 전라순찰사 이광李洸의 군관으로 있었고, 정읍현 감으로 있을 때가 아니다. 11월에 선전관宣傳官을 겸하고 12월에 비로소 정읍현감이 되었다. 편지 겉봉투에, "정읍 현감이 편지를 올림[井 邑宰 上候狀]"이라고 한 것을 보면, 아마도 9월에 쓴 편지를 바로 보내지 못하고 미루다가 정읍현감 재직 시에 발송한 것으로 보인다. 공무로 늘 분주하게 지내느라 편지를 늦게 보낸 것을 매우 송구스럽게 여겼다. 정읍과 가까운 거리에 거주하는 현덕승이 찾아주길 간절히 바라는 심정을 적었다. 하단에 이순신과 가족관계를 적은 내용은 후 대인이 기록한 것이다.

2) 현정랑 여탑에

현정랑 여탑에 즉시 들이시오.

잠시 소식이 끊겨 매우 아쉬웠는데, 근자에 객지의 체후가 편안하시기를 빕니다. 한적한 절의 경치를 유람하시니 즐거워하여 돌아오는 것도 잊으신 건지요. "산이 높아서 하늘과 멀지 않고 강물이 고아서 금방 신선을 만날 듯 하네"라고 한 것은 감격함이 대단한 것입니다. 꽃과 버들(봄)의 계절과 단풍과 국화(가을)의 시절 중 어느 때가 가장 좋은지요. 저와 같은 속된 관리는 분주하게 일하느라 함께 구경할 길이 없으니, 지난번 저에게 "신선의 연분이 없다"고 기롱한 것은 참으로 정확한 평론이셨습니다. 정말 우스웠습니다. 얼마 전 조보朝報를 보니 장동長洞의 윤태尹台가 이조吏曹의 관리가 되었다고 하니, 다행입니다. 남은 할 말은 일이 번잡하여 이만 줄이겠습니다.

[玄正郎 旅榻 卽納

乍阻瞻悵 日間旅候 萬重愫愫 蕭寺遊觀 樂而忘返耶 山高去天不遠
水麗逢仙非久云 感則甚矣 花柳之節 楓菊之辰 何者最好耶 如我俗吏
奔奔役役 無路同賞 向譏我無仙分者 眞確論也 好呵 俄見朝紙 則長
洞尹台 爲吏銓幸也 餘撓不宣

卽戚下 舜臣拜]

[해설] 이 글도 이순신이 정읍현감 시절에 현덕승에게 보낸 것이다.
현덕승이 한가롭게 여행하며 아름다운 산수 자연을 구경하는 것을
부러워하였다. 계절에 따라 가끔 경치를 구경하는 것도 필요하지만,
이순신은 시간 내기도 어려울 만큼 항상 공무로 바쁘게 지냈다. 자신
에게 현덕승이 신선의 연분이 없다고 기롱한 것은 정확한 평가라며
농담도 하였다. 자연의 경물에 대한 관심으로 마음을 전하는 가운데
서로의 돈독한 정을 느낄 수 있다.

3) 현지평 정안에

　　현지평玄持平 정안(靜案, 책상) 들이시오.

　　임금님의 병이 회복되심은 신하와 백성들의 경사이니 손뼉치며 축
원하는 마음을 어찌 말로 다하겠습니까. 난리로 혼란스런 나머지 그
리운 마음 한창 간절한데, 이제 홀연히 사령을 보내시어 월초에 띄운
편지를 받고 급히 펼쳐보니 위안이 되는 마음이 예전보다 더욱 간절
했습니다. 하물며 편지에 가득한 말의 뜻이 정중한 것에 있어서는 어

떠하겠습니까.

막 서늘한 기운이 들녘에 찾아들었는데, 삼가 정양하는 가운데 기거를 더욱 보중하시기를 바랍니다. 제가 위안이 된다는 말씀은 무어라 형언할지를 모르겠습니다. 저는 괴로운 진중에서 나라의 은혜가 망극하여 품계가 정헌대부正憲大夫에 오르니[15] 감격한 마음 그지없습니다. 삼가 생각건대 호남은 국가의 울타리이니 만약 호남이 없다면 곧 국가가 없는 것입니다. 이런 까닭에 어제 한산도에 나아가 진을 치어 바닷길을 막을 계획을 세웠습니다.

이러한 난리 중에도 옛 정의를 잊지 않고 멀리서 위문편지를 보내시고 아울러 각종 물품도 받으니, 모두 진중陣中의 진귀한 물건으로 깊이 감사하여 마지 않습니다. 잘 모르겠지만 어느 날에야 전쟁을 끝마치고 평소 종유從遊하던 회포를 실컷 풀 수 있겠습니까. 편지를 쓰려하니 슬픈 마음만이 간절할 뿐입니다. 남은 할 말은 일이 매우 번잡하여 어지럽게 대강 적고 사례를 갖추지 못했습니다. 계사년(1593) 7월 16일 척하戚下 이순신 올림.

[玄持平 靜案 回納 上候康復 臣民之慶 抃祝何言 流離板蕩之餘 懷仰政切 忽此伻來 承拜月初所出書 忙手披讀 慰豁倍切于平昔 況滿紙辭意鄭重者乎 新凉入郊 伏惟靜中起居增重 區區慰釋 不知所喻 戚下積苦兵間 國恩罔極 階陞正憲 感頌無地 竊想湖南 國家之保障 若無

---

15) 1592년 7월 6일 이순신이 안골포安骨浦에서 왜적선 40여 척을 물리쳤는데, 이 싸움에서 적군의 머리 250여 급級을 베었고, 물에 빠져죽은 적병도 부지기수였으므로, 군의 사기가 크게 진작되었다. 이때 그 공으로 공은 정헌대부正憲大夫에 승진되었다.

湖南 是無國家 是以昨日進陣于閑山島 以爲遮遏海路之計耳 如此亂
離之中 不忘舊誼 遠投慰問 兼受各種之惠 無非陣中之貴物 深感無已
未知何日掃除腥塵 極敍平昔遊從之懷耶 臨紙徒切悒悒耳 餘極撓胡
草 不備謝例 癸巳七月十六日 戚下李舜臣 拜手]

[해설] 이순신은 1593년 6월 2차 견내량전투에서 승리를 거두고 7월
15일 진영을 전남 여수본영에서 한산도로 옮겼다. 왜군의 전라도 진
격에 대비하여 국가의 요새인 한산도를 지켜 내륙방어에 만전을 기
하고자 한 전략이었다. 이러한 때에 받은 현덕승의 편지는 자신의 고
달픈 심정에 매우 위안이 되었다. 지난해 7월 한산대첩의 전공으로
정헌대부에 승급된 일을 회고하며 곡창지대인 호남수호에 주력하였
다. 하루빨리 전쟁을 끝내고 평소 현덕승과 함께 노닐던 회포를 풀고
자 하는 염원도 강하게 드러내었다. 진영에서 고달픈 나날을 보내던
이순신에게는 전쟁없는 태평한 시절이 더욱 그리웠던 것이다.

4) 이회(李薈)가 현감역(玄監役)에게 보낸 편지

[첨정僉正 이회李薈는 충무공의 아들로 융경 정묘년(1567)에 태어났
다.]
각별히 고한 것에 답하여 글을 올립니다. 저薈는 머리를 조아리고
재배드려 말씀드립니다. 지난번에 길 가던 중에 직접 곡하시고 글을

지어 제문과 제물을 갖고 조문해주시니, 애도의 감정이 너무도 극진하셨습니다. 이제 또 위문 편지를 엎드려 받고 부의와 약품도 받으니 슬픔과 감사함이 교차하여 문득 평소에 사랑하신 정을 느꼈습니다.

저는 어둡고 완고頑固한데도 죽지 않고 마지못해 세월이 가는 것을 보며 사림들의 돌봐주심에 힘입어 상여를 무사히 빠르게 옮겨왔습니다.16) 피눈물 흘리고 애가 끊기듯한 심정을 스스로 억제하지 못하겠습니다. 남은 할 말은 많으나 정신이 혼미하여 두서없이 쓰고 갖추지 못했습니다. 삼가 글을 올립니다.

현감역 자리 앞으로.

무술년(1598) 12월 13일 죄인 이회李薈 글을 올림.17)

[李僉正薈 忠武公子 隆慶丁卯生

答別告疏上 薈稽顙再拜言 向於[路]18)中 親自枉哭操文致奠 已極哀感 今又伏承尉問 且蒙賻儀兼受藥物之惠 哀感交至 頓覺平昔眷愛之情 薈冥頑不死 忍見時序 克賴士林之顧護 擧行無事利到 泣血摧腸 無以自抑 餘萬荒迷不次不備 伏惟疏上 玄監役 座前 戊戌十二月 十三日 罪人 李薈 疏上]

[해설] 이순신은 1598년 11월 19일 동틀 무렵 노량해협에서 왜선

---

16) 이순신의 영구를 아산으로 운구해 올 때 많은 백성들과 선비들이 울부짖으면서 제사를 올렸는데, 천리에 끊이지 않았다. 기해년 2월에 아산의 빙항氷項에 장사지냈다.(충무공신도비)

17) 글을 올림[疏上] : 상제가 편지 사연을 다 쓴 후 자기 이름 아래에 쓰는 말.

18) 필사본 상태가 훼손되어 잘 보이지 않으나 문맥을 살펴 노路자로 추정하였다.

200여 척을 분멸시키는 전공을 세우고 전사하였다. 맏아들 이회李薈와 조카 이완李莞이 임종臨終하였고 송희립과 진린 등이 나머지 전투를 마무리 하였다. 12월 4일 영의정에 추증되고 유해를 고금도에 임시 안치했다가 10일 경 아산牙山 본가로 옮겨 빈소殯所를 차렸다. 3일 후 맏아들 이회는 아산으로 운구하던 중 조문한 현건에게 감사하다는 편지를 전했다. 많은 사림士林들의 도움으로 무사히 아산으로 운구해 왔는데, 조문행렬은 아산에까지 끊이지 않았다. 자식으로서 부친에 대한 사랑과 슬픔은 하염없는 피눈물로 표출되어 스스로 가누기조차 힘들었다. 이 편지가 현재까지 남아 있음으로 인해 이순신의 은둔설은 사실무근한 것이 되었다.

5) 이규대(李奎大)가 이순신의 유묵에 대해 쓴 글

지난날 나의 왕고(王考, 돌아가신 조부)께서 영암에 군수로 나가셨을 때 우리 선조 충무공의 유묵이 본군의 현씨玄氏 집안에 있다는 것을 듣고서 내오기를 청하여 감상해보니 과연 선조의 필적이었다. 공公께서는 일찍이 그의 선조 현지평玄持平과 더불어 도의道義의 벗을 맺었고 게다가 인척간의 정의情誼도 있었기에 이렇게 왕래한 필적이 있었던 것이다. 이에 흠모를 느끼고 추모하여 따로 모본模本을 만들어서 현씨에게 주고 사례하였다. 그 진본眞本은 집에 간직하여 두었는데, 대관절 그것을 얻게 된 연유에는 절로 기이한 운수가 존재한 것이다.

그 사이에 천지신명이 도왔으니 이는 곧 내 왕고王考의 돈독한 효성이 이루어 낸 바로, 그 보관하여 지킨 책무를 누가 감히 함께 할 수 있으리오. 그런 연유로 오늘날까지 전해지는 것이다.

오호라. 이 불초不肖한 자가 삼백년 후에 태어나서 선조의 심화心畵[19]를 받들어 감상해보니, 낯빛이 변하는 것이 마치 선조를 다시 뵌 듯 하였다. 당시의 일을 논해보면 공公께서 국가를 위해 왜적을 토벌하셨는데, 방패 손잡이를 잡고 먹을 갈던[20] 날에도 어기語氣가 편안하고 한가로워 친한 교분도 두루 갖추셨기에, 그 사물의 본체가 되는 광대한 정성은 언제나 존재하지 않은 적이 없었다. 삼각 생각건대 우리 한 가문이 보귀한 유묵을 전승하여 지키고 있으니 이보다 더 큰 것은 없는 것이다. 그런데 사가私家에서 그것을 간직하는 것보다는 종가의 사당에 간직하는 것이 더 나으므로 이제 종가에 바쳐서 본손本孫이나 지손支孫으로 하여금 모두 함께 영원히 보도록 하여 선조를 우러러 보게 하려는 뜻을 넓히고자 한다고 말할 따름이다.

숭정崇禎의 다섯 번째 무자년(1888) 봄 3월 갑자일에 소초인小肖人 10세손 부호군 규대奎大[21]가 삼가 기록하다.

(昔我王考 出宰靈巖時 聞惟我先祖忠武公遺墨 在於本郡玄氏家 請進

---

19) 심화心畵 : 충무공의 유묵에 남겨진 글을 말함. 글에는 그것을 쓴 사람의 마음이 나타나므로 이르는 말임.『法言·問神』에 "말은 심성心聲이요, 글은 심화心畵"라고 하였다.

20) 방패 … 갈던[楯鼻磨墨] : 여기서는 이순신이 종군從軍하면서 장계狀啓나 문서 등을 작성한 것을 비유한 것이다. "楯鼻磨墨"은 소식蘇軾의 시에 나오는 "楯墨"에서 나온 말임. "창을 옆에 차고 시를 짓는 속에 방패와 먹이 어찌 마를 날이 있겠는가(詩成橫槊裏 楯墨何曾乾)"

21) 고종실록에 보면, 1869년 처음 선전관에 제수되고 별군직·훈련원 주부·정의 현감旌義縣監 등을 거쳐 1894년 11월을 끝으로 김해 부사金海府使에 제수된 기록이 있다.

奉玩 果是 先祖手澤也 公嘗與其先祖玄持平 爲道義之交 加之以戚誼 有此
往復筆翰也 於是欽感追慕 別爲模本 以授玄氏 而謝焉 其眞本藏帖于家 盖其
所以得之之由 自有異數存乎 其間神明所祐 乃我王考篤孝所致 其保護之責
孰敢與焉哉 故傳到于今日也 塢呼 不肖生於三百年之後 奉玩先祖心畵 愀然如
復見先祖 若夫論其時事 則公爲國家討倭 楷鼻磨墨之日 而辭氣安閒 情交該
備 其體物廣大之誠 無乎不在也 竊伏念我一門 傳守寶墨 莫京於此 與其藏之
私家 不若藏諸宗家之廟爲愈 故今乃奉納于宗家 俾本支子孫 咸與永瞻 以廣夫
瞻仰先祖之意云爾

崇禎五戊子春三月甲子小肖十世孫副護軍 奎大謹記)

2. 그 외 편지

서울대 박물관(1통)과 해군사관학교 박물관(2통), 삼성미술관 Leeum(1통)에 소장된 이순신의 편지는 거의 진본으로 판단되는 귀중한 작품이다. 이미 도록에 실려 간행된 적이 있지만, 아직 세간에는 제대로 알려지지 않았다. 그 외 지난 2012년 5월 김영복씨와 이상훈 씨가 발표한 편지 1통이 있다.

1) 형님의 안부를 묻는 편지
2) 과시 장원에게 보낸 편지
3) 병사 신할에게 보낸 편지
4) 인삼을 구하는 편지
5) 무술년 7월에 쓴 편지

1) 형님의 안부를 묻는 편지

청명한 가을날 형님(수령)의 체후가 어떠하신지요. 그리움을 견디지 못하겠습니다. 저는 여전히 변변치 못하여 달리 말할 것이 없습니다. 겨우 지난번 인편에 문득 인사편지를 썼는데 이 분이 또 와서 답장을 받고자 하기에 날이 어둔 때 잠시 이 글을 씁니다. 모든 것은 형님이 잘 생각하여 이해하기에 달렸을 뿐입니다. 이만 줄입니다. 삼가 형님께서 살펴주시기 바라며 글을 올립니다.

　갑자년 8월 11일 아우 순신 올림.

[卽間淸秋 兄侍下字履如何 不任瞻遡 弟依舊劣劣 他無言者 才於前便 便修謝書 而此人又至 欲爲受答 故日昏暫此 萬萬唯在嘿會耳 不宣 伏惟兄下亮狀上 甲子八月旬一日 弟舜臣頓]22) (서울대 박물관 소장)

[해설] 1564년(갑자) 이순신의 나이 20세 때 수령으로 있는 형님뻘 되는 이에게 보낸 편지이다. 짧은 편지이지만 젊은 청년기에 쓴 것으로는 이 편지가 유일한 것이다. 형님의 안부가 궁금하였는데, 자신은 아직 내세울만한 얘기 거리가 없었다. 편지를 전하는 인편이 온 김에 급히 적는 사정을 잘 이해달라고 부탁하였다.

2) 과시 장원에게 보낸 편지

　시험을 보고 간 뒤 부모님 모시는 근황이 어떠한지요. 매우 궁금합니다. 저는 여정의 피로가 아직 남아 있어 남들 보기에 민망할 따름

---

22) 서울대학교 박물관, 『근역서휘 근역화휘 명품선』(2002), 도판 39쪽 참고.

입니다. 이번 초장初場에서 집사(執事, 상대)께서 장원을 하시고 저도 합격한 것은 잠시 감축할 일만은 아닙니다. 앞으로 치를 일은 참으로 우연이 아닙니다. 매우 행복함을 더욱 절감합니다. 이렇게 적고 이만 줄여 올립니다. 23일 순신 올림

[行旆餘 侍候更若何 仰慰僕區區 記下路億尙餘 悶人悶人 今番初場 執事爲壯元 記下亦爲參榜 非但暫時感祝 來頭事 誠非偶然 尤切萬幸 萬幸 爲此姑不備上 念三日舜臣拜]23) (해사 박물관 소장)

[해설] 1576년(32세)에 이순신이 식년式年 무과武科시험에 응시하였는데, 모두 3단계 과정[初中終場]을 치르게 되었다. 이때 이순신은 1차 시험[초장初場]에 합격하고 장원壯元한 동료에게 축하한다는 편지를 보냈다. 장원급제자와 함께 자신도 합격한 일이 감축할 일이고, 뒤에 치를 2차 시험도 함께 하게 된 것은 더욱 깊은 인연이라는 것이다. 자신보다 더 우수하게 합격한 동료에게 배려하는 마음으로 축하의 예를 보냈다.

---

23) 해군사관학교 박물관, 『박물관도록』(1997), p.80 도판 참고. 이 편지와 관련하여 최초의 논문으로는 이상훈씨의 「임진왜란 전 이순신의 행적과 가문의 상황」(이순신연구논총 10호)이 있다.

3) 병사 신할에게 보낸 편지

신병사댁에 전합니다. 한양 관아 직소 안에서 삼가 올림.

먼저 보내주신 편지를 받으니 위안이 되고 감사했습니다. 이 가운데 지금의 인편이 분주하여 감당하기가 참으로 어려워 근심이 심함을 어찌하겠습니까. 보내주신 각종물품은 매우 미안합니다. 어느 때 한양 길을 갈 것인지요. 오직 이것만 부칩니다. 만안하시기 바랍니다.

경인년(1590) 2월 5일 기말(記末, 자신의 겸사) 이순신.

[申兵使宅傳納 京直中謹函 先承惠書慰且感也 此中今便奔汩 實難支吾 悶甚奈何 所惠各種 甚是[未]未安 何間當有洛行耶 惟是玆付耳 惟希萬安 庚寅二月初五日 記末李舜臣] (해사 박물관 소장)

『박물관도록』의 원문

申兵使宅傳納 京直中謹函 先承惠書慰且感也 屯中...奔沮實難 支吾悶甚奈何 所惠各種甚是 未安何間當有行耶 惟是玆付耳 惟希萬安 庚寅二月初五日 記末李舜臣[24]

[해설] 1590년 2월 5일 이순신이 정읍현감으로 재직할 때 한양에서 업무 수행중 병사 신할申硈에게 보낸 답장 편지이다. 신병사가 보낸 편

---

24) 상동, 도판 참고 인용. 기존 해독본에서 미해독된 글자를 이번에 추가로 해독하였다. "此中今便奔汩" "洛行"

지와 물품에 감사한 뜻을 전하였다. 한양에서 편지를 전할 인편이 몹시 분주한 상황이라서 걱정이 되었다. 또한 신병사가 언제 서울에 올 것인지 그의 일정도 물어보았다.

4) 인삼을 구하는 편지

근자에 슬프고 번잡한 일 때문에 편치 못한데 지금 귀가하는데도 몹시 서글픕니다. 여쭙건대, 요며칠 형수님의 산후증세는 어떠한지요. 부모님 모시면서 공부하는 것도 얼마나 잘 되시는지요. 그리운 마음 그지없습니다. 저는 여전히 부모님 모시며 지내고 있어 달리 할 말은 없습니다.

관官이의 병증세가 오히려 더 심해져 괴로워하고 있습니다. 인삼 약제를 써야하는데 구할 방법이 매우 어렵습니다. 서울과 지방에서 구한 것은 그대로 계속 보내왔습니다. 이제 다시 관원을 따로 보내오니 모름지기 세의世誼를 생각해서라도 구하여 보내주시면, 급히 애타게 구하는 중에 그 다행함이 어떠하겠습니까. 그 동안에 서울 소식을 또 들었는데 군부君府의 운구를 맞을 행차는 언제 출발하겠는지요. 염려하는 마음 그지없습니다. 남은 할 말은 많으나 편지의 격식을 갖추지 못했습니다. 당일에 순신이.

[頃緣悲撓未穩 今歸家甚悵然 卽問日來嫂主産候若何 而侍學亦安勝耶 馳戀無已 □侍狀依昨 餘無可言矣 就□官患候 尙在彌苦患 用參劑

貿路甚艱 京鄕所得 隨得隨遣 今又專送官人 幸須爲念世好 求得貿送 則當急渴求之中 其幸如何 其間京信又聞 而君府迎柩之行 當發於何 間耶 爲之奉念不已 餘萬 姑不具狀式 是日舜口]²⁵⁾ (삼성미술관 Leeum 소장)

[해설] 수신자와 편지 쓴 날짜가 없어서 언제 누구에게 썼는지 알 수 없다. 마지막에 '순舜'자 한 글자가 적혀 있지만, 전체의 필체를 볼 때 이순신의 작품으로 볼 수 있다. 형수라는 말을 사용한 것으로 보아 형님뻘 되는 이에게 보낸 편지이다. 이 편지를 쓴 이순신의 당시 상황 은 매우 불안하고 우울했던 것으로 보인다. 집안에 관官이가 병세가 낫지 않아 인삼을 연이어 복용해야 했는데, 이를 계속 구하는 일도 쉬운 일이 아니었다. 세의世誼가 있는 편지 수신인에게 이를 위해 인 삼을 구해 보내줄 것을 간곡히 부탁하였다. 군부君府라는 사람의 출 상出喪문제도 걱정하였다.

5) 무술년 7월에 쓴 편지

(소장자의 사정으로 본 편지의 원본 사진을 게재하지 못함.)

늦더위가 더욱 심한 때 바야흐로 그리운 생각이 간절했는데, 이제

---

25) 임재완 편역, 하영휘 교열, 『조선시대 문인들의 초서 편지글』(삼성 호암미술관 2003) 참고.

편지를 받으니 마치 마주 대한 듯하여 위로가 됨을 말로 다하지 못하겠습니다. 저는 최근 더위병에 걸린 채로 명나라 장수들이 있는 곳을 분주히 다니다가 설사하는 이질에 걸려 매우 걱정됩니다. 어제 유격이 말하기를, "백진사(백진남)가 인편을 보내어 인사해주니 매우 감사하오. 조선의 유림은 신의가 두텁고 정중하다는 것을 알았소."하니, 좋은 칭찬을 감당하지 못하고 감탄해 마지 않았습니다. 그러니 국가로서도 영광된 일입니다. 왜적의 일이 비록 혼란스럽다고 하겠으나 그대가 동하지 말라고 당부하니 천만 다행입니다. 진도독이 내일 사이에 진영(고금도)에 당도할 것이니 저와 계야(季爺, 계금장군)가 함께 강진에 갈 것입니다. 보름 사이에 가서 도독의 위풍을 보심이 어떠한지요. 각 읍에 보내주신 것은 모두 이 곳에서 보기 힘든 물품이니 매우 감사할 따름입니다. 나머지는 이만 줄입니다. 살펴주십시오. 삼가 답장을 올립니다.

무술년(1598) 7월 8일 고애자 이순신 올림.

老炎倍酷 方懸思想 今承情翰如復對床 慰沃可言 孤哀近患暑 奔走唐將處 兼得水痢 爲悶爲悶 昨日遊擊曰 白進士爲送人致情 多謝多謝 乃知朝鮮儒林信厚鄭重也 不勝佳譽 欽嘆不已 爲國家亦爲光焉 賊事雖曰 紛紜 尊可勿動 千萬幸甚 陳都督 明日間當到陣 孤哀與季爺 偕往康津 月望間 枉見都督威風如何 惠及各邑皆非此處之物 謝謝感感 餘不盡 伏惟尊照 謹奉答狀上 戊戌七月八日 孤哀 李舜臣 狀上[26]

---

26) 2012년 5월 10일자 중앙일보에 위 편지의 원본과 해독문이 처음 공개되었다. 이를 참고하되 새롭게 해독하였다.

[해설] 1598년 7월 8일 조선군과 명나라 군이 연합작전하기 전에 이순신이 한 관원에게 쓴 편지이다. 수신자는 없으나 내용으로 볼 때 그 당시 호남 호서에서 쇠와 소금, 식량 공급을 맡았던 총관사總管使 한효순韓孝純으로 보여진다.[27) 그는 특히 명나라 군사의 우로(右路, 순천) 수로水路에서 식량공급을 전담하였는데, 각 지방에 출입하며 토호와 어부, 상인들과 결탁하여 재화를 늘리는데 주력하였다.(한효순의 행장行狀)

상중에 이순신은 더위병과 이질로 고생하며 명나라 장수들과 작전을 계획했다. 명나라 계금장군이 백진사의 문후에 감사하다며 조선의 선비들은 예의바르다는 말에 이순신은 감탄하였다. 진린 장군이 조명연합작전을 위해 진영에 도착한다고 해서 계금과 함께 가볼 계획인데 수신자에게도 함께 가자고 하였다. 여기서 명나라 군대와 전쟁대비에 만전을 기하는 모습을 알 수 있다.

---

27) 이상훈씨는 수신자를 한효순으로 보았는데, 한효순의 행장行狀과 관련 문헌을 확인한 결과, 역시 이 편지내용과 관련성이 많아 보인다.

3. 추정작품

후대에 전하는 이순신의 편지 중에서 진본으로 추정되고 내용에 가치가 있는 작품을 위주로 선별하였다. 충무공 종친회에 소장된 편지 1통, 『명가필보名家筆譜』에 수록된 편지 1통(목판본), 한국학중앙연구원에 소장된 편지 1통(전사본), 강응황에게 보낸 편지 1통(영인본)이 있다. 이 작품들은 대부분 일부 소개된 적이 있으나 해석이 잘못되어 내용소개가 제대로 되지 않았다. 이번에 모두 완벽하게 해독을 하였다. 특히 한국학중앙연구원에 소장본은 전사본이긴 하나 이번에 처음 소개되는 것으로 임란사 연구에 중요한 내용을 담고 있다. 그 외 경남대 박물관에 소장된 한시 작품 1개가 있다.

1) 병중에 쓴 편지
2) 이별을 아쉬워 한 편지
3) 순찰사또에게 보낸 편지
4) 강응황에게 보낸 편지
5) 한시 작품

1) 병중에 쓴 편지

　여러 해 동안 뵙지 못하여 마음으로 늘 그리웠습니다. 먼저 보내주신 글을 받고 삼가 늦더위에 정사를 돌보시는 체후가 강령하심을 알게 되니 매우 위안이 됩니다. 아우는 3년 동안 북쪽 변방에 근무하면서 노쇠한 병이 날로 깊어가는데, 뜻밖에 남쪽 고을(전라도)로 이직하게 되었습니다. 더위에 시달리며 거의 천여 리를 지나다니느라 묵은 증세가 더욱 심해집니다. 자리에 누워 신음하고 괴로워하니 민망함을 어찌 형언할 수 있겠습니까.

　이미 같은 도에 왔으나 아직 나아가 회포를 풀지 못하였으니 슬픔을 이루 말할 수 없습니다. 어떻게 하면 가까이 가서 서로 반기며 오래 쌓인 회포를 풀 수 있겠습니까? 남은 할 말은 매우 바빠서 이만 줄이겠습니다. 살펴 주십시오. 삼가 답장을 올립니다. 축년(기축, 1589?) 7월 10일 순신 올림.

[積年阻奉 懷仰耿耿 即承先施 謹審老炎 政履珍勝 仰慰區區 弟三載關外 衰病日深 意外移職南州 冒暑撼頓 殆過千餘里 宿病倍加 落席伸楚 悶何可喩 旣來同道 未即奉叙 悵不可言 何以則從近措靑 以叙襞積之懷耶 餘適擾甚 不備 伏惟下照 謹謝狀 丑七月十日舜臣 頓首]
(덕수이씨 충무공 사이트에서 이미지 인용)

[해설] 1589년 이순신이 전라관찰사 이광李洸의 군관 겸 전라도 조방장助防將으로 있을 때(45세) 쓴 편지로 보이는데, 수신자는 알 수 없다.

이해 이전 3년 동안은 북방에 있었는데, 1586년 1월 함경북도 경흥의 조산보造山堡 만호萬戶에 임명되고, 이듬해 8월에는 두만강 입구 녹둔도鹿屯島 둔전관屯田官을 겸직하였다. 그간 쌓인 병세가 전라도로

이직하면서 더욱 심해졌다. 평소 보고 싶은 상대가 같은 도내에 있음에도 만나지 못하는 아쉬운 심정을 토로하였다.

2) 이별을 아쉬워 한 편지(목판본)

누추한 곳을 왕림하여 주시니 매우 흔행함을 느꼈습니다. 그런데 어르신의 수레가 돌아가기를 재촉하고 저의 집 술대접이 박하여 전별餞別이 후하지 못했으니 부끄럽고 한이 됩니다. 돌아가신 뒤 부모님의 체후가 어떠하신지요. 우러르는 마음 그지 없습니다. 종들이 여가가 없어 즉시 문후하도록 보내지 못함도 매우 아쉽습니다. 남은 말씀이 많으나 이만 줄입니다. 살펴주십시오. 삼가 감사의 글을 올립니다. 순신이.

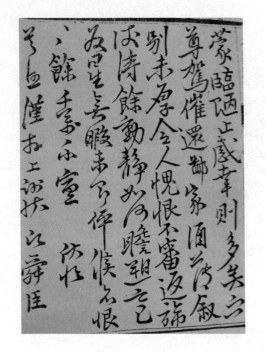

[蒙臨陋止 感幸則多矣 而尊駕
催還 鄙家酒薄 敍別未厚 令人
愧恨 不審返旆後 侍餘動静如
何 瞻遡亡已 奴星無暇 未即
伻候 亦恨亦恨 餘千萬不宣 伏
惟尊照 謹拜上謝狀 即舜臣]

[해설] 『명가필보名家筆譜』에
수록된 수신자 미상의 편지이
다. 매우 정중한 표현을 쓴 것
으로 보아 수신자는 이순신보
다 훨씬 연장자임을 알 수 있
다. 이순신은 자신을 찾아준 것이 매우 감사했다. 하지만 대접이 소
홀한 것 같아서 끝내 마음에 걸림을 토로하였다. 대신 종들을 시켜
문안인사를 드리고 싶었으나 종들이 분주하여 찾아뵙지 못하는 아
쉬운 심정을 전하였다.

3) 순찰사또에게 보낸 편지(轉寫本)

비장(裨將, 막료)을 파견하여 편지를 전하고 겸하여 화공火攻을 가르
치도록 하시니 매우 위안이 되고 매우 감사합니다. 당초에 생각은, 웅

천(熊川, 진해)이 부산의 경로에 있어 흉악한 적들이 요새를 지키고 나오지 않는데, 명나라 군사가 남하하는 날 수군을 거느리고 곧장 부산으로 가면, 필시 후방을 돌봐야 하는 걱정이 들 것이므로, 그때 이를 불로 공격하고자 하였습니다. 그러나 근일의 형세는 명나라 군사가 오랫동안 지체하고 있으니, 만약 저들의 배를 불사를지라도 배만 다 없애는 것뿐이지 왜구는 임시 중지하는 것입니다. 영감께서 계책을 알려준 것이 이러하니, 어찌 시행될 수 있겠습니까.

팔방 가운데 호남이 조금 완전하지만, 도내의 장정들은 모두 해상과 육지의 전투에 나아가고 노약자들도 수송하는 일에 피폐해 있습니다. 석 달의 봄날이 이미 지나고 남쪽의 이랑은 적막하니, 변란을 겪은 곳보다 더 심각합니다. 백성들은 군대와 식량을 하늘로 여기고 있으니 큰 후환이 있을 것이며, 회복할 수 있는 대책도 희박합니다. 매우 걱정됩니다.

가까운 시일에 경내로 돌아가서 각 전선의 군사들에게 파종播種에 진력하게 하고 명나라 군사들의 소식을 듣는대로 즉시 바다에 내려가기를 꾀하고자 합니다. 나머지는 소탕하는 날을 기다려 회군回軍하는 길목에서 인사할 수 있기를 바랍니다. 살펴주십시오. 삼가 답장을 올립니다.

계사년(1593) 4월 1일 이순신.

[巡察使道 委遣裨將致書兼教火攻事 慰極謝極 初意熊川在釜山經路 而兇賊據險不出 天兵南下之日 率舟師 直徃釜山 則不無顧後之慮 玆欲火之 而近日之勢 則天兵久稽 若焚其船 只成盡 寇有姑停 令監籌

示至此 豈可經施乎 且八方之中 湖南粗完 而道內丁壯 盡赴水陸之戰
老弱又疲於輸運 三春已過 南畝閴然 有甚於經變之地 民天兵食 大有
後慮 恢復之策 亦無所賴也 伏悶伏悶 近欲還境 使各船之軍 致力種
田 獲聞天兵消息 登時下海伏計 餘倭蕩掃之日 獲拜旋師之路是望 伏
惟令鑑 謹答上謝狀 癸巳四月初一日 李舜臣]

(한국학중앙연구원 한국학학술정보관 소장)

[해설] 이 편지는 경북 안동의 학봉鶴峰 김성일金誠一의 종가댁에 소장
된 천상각파川上各派 고문서집성 6책에 들어 있다. 1593년 4월 1일 이
순신이 그 당시의 경상우도 순찰사로 있던 김성일에게 보낸 것인데,
후에 학봉집안 사람이 옮겨 적은 것으로 보인다. 이순신은 이해 2, 3
월사이 웅포熊浦에서 7차례 많은 왜군을 물리쳤다. 그때 김성일이 이
순신에게 화공법火攻法을 사용하라고 지시하여 부산에서 왜적을 공격
할 때 후방에서 사용하려고 생각하였다. 그러나 명나라 군대의 지원
이 없는 상황에서는 화공을 써도 왜적을 소탕할 수 없으므로, 결국
이순신은 김성일의 계획은 실효성이 없는 것이라고 판단했다.

전국이 도탄에 빠진 중에 호남만은 조금 나은 편이었다. 그러나 백
성들에게는 군사와 식량이 중요한데 농지가 폐허가 되어 농사를 지
을 수 없는 심각한 상황이었다. 회복할 대책도 없는 상황에서 이순신
은 고민 끝에 직접 경내에 가서 수군들에게 파종 농사에 진력하도록
할 계획이었다. 끝으로 명나라 군대의 지원소식을 듣고 출동하여 왜
적을 소탕할 날을 고대한다고 하였다.

[참고]

① 이와 관련된 내용이 1593년 4월 6일 이순신이 올린 장계에 나온다.

수륙으로 협공하려고 경상우도 순찰사 김성일에게 두 번째로 육군의 지원을 요청하니, '명군을 지원하는 일이 번거롭고 본도에서 방비할 군사도 없으므로, 곽재우를 시켜 먼저 창원을 무찌른 다음 웅천으로 진격하라' … 다만 함께 한 곳의 적들이 모두 소굴을 만들고 웅거하여 나오지 않아 섬멸하기를 기약할 수 없으므로 바람을 따라 불로 공격하려고 3월 10일 사량 앞바다로 후퇴하여 화선火船을 준비하였습니다. 그러나 다시 생각해보니 명나라 군대가 오래동안 지체하는데 다만 전선만 불태워 없애면 필시 궁지에 몰린 왜구에게 화를 끼칠 것이므로, 우선 거사를 중지하였습니다.(…)

명나라 군대 소식은 아득하여 알 수 없고 여러 곳에 머무른 적들이 여전히 웅거하고 있습니다. 한창 농사철을 당하여 비가 흡족하게 내렸는데 연해안 각진에서 모두 출동하였으니 좌우도의 수군 4만 여 명이 모두 농민이라 농사를 전폐하면 추수할 가망이 없을 것입니다. 우리나라 팔도 중에 오직 이 호남이 조금 완전하여 군량이 모두 이 도에서 나오는데 도내의 장정들은 모두 수군과 육군의 전쟁에 나아가고 노약자는 군량을 수송하느라 경내에는 남은 인부가 없습니다. 석 달의 봄이 이미 지나가도록 남쪽 이랑은 적막한데 다만 백성들이 생업을 잃었을 뿐 아니라, 군국의 물자도 의지할 곳이 없으니 매우 걱정이 됩니다.

　(慶尙右巡察使金誠一處 再請陸兵 則天兵支待事煩 又無留軍 又無留軍 欲令僉知郭再祐 先討昌原 次進熊川云 … 唯只同處之賊 俱作巢穴 雄據不出 殲討無期 欲爲從風火攻 三月初十日 退陣于蛇梁前洋 措備火船 更良商量 則天兵久稽 徒焚其船 必貽窮寇之禍 姑停擧事 … 天兵消息 杳莫聞知 諸處留屯之賊 雄據如前 正當農月 雨水周足 沿海各鎭 掃境下海 左右舟師四萬餘名 皆是農民以 專廢未耟 更無西成之望 我國八方之中 唯此湖南粗完 兵糧皆出此道 而道內丁壯 盡赴水陸之戰 老弱輸糧 境無餘夫 三春已過 南畝寂然 非但民生失業 軍國之資 亦無所賴 極爲悶慮)

－『이충무공전서』장계,〈토적장討賊狀〉－

　② 이때 김성일이 유성룡에게 보낸 편지에 화공에 대한 내용이 있다.

　삼도三道의 수군이 웅천熊川에 모인 지가 벌써 수개월이 되었는데도 조그만 공도 세우지 못하였으므로, 지금 화공火攻을 하려는 계책을 세우고 있는데, 저의 소견으로는 단지 빈 배만 불태울 뿐 이익이 없을 것으로 생각되었습니다. 그러므로 명령을 전하여 이를 중지시켰는데, 이 명령에 따르고 있는지의 여부는 알지 못하겠습니다.

　三道舟師 聚于熊川已數月 而無寸效 今欲爲火攻之策 愚見則只燒空船無益 故傳令止之 未知能聽用否耳

－『학봉집鶴峯集』,〈답유서애성룡答柳西厓成龍〉－

③ 당시 삼도 도체찰사三道都體察使 유성룡도 화공법을 쓰려고 했는데, 이에 대한 내용이 계사년 4월 19일 동파東坡에서 올린 장계에 나온다.

신의 군관 한사립이 서쪽 강을 따라가고 옹막군인 이천복 등 10여 명이 용산에 가서 적진의 소재를 정탐하고 밤을 이용하여 화공火攻하려는 계획을 세우고자 했습니다. 그러나 이미 형세를 파악하고 심유격 등이 한창 그 곳에 있었기 때문에 감히 손을 대지 못했습니다.(하략)

(臣軍官 韓士立 率西江 瓮幕軍人李千福等十餘名 往探龍山 賊陣所在 欲爲乘夜火攻之計 已悉形勢 而緣沈游擊等 方在其處 不敢下手(하략))

-〈유성룡, 군공을 치계하고 적의 목을 바치는 장계馳啓軍功仍獻馘狀〉-

4) 강응황에게 보낸 편지

지난번 의주義州에서 보내온 편지는 꿈속에 그린 정의 의미가 아니런가. 재삼 펼쳐 읽어보매 편지에 가득한 간절한 뜻은 실로 내 친구 위서(渭瑞, 강응황의 字)의 마음에서 나온 것이니, 행하기에 정성을 다한 것입니다. 잘 모르겠으나 요사이 늙은 군사들의 생활은 어떠한지요. 멀리서 그리운 마음 그지 없습니다.

이 사람은 졸렬한 재주로 난국을 당하고 왜적의 우두머리가 재차 움직여 비린 티끌(전쟁터) 사이에서는 '근심우憂' 한 글자만 생각났습니다. 그런데 다행히 최별장 균均·강壃의 힘을 입어 웅천의 적을 크게 이기고, 또 다시 바다에 떠있는 적장을 사로잡으니 마음이 통쾌하지 않겠습니까. 그러나 밤낮으로 기원하는 것은 우리 임금의 수레를 서울에 돌아오게 하는 것입니다. 나머지는 군무가 어지럽고 심히 바빠서 이만 줄입니다. 임진년(1592) 10월 30일 순신 올림.

向者龍灣書 非夢間情字[耶] 披玩再三 滿紙懇懇 實是吾故人渭瑞之由中出者 盡誠於行也 未識伊來 老干戈起居何如 遠溯不已 此漢[拙]手當局 酋賊再動 乃是腥塵間一憂字而 幸賴崔別將均壃之力 大捷熊川之賊 又捷浮海之酋 豈非心字上一快字也 然晝宵祈願者 吾君之車駕 奉還都耳 餘軍務撓甚忙 不備 伏惟

壬辰十月三十日 舜臣拜[28] (최균장군 후손 소장)

[참고]

위 편지 내용의 일부가 아래 두 문집에 나온다.

① 최균·최강의 『쌍충록雙忠錄』

"李忠武公舜臣 與姜白川書

幸賴崔別將均壃之力 大捷熊川之賊 又殲浮海之酋 豈非心字上

一快字也 然晝宵 祈願者 吾君之車駕 奉還都耳"

② 최정진崔鼎鎭의 『화산문집花山文集』

"忠武公李先生 與白川公書 略曰幸賴崔別將某某之力 大捷熊川

---

28) 조현식 편저, 『고성향토수호사』 1982 참고. 필자가 기존 해독본에서 새로 해독한 글자는 "於行"이다.

之賊 又殲浮海之酋 豈非心上一快也云云 謹按二先生之推奬如
此 則公之德器戰績於此 亦可知矣"

[해설] 이 편지는 1592년 10월 30일 이순신이 임진왜란 때 창의倡義
하여 의병을 모은 선비 강응황(姜應璜, 1559~1636)에게 보낸 편지이다.
강응황은 자字가 위서渭瑞, 호號는 백천白川이다. 이순신은 앞서 의주
에 있는 강응황의 편지를 받아보고 매우 반가운 심정을 전했다. 한
창 전쟁 중이라 늘 걱정하며 지냈는데, 마침 경남 고성 구만 출신 의
병장 최균(崔均, 1537~1616)·최강(崔堈, 1559~1614) 형제가 왜적과 잘
싸워주어서 다행이라 하였다. 이 두 형제는 그해 9월 진해에 출동하
여 진주로 가던 왜적을 김시민과 함께 토벌하고 적장 평소태平小太
를 사로잡았다. 하루속히 난리를 평정하여 임금이 한양으로 돌아올
수 있기를 고대하였다.

5) 한시 작품

贈金中軍士明 김중군 사명에게 주다

驢步間關向水邨 나귀 걸음으로 거닐다 강촌을 향하니
樓臺隱映近黃昏 누대는 보일락 말락 황혼에 가깝네
天將大雪移全境 하늘엔 큰 눈 내려 온 세상이 바뀌는데

月放淸光作一痕 달은 맑은 빛 발하여 한 흔적 남기네

可動煖煙生白屋 따스한 연기 초가집에 피울 수 있건만

何曾寒氣到朱門 찬 기운은 부호한 집에 이른 적 없다네

梅花不負山人約 매화는 산중 은자와 약속 저버리지 않으니

數點分明傍酒樽 몇 떨기가 뚜렷이 술동이 옆에 있다네

庚寅十二月 望日 李舜臣 拜稿

1590년 12월 보름 이순신 씀 (경남대학교 박물관 소장)

[해설] 이순신이 쓴 것으로 추정하는 7언 율시의 한시 작품이다.(평성 원운元韻) 이순신이 1590년 12월 정읍현감에 재직 할 때 중군 김사명 金士明에게 지어 준 적이다. 한 겨울 황혼녘의 눈 내린 설경 속에 핀 매화의 정취를 노래하였다. 온 세상이 하얀 눈으로 덮였는데 달빛은 하얀 대지위에 한 가닥 빛을 발하였다. 가난한 집은 추위에 고생하겠지만, 부호한 대갓집은 추위조차 모르고 지낼 것이다. 겨울에 핀 매화는 은자와의 약속을 저버리지 않고 항상 추위 속에서도 절의를 지켜 꽃을 피웠다. 더욱이 그 자태는 산중의 술동이와도 걸 맞는다. 신의 있는 매화는 가난과 추위 속에 고생하는 은자의 진정한 벗이다.

참고문헌

『난중일기』, 『임진장초』, 『서간첩』(현충사 소장본)

『사서오경』, 『무경칠서』, 『충무공전서』, 국립중앙도서관

『공자가어』, 국립중앙도서관

『삼국지』, 『위서』, 국립중앙도서관

나관중, 『삼국지연의』, 성균관대도서관

황석공, 『소서』, 국립중앙도서관

김원중, 『손자병법』, 글항아리

노승석, 『난중일기완역본』, 동아일보사

노승석, 『교감완역 난중일기』, 민음사

라지림羅志霖, 『제갈량문집』, 파촉서사

성백효, 『논어』, 전통문화연구회

이기석, 『육도삼략』, 홍신문화사

이은상, 『충무공전서』, 성문각

장기근, 『논어』, 명문당

서첩도록

서울대학교 박물관, 『근역서휘 근역화휘 명품선』(2002),

임재완 편역·『조선시대 문인들의 초서 편지글』(호암미술관, 2003)

해군사관학교박물관, 『박물관도록』(1997),

충무공 이순신 연보

연도	간지	연령	주요사항
1545(인종 1)	을사	1	3월 8일, 자시(子時) 서울 건천동(乾川洞, 현 서울 중구 인현동 1가 32-2번지 추정)에서 출생.
유년기			서울을 떠나 외가가 있는 아산(牙山)으로 이사함. 12세 이후.
1565(명종 20)	을축	21	보성(寶城) 군수 방진(方震)의 딸과 혼인함. 방진에게 무예를 배움.
1566(명종 21)	병인	22	10월, 무인이 될 것을 결심하고 무예를 배우기 시작함.
1567(명종 22)	정묘	23	2월, 맏아들 회(薈)가 태어남.
1571(선조 4)	신미	27	2월, 둘째아들 울(蔚)이 태어남.
1572(선조 5)	임신	28	8월, 훈련원(訓鍊院) 별과시험에 응시, 낙마로 다리가 골절됨.
1576(선조 9)	병자	32	2월, 식년(式年) 무과에 응시하여 병과(丙科)에 합격(10년 수련). 12월, 함경도 동구비보(童仇非堡, 압록강상류지)의 권관(權管)이 됨.
1577(선조 10)	정축	33	2월, 셋째 아들 염(苒)이 태어남.(후에 면(葂)으로 개명)
1579(선조 12)	기묘	35	2월, 훈련원 봉사(奉事)가 됨. 10월, 충청병사(忠淸兵使)의 군관(軍官)이 됨.
1580(선조 13)	경진	36	7월, 전라좌수영의 발포(鉢浦) 수군만호(水軍萬戶)가 됨.
1581(선조 14)	신사	37	12월, 군기경차관(軍器敬差官) 서익(徐益)의 모함으로 파직됨.
1582(선조 15)	임오	38	5월, 훈련원 봉사로 복직됨.
1583(선조 16)	계미	39	7월, 함경도 남병사(南兵使)의 군관(軍官)이 됨. 10월, 건원보(乾原堡, 함북 경원내) 권관(權管)이 됨. 11월, 훈련원 참군(參軍)으로 승진함. 11월, 15일 부친이 사망함.(향년 73세)
1584(선조 17)	갑신	40	1월, 부친의 부음을 듣고 분상(奔喪)함.
1586(선조 19)	병술	42	1월, 사복시(司僕寺) 주부(主簿)가 됨. 재직 16일만에 조산보(造山堡) 만호(萬戶)로 이임됨(유성룡 추천)

1587(선조 20)	정해	43	8월, 녹둔도(鹿屯島) 둔전관을 겸함. 10월, 이일(李鎰)의 무함으로 파직되어 백의종군(白衣從軍)함.
1588(선조 21)	무자	44	1월, 시전(時錢)부락 여진족 정벌의 공으로 백의종군이 해제됨.
1589(선조 22)	기축	45	1월, 전라관찰사 이광(李洸)의 군관 겸 전라도 조방장(助防將)이 됨. 11월, 선전관(宣傳官)을 겸함. 12월, 정읍현감(井邑縣監)이 됨.
1590(선조 23)	경인	46	7월, 고사리진(高沙里鎭) 병마첨절제사(兵馬僉節制使)로 임명되나 대간의 반대로 무산됨. 8월, 만포진(滿浦鎭) 수군첨절제사(水軍僉節制使)로 임명되나 대간의 반대로 정읍현감에 유임됨.
1591(선조 24)	신묘	47	2월, 진도군수(珍島 郡守), 가리포진(加里浦鎭) 수군첨절제사(水軍僉節制使)에 제수되었다가 전라좌도 수군절제사(水軍節制使)가 됨. 왜(倭)의 침략에 대비, 병기를 정비하고 거북선을 제작함.
1592(선조 25)	임진	48	1월, 본영 및 각진에서 무예훈련함. 2월, 전선을 점검하고 발포(鉢浦)·사도(蛇渡)·여도(呂島)·방답진(防踏鎭)을 순시함. 3월 37일, 거북선에서 대포를 시험함. 경강선 점검. 4월 12일, 거북선에서 지자(地字)·현자(玄字)포를 시험함. 4월 13, 14일, 임진왜란이 일어남 4월 27일, 출전하라는 왕명이 내려짐. 5월, 경상도 옥포·합포·적진포해전에서 왜선 44척을 격파함. 전공으로 가선대부에 승자됨. 6월, 사천·당포·당항포·율포해전에서 왜선 67척을 격파함. 전공으로 자헌대부에 승자됨. 7월, 견내량·안골포해전에서 왜선 79척을 격파함. 정헌대부 승진. 9월, 1일 부산포해전에서 왜선 백척을 격파함.
1593(선조 26)	계사	49	2, 3월, 웅포해전을 치름. 7월, 15일 본영을 여수에서 한산도로 옮김.

			8월, 15일 삼도수군통제사가 됨. 진영에서 둔전·포어(捕魚)·자염(煮鹽)·도옹(陶瓮) 등을 시행, 군량을 비축함. 11월, 29일 장계를 올려 진중에 무과 설치를 청함.
1594(선조 27)	갑오	50	3월, 2차 당항포해전에서 왜선 31척을 격파함. 4월, 진중에서 무과 실시. 어영담 병사(病死)함. 8월, 권율·곽재우·김덕령과 작전을 세우고 9월29일에 장문포에서 왜선2척을 분멸함. 10월, 영등포·장문포의 왜적을 공격함.
1595(선조 28)	을미	51	2월, 원균이 충청병사로 이직함. 7월, 견내량에 주둔 삼도 수군을 모아 결진함. 8월, 체찰사 이원익이 진영에 내방함.
1596(선조 29)	병신	52	1월, 왜장 심안둔(沈安屯)의 부하 5명이 항복하여 옴. 4월, 장사를 가장하여 부산에서 정탐 온 왜병 4명을 효수함. 7월, 귀순한 왜병들에게 광대놀이를 허락함. 윤8월, 순천에서 체찰사와 병사를 논함. 10월, 여수 본영에 모친을 모셔와 구경시켜드림. 겨울, 소서행장이 부하 요시라를 시켜 간계를 부림
1597(선조 30)	정유	53	가등청정이 온다는 허위정보에 출동하지 않음. 이산해·김응남 등의 주장으로 압송, 서인과 대간들이 치죄 주장, 박성(朴惺)은 죽이라고 상소함. 2월 26일, 원균의 모함으로 서울로 압송됨. 3월 4일, 옥에 갇힘. 옥중에 정사신(鄭士信)의 위로편지 받음. 4월 1일, 정탁의 신구차(伸救箚)로 특사됨. 4월 3일, 서울을 출발 과천, 수원, 오산, 평택, 군포를 거쳐 어라산 선영에 찾아감. 4월 11일, 모친상을 당함[향년 83세]. 4월 13일, 해암(蟹巖)에서 모친의 유해를 봉견함. 4월 19일, 장례를 못치르고 출정을 떠남. 6월 8일, 초계의 도원수 권율의 막하로 들어감.(광덕, 공주, 은진, 여산, 삼례, 전주, 임실, 남원, 승주, 구례, 하동, 단계, 삼가를 경유함)

			7월 15일, 왜적의 기습을 받아 원균이 패사함. 이억기·최호 전사함.
			7월 16일, 칠천량해전에서 조선 수군이 패망함.
			8월 3일, 김명원과 이항복의 추천으로 삼도수군통제사에 재임명됨.
			8월 30일, 벽파진에 진영 설치.
			9월, 조정에서 육전을 명하나 "이제 신에게 아직도 12척의 전선이 있으니 죽을힘을 내어 싸우면 할 수 있다"고 장계함.
			9월 15일, 장병들에게 "必死則生, 必生則死"로 전쟁을 독려함.
			9월 16일, 명량해전에서 13척의 전선으로 왜선 133척과 싸워 31척을 격파함.[왜선 : 일기 133척, 징비록 3백척, 명량대첩비 5백척.]
			왜장 마다시(馬多時) 죽음.
			10월, 벽파진에서 보화도로 진영을 옮김. 왜적들이 명량해전 패배에 대한 보복으로 아산고향에 방화하고 이를 대항하던 셋째아들 면(葂)이 전사함.
			12월, 선조가 상중에 소식(素食)을 그치고 육식하기를 명함.
1598(선조 31)	무술	54	2월 18일, 고금도로 진영을 옮기고 경작하여 군비를 강화함.
			7월 16일, 명나라 도독 진린(陳璘)과 연합작전을 세움.
			7월 24일, 절이도해전에서 송여종이 포획해온 적선 6척과 적군의 머리 69급을 진린장군에게 보냄.
			10월 2일, 왜교(倭橋)전투에서 명 육군 유정(劉綖)과 협공. 왜적의 피해도 컸지만 명선 20여척이 피해당함.
			11월, 풍신수길의 죽음으로 왜군이 철수하려하자 진린이 끊어 막자고 함. 좌수영과 묘도(猫島)에 진을 침.
			11월 19일, 뇌물을 받은 진린이 왜선을 통과시켜 노량에 왜선이 집결하여 소서행장 구출을 위한 전투가 벌어짐.
			노량해전에서 적탄을 맞고 전사함. 운명 전에 "전쟁이 한창 급하니 나의 죽음을 말하지 말라"고 유언함. 맏아들 회, 조카 완, 송희립 등이 이어 독전하여 왜선 5백 여척과 싸워 2백여척을 격퇴시킴.

1599(선조 32)	기해	2월, 아산 금성산 선영에 장사 지냄. 영의정에 추증됨.
1604(선조 37)	갑진	선무공신 1등에 책록되고, 덕풍부원군에 추봉, 좌의정에 추증됨.
1613(광해 5)	계축	충열사, 충민사, 현충사에 배향됨.
1643(인조 21)	계미	'충무(忠武)'의 시호를 받다.
1795(정조 19)	을묘	이충무공전서 간행. 이후 7차례 간행됨.(누락 요약본)
1916(대정 5)	병진	靑柳南冥(綱太郎) 전서본『난중일기』를 활자화하여 日譯文과 함께『原文和譯對照 李舜臣全集』에 실어 간행함. 乙未年 5월 29일까지만 실림.
1935	을해	조선사편수회에서『亂中日記草』간행.(초고 해독본)
1953	계사	薛義植의『李舜臣手錄 亂中日記抄』(수도문화사) 간행.
1960	경자	李殷相의『李忠武公全書』국역주해본 간행.
1962 12.	임인	난중일기와 임진장초, 서간첩 국보 76호 문화재지정. 문화재명 '李忠武公亂中日記附書簡帖壬辰狀草'
1968	무신	李殷相의『亂中日記』(玄岩社) 번역본 간행.
2005	을유	난중일기, 임진장초, 서간첩 해독본(노승석) 국가기록 유산사이트 게재.
2008	무자	충무공유사(노승석) 현충사간행. 새로운 일기 32일치 발굴.

이순신의 편지첩

난중일기부록 서간첩
그 외 편지
추정작품
(해석은 348~386쪽 참조)

이순신의 난중일기 완역본(동아일보사)
부록 서간첩의 편집형태를 인용함

난중일기부록 서간첩

• 조카에게 보낸 편지

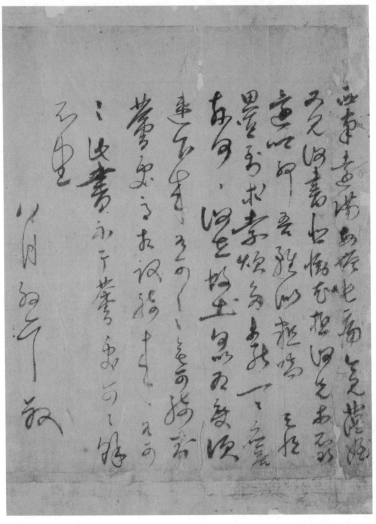

• 현건(玄健)에게 보낸 편지-①

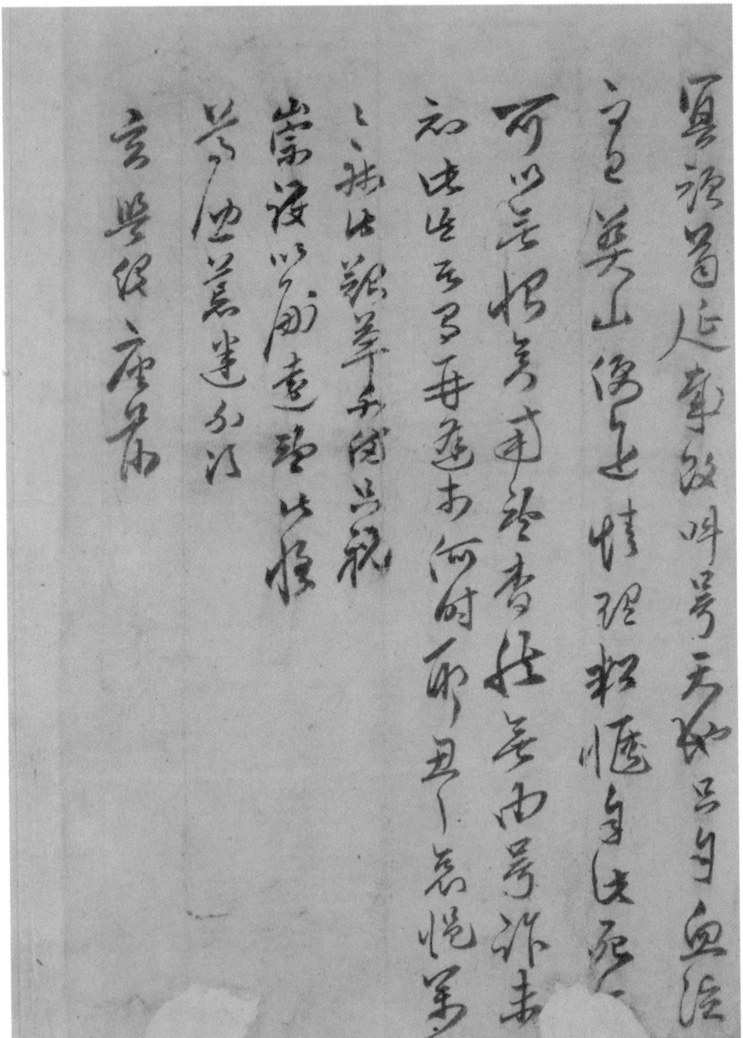

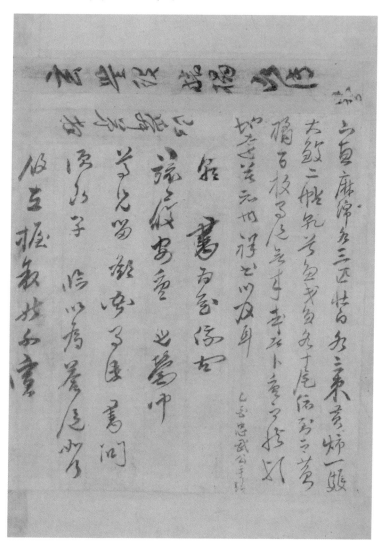

• 현건(玄健)에게 보낸 편지-③

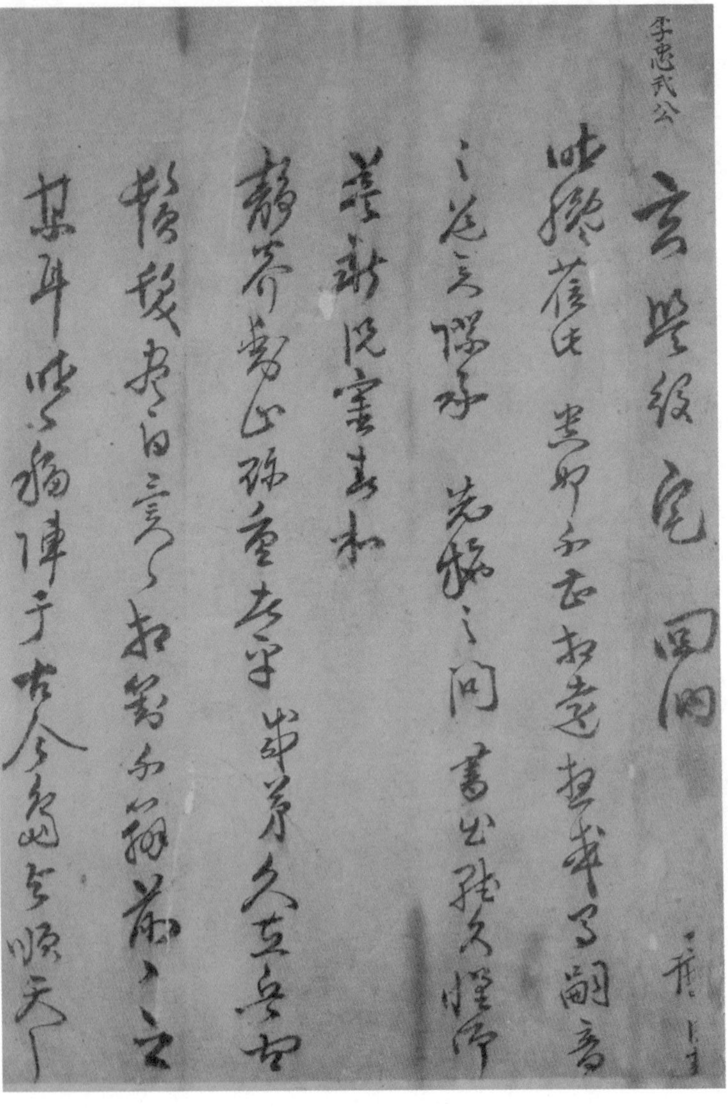
李忠武公

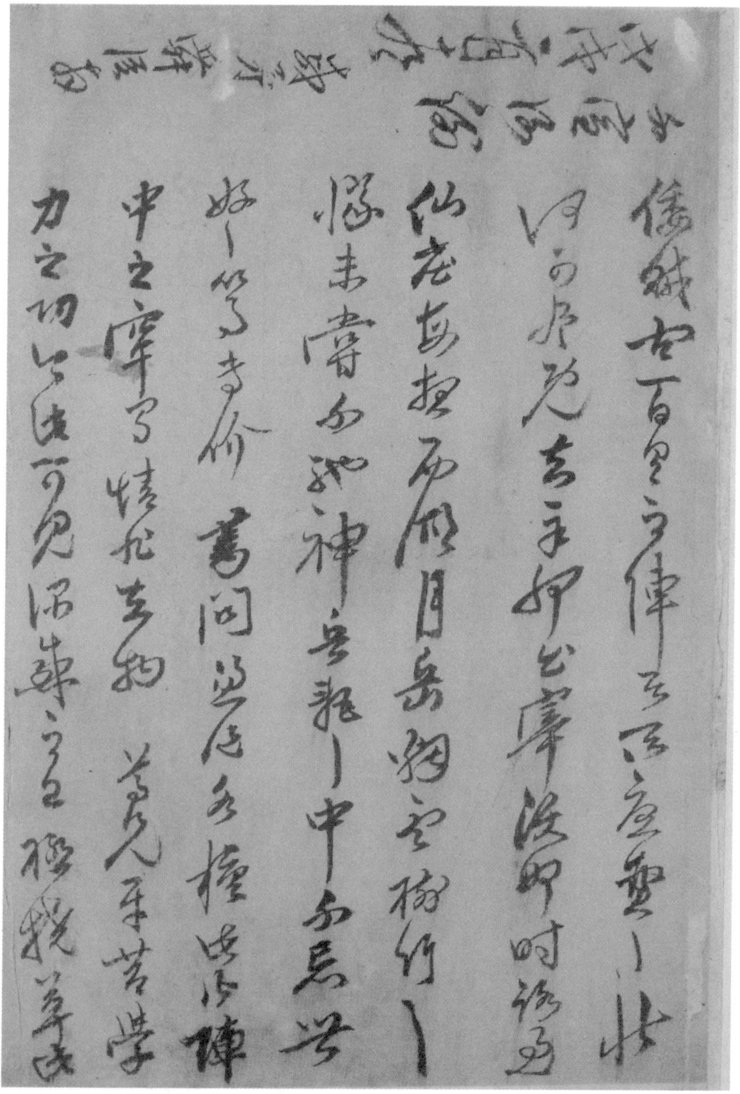

• 현덕승(玄德升)에게 보낸 편지-①

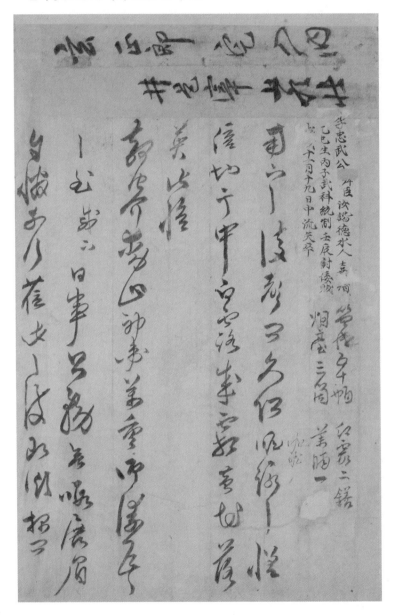

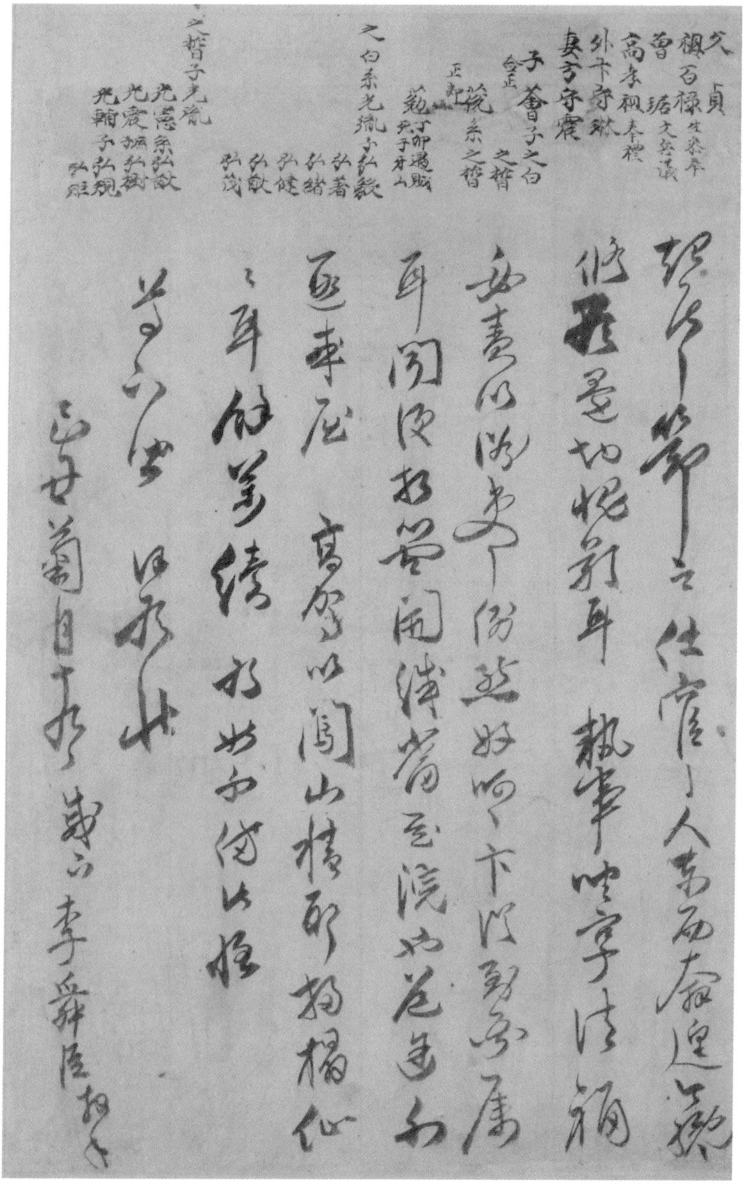

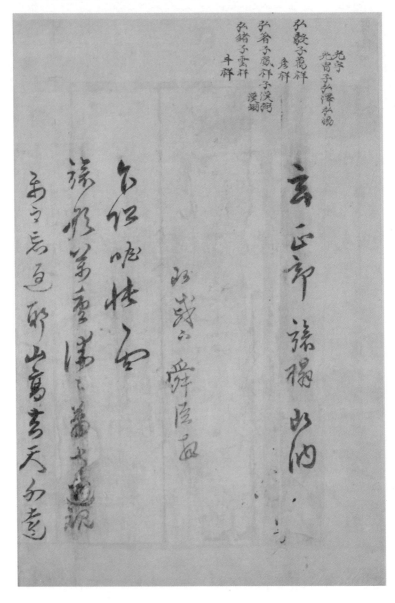

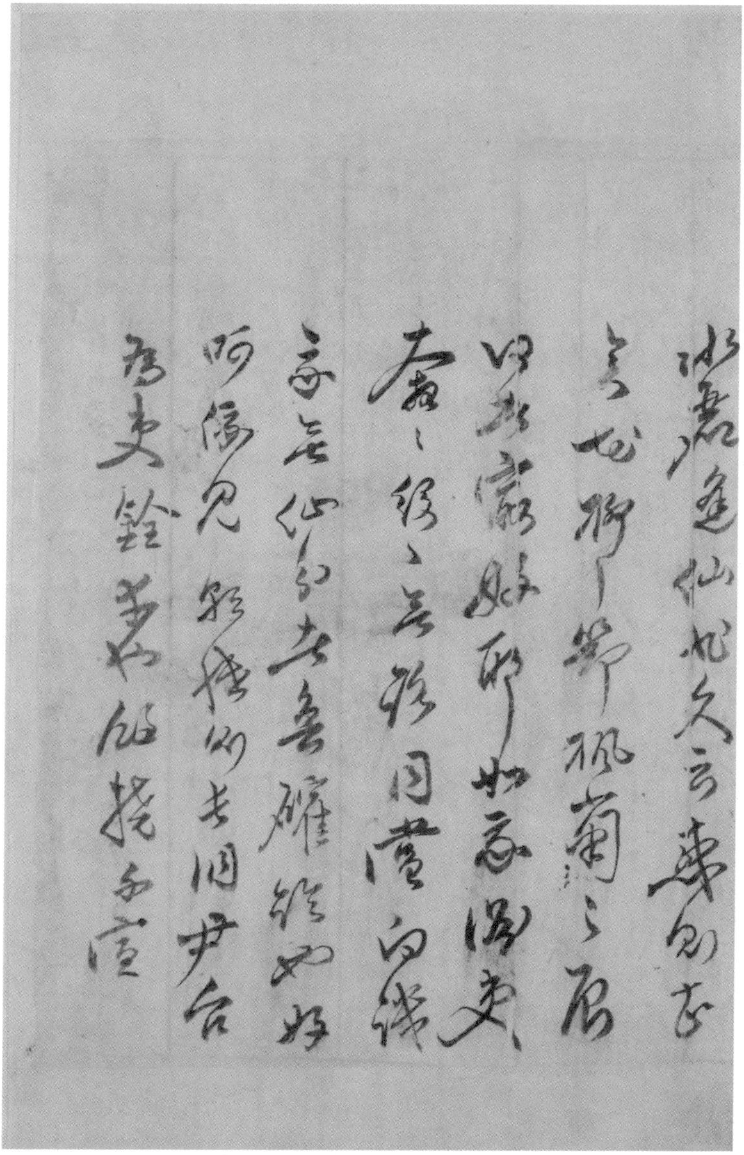

• 현덕승(玄德升)에게 보낸 편지-③

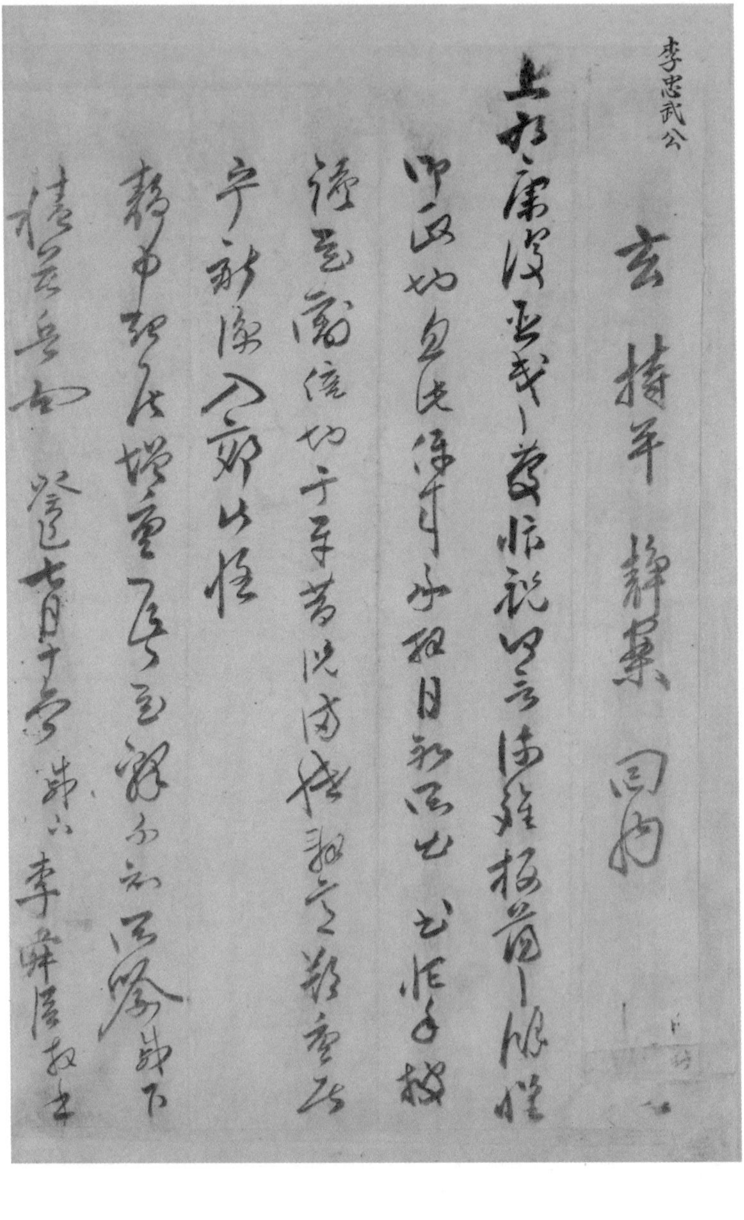
李忠武公

國事

• 이회(李薈)가 현감역(玄監役)에게 보낸 편지

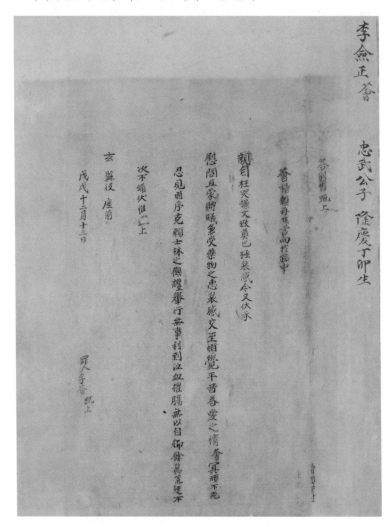

• 이규대(李奎大)가 이순신의 유묵에 대해 쓴 글

昔我王考出宰靈巖時聞惟我 先祖忠武
公遺墨在於本郡玄氏家請進奉玩果是
先祖手澤也 公嘗與其先祖玄持平為道
義之交加之以戚誼有此維復筆翰也於是
欽感追慕別為模本以換玄氏而謝焉其真
本藏帖于家盖其所以得之之由自有異數存乎
其間神明呵祐乃我王考篤孝之效其保護之責戟
敢興焉教授傳到于今日也嗚呼不肖生於三百年

之後奉玩　先祖心畫愀然如復見　先祖若夫論

其時事則　公為

國家討倭楠臬麻唐墨之日而解氣安間情文陵

惰其艘物廣大之誠玉手不在也窃伏念我一門

傳守寶墨莫京於此與其藏之私家不若藏諸

宗家之廟為愈故乃奉納于宗家俾本友子

孫咸興永瞻以廣夫瞻仰　先祖之意之甫

崇禎五代子春三月甲子小肖十世孫副護軍奎天謹記

그 외 편지

• 형님의 안부를 묻는 편지

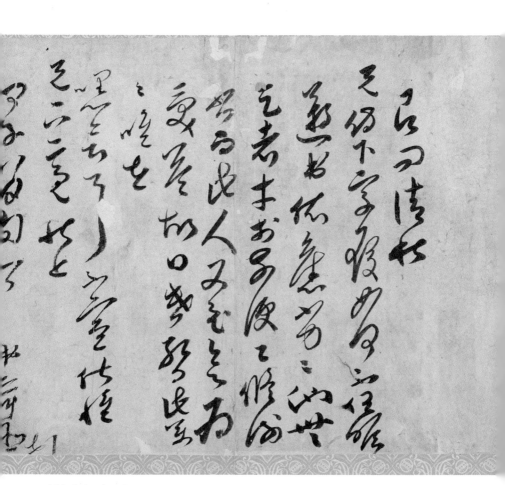

(서울대 박물관 소장)

• 과시 장원에게 보낸 편지

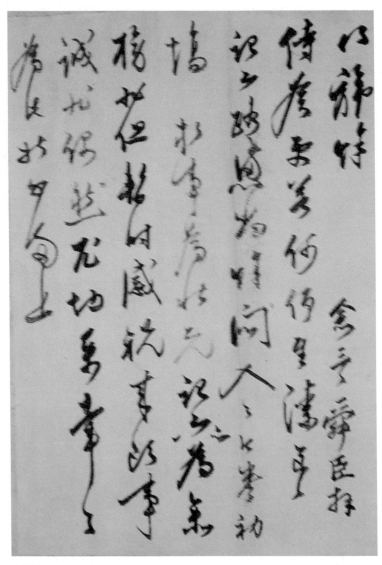

(해사박물관 도록 발췌)

• 병사 신할에게 보낸 편지

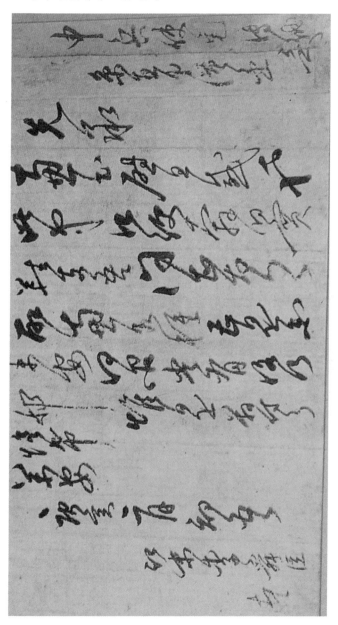

(해사 박물관 도록 발췌)

• 인삼을 구하는 편지

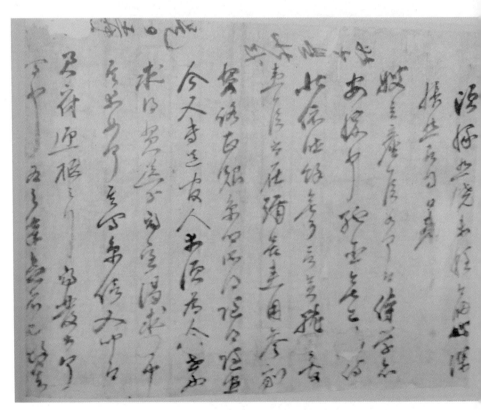

(삼성미술관 Leeum 소장)

추정작품

• 순찰사또에게 보낸 편지(轉寫本)

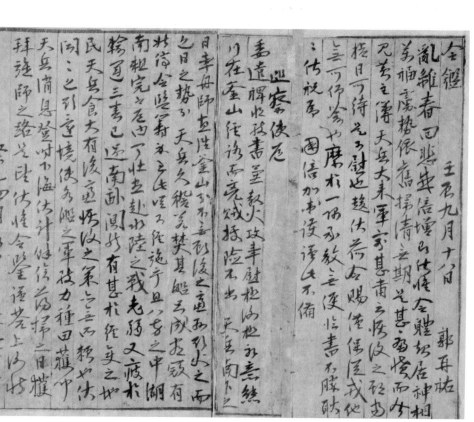

• 강응황에게 보낸 편지

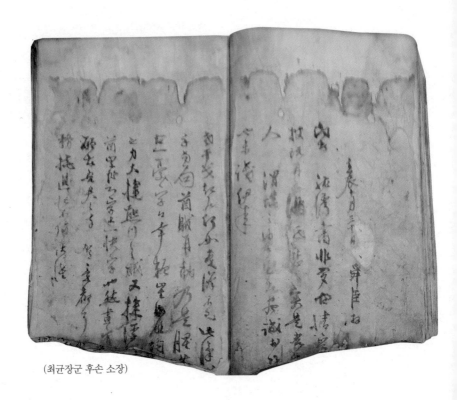

(최균장군 후손 소장)

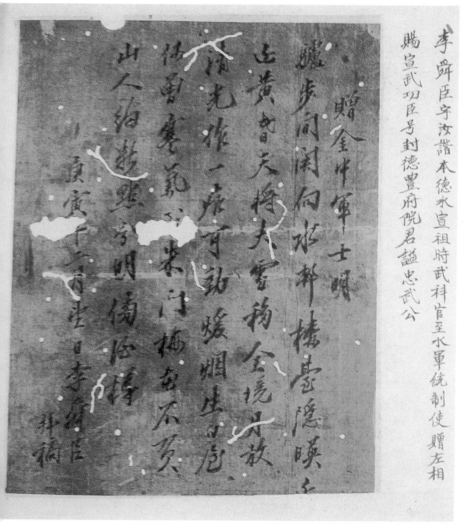

(경남대 박물관 소장)

이순신의 리더십

© 2014, 노승석

1판 1쇄 발행 | 2014년 4월 21일
1판 2쇄 발행 | 2014년 7월 11일

지은이 | 노승석
교　정 | 조혁상
발행인 | 노승석
디자인 | 배경태
펴낸곳 | 여해고전연구소

출판등록 | 2012년 9월 4일
출판번호 | 제25100-2012-000025호
주　소 | 서울 강북구 번1동 448-2 10층
전　화 | 02) 999-5556
팩　스 | 02) 3675-3412
이메일 | nssks@hanmail.net

ISBN 979-11-905215-1-2 03900